查拉图斯特拉如是说

〔德〕尼采◎著　文竹◎译

中国华侨出版社

图书在版编目（CIP）数据

查拉图斯特拉如是说 /（德）尼采著；文竹译.
—北京：中国华侨出版社，2016. 12
ISBN 978-7-5113-6467-8

Ⅰ. ①查…　Ⅱ. ①尼…　文…　Ⅲ. ①超人哲学
Ⅳ. ①B516. 47

中国版本图书馆 CIP 数据核字（2016）第 261073 号

查拉图斯特拉如是说

著　　者／［德］尼采
译　　者／文　竹
策划编辑／周耿茜
责任编辑／文　蕾
责任校对／高晓华
封面设计／胡椒设计
经　　销／新华书店
开　　本／880 毫米 ×1230 毫米　1/32　印张/14　字数/336 千字
印　　刷／北京中印联印务有限公司
版　　次／2017 年 1 月第 1 版　2017 年 1 月第 1 次印刷
书　　号／ISBN 978-7-5113-6467-8
定　　价／58. 00 元

中国华侨出版社　北京市朝阳区静安里 26 号通成达大厦 3 层　邮编：100028
法律顾问：陈鹰律师事务所
编辑部：（010）64443056　64443979
发行部：（010）64443051　传真：（010）64439708
网　址：www. oveaschin. com
E - mail：oveaschin@ sina. com

目录

查拉图斯特拉如是说·第一部

查拉图斯特拉如是说·第二部

查拉图斯特拉如是说·第三部

查拉图斯特拉如是说·第四部

第一部

| 查 | 拉 | 图 | 斯 | 特 | 拉 | 如 | 是 | 说 |

序言

一

三十岁那年，查拉图斯特拉告别故乡和故乡之泉，踽踽一人，踏入山林。离开故乡，隐居山林的十年里，他始终安享一个人的孤独，徜徉在独一无二的精神世界中，不知疲倦，又自得其乐。但是，他的心灵，终究还是在某一天发生了转变。那天清晨，他迎着天边第一道曙光起床，走向太阳，对太阳说：

“太阳啊，伟大如你，如果没有被你所照耀的人类，你的生命中又怎会有幸福？

“十年了，你每天都在这里冉冉升起，用光和热照耀我的洞穴。如果，我的鹰、我的蛇，以及我自己并不存在，你对自己散发的光明也会感到厌倦。

“我们沐浴着你的光辉，在对博大的期许中祈盼着你每日的升起，并为你送上由衷的祝福。

“我就如一只蜜蜂，因为采集了太多的花蜜，所以厌倦了自己的智慧，只想张开双臂。

“我要馈赠，我要分发，直到尘世中睿智的人们，一次次为自己的愚钝与拙劣感到欣喜；人间的穷苦者，一次次为自己的富有感到欣喜和满足。

“为此，我必须如你一样，在黄昏的时候，沉入海面，降落至无尽的深渊，为那黑暗的渊壁，带去光明与祥和。伟大而充满了内涵的太阳啊！

“我要走了，告别你，下山去。我会入尘世，宣讲我的道。

“所以，请祝福我吧。你那一双深情与博爱的眸永远宁静，总是倒映着那夸张却广博的仁爱。

“看啊，这只酒杯已经盛满了金子般璀璨的美酒，那一滴滴因为饱满而流溢的酒水，就会化作幸福的日光，不断地向着远方播洒。

“做一只空杯，是这只杯子最热切的希望，查拉图斯特拉，也想重新入世，成为那凡俗中的一员。”

就这样，查拉图斯特拉朝着山下走去。

二

查拉图斯特拉下山之后，一路独行，途中一个人也不曾遇到。但当他来到森林的时候，眼前却突然出现了一位耄耋老人。这位老人离开自己圣洁的茅舍，走进森林，是为了寻找树根。见到查拉图斯特拉，老人如是说：

“我认识这位漫游者，他的名字是查拉图斯特拉，多年前，我看到过他，他从此经过，但是现在，他的样子发生了改变。

“遥想当年，你独自上山，带着你的灰烬，现在，你要做什么？是要带着你的火去山谷吗？难道你就不怕被以纵火的罪名惩罚？

“没错，就是他，查拉图斯特拉，他的目光已经澄澈，他的唇边不带丝毫厌弃，他走过来了，看，他多么像一位舞者。

“查拉图斯特拉，你变了，你觉醒了，你变成了孩童，那些陷入沉睡中的人又能给予你什么？

“孤独是承载你生活的海洋，你离开了它，莫非你想踏上陆地？查拉图斯特拉，你又想成为你身体的拖累了吗？”

查拉图斯特拉面色坦然，他说：“我爱人类。”

老圣徒不以为然，他说，我逃到森林、寄居荒野的理由，就是因为我曾经太爱太爱人类了啊。

但是现在，我只爱仁慈的上帝。我再也不爱人类了，我认为人是不完美的，爱人类会让我失去生命。

“爱是什么？我不想谈论。我只是去给我爱的人类送一件礼物。”查拉图斯特拉如是说。

不，你没有必要给人类送礼物，老圣徒说。与其赠送礼物，倒不如帮助他们分担一些肩上的负重，如果你愿意那么做，他们会喜闻乐见，并对你无限感激。

如果你想要施舍他们一些东西，就单纯地去施舍，而且是在他们乞求你的情况下。

查拉图斯特拉摇摇头：“不，我从来都没有想过去施舍，我还没有贫穷到能去施舍的地步。”

听了查拉图斯特拉的话，老圣徒嗤笑道：“即便是要送出宝物，也要留神怎样被接受才是。他们从不相信我们是为馈赠而来，更不相信隐士这个群体。

“对人类而言，我们踽踽的脚步显得太孤独。就像是黎明到来之前的深夜，他们躺在床上，听到门外有脚步声传来，就会猜想：这么晚了，这个小偷要到什么地方去。

“留下来吧，和我一起在森林中隐居，我真不明白，你为什么不愿意停留，走进人群，比走进兽群更可怕。人类社会比自然还残酷，我宁可去教导野兽，也不愿意去指引人类。”

“圣徒先生，您在森林里，每日都做什么？”查拉图斯特拉问。

圣徒说：我自己谱写歌曲，自己哼唱，笑着唱歌，哭着作曲，来赞美我的上帝。

我用我的歌声，我的欢笑，我的泪水，我的一切，那是我的上帝。而你又有什么礼物能送给我呢？

听了老圣徒的话，查拉图斯特拉弯下腰，对他躬身致意，然后说：“我不能给你们什么，而且，我在这里待得久了，也许还会拿走你们的一些东西。所以，先生，请让我尽快离开吧。”就这样，查拉图斯特拉和老圣徒告别了，他们相视而笑，像是两个孩童。

离开之后，查拉图斯特拉心想：“真是不可思议，难道这位居住在森林里的老圣徒直到今日还不知道‘上帝已经死亡’的消息？”

三

很快，查拉图斯特拉来到了距离森林最近的一座城市，入城之后，他发现城中的许多民众都在朝着市场聚集，因为不久之后，在那里会有一场表演——高空走绳。于是，查拉图斯特拉对等待着的民众说：

我可以教导你们，关于超人。人类是需要被克服的一种生物，但你们有做过什么来克服人类吗？

截至今天，许多生物都通过克服自身而创造了许多不朽的物质，而你们，难道不想前进，而要逆着历史的潮流，朝着野兽的方向倒退吗？克服人类，难道不是你们的希望吗？

对人类而言，猿猴意味着什么？一种痛苦、一份耻辱，一个被耻笑的理由。同样地，对于超越了人类的物种——超人来说，人类同样是一种痛苦、一份耻辱、一个被耻笑的理由。

你们已经走完了从蠕虫到人类的进化之路，但你们身上却还带着许多蠕虫的特征。从前，你们还不是人，是猿猴，现在，你们变成了人类，但很多时候，你们比一只真正的猿猴更像是猿猴。

在整个人类群体中，智慧最卓著的，也不过是介于植物与鬼神之间的混种，但是，难道是我叫你们变成鬼神，或者，让你们向着植物衍变的吗？

过来瞧瞧吧，我会告诉你们，怎样超越自己，成为超人。

超人是大地的意义。让你们的意志在内心高喊：超人是大地的意义。

兄弟们，我请求你们，忠实于大地吧，不要将信任轻易给予那些妄谈超脱尘世的人，不管他们是有心还是无意，无论他们无知还是全知，他们都是不折不扣的坏种。

他们已经病入膏肓、身中剧毒，他们蔑视生命，他们不断地在释放毒气。他们已经开始被大地厌倦，那就赶走他们吧！

过去，最不可饶恕的罪恶是对上帝的亵渎，但是现在，上帝死了，亵渎者也失去了生命。于是，最不可饶恕的罪恶就是对大地的亵渎。你们怎么能够对某些玄妙无妄的东西抱有比对大地还要崇高的敬意呢？

过去，肉体是灵魂轻蔑的对象，而且，这种轻蔑在当时被视作一种神圣。肉体的肮脏、瘦弱、恶劣是灵魂最希望看到的事情。它就是以这种方式在对大地和肉体进行逃避。

但事实上，诅咒肉体的灵魂本身就比肉体更加的肮脏、恶劣与瘦弱，残暴不过是灵魂的淫欲。

兄弟们，连你们都对我说，你们的灵魂都被肉体告知了什么？这种卑微而又悲凉的欢愉难道还不能证明灵魂的肮脏与贫弱？

没错，人就仿佛是一条浑浊的河流，要想容纳这种浑浊，你们就必须要变成大海，只有这样，才不会被浑浊污染。

我来告诉你们：超人是什么？超人就是能够轻易让轻蔑与浑浊沉底的大海。

被灵魂轻蔑的岁月，是你们所能体味的最神圣的事情。你们的理智呢？你们的德性呢？在那个时候，你们会厌恶它们，就像厌恶你们的幸福一样。

那个时候，你们会毫不犹豫地说："幸福是个什么东西呢？它那样肮脏、那样贫弱，它带来的欢愉又是那样悲凉，可我，曾经愿意用生命为它辩护。"

那个时候，你们会毫不犹豫地说："理智是个什么东西呢？知识被它渴望，就像食物被狮子渴望一样。它那样肮脏、那样贫弱，它带来的欢愉又是那样悲凉。"

那个时候，你们会毫不犹豫地说："德性是个什么东西呢？它还没有让我疯狂的能力，但我却已经厌倦，无论是我的善良，还是我的罪恶。它那样肮脏、那样贫弱，它带来的欢愉又是那样悲凉。"

那个时候，你们会毫不犹豫地说："公正是个什么东西呢？我从来都不认为自己会变成燃烧自己成全别人的煤炭，而公正，恰恰就是煤炭。”

那个时候，你们会毫不犹豫地说：“怜悯是个什么东西呢？难道不是它将最爱人类的那个人钉死在了十字架上？但是我的怜悯并非钉上十字架的死刑。”

“你们有没有说过类似的话？你们有没有如此呼唤过？我真的希望，你们已经发出了同样的呼唤。

“向着上苍呼唤的从来都不是你们的罪恶，而是你们的满足，是你们那隐藏在罪恶中的悭吝的本性。

“但是，那曾经用它的舌将你们舔舐的闪电到什么地方去了？那份注定要被灌注到你们身上的疯狂又身在何处？

“瞧着吧，我教给你们成为超人，闪电就是他，他也正是那不知身在何处的疯狂——”

查拉图斯特拉话还没说完，人群中便传出一个声音：“让我们去看看那个表演高空走绳的演员吧，关于他，我们听到的已经够多了。”听到那个人的话，人们纷纷加入了嘲笑查拉图斯特拉的行列。而走绳演员以为是开始表演的信号，于是，他开始卖力地表演。

四

查拉图斯特拉的内心充满了惊奇，他看着蜂拥的民众，说：

人就像是一根悬系在深渊之上的绳索，一头连接着动物，一头连接着超人。

这种连接，这种穿越，危险重重；这条道路，这条捷径，危机四伏；这种回顾，这种战栗，这种不自然的驻足，危如累卵。

人身上总有一种伟大的特质，这种特质在于人不是目的，而只是一座桥梁。人的身上，有着一种落寞，人本身，就是一种动物朝着超人的过渡，而这，也正是人的可爱之处。

我爱那些作为过渡者的人们，因为他们沉溺在没落中，从来都不懂得生活。

我爱那些曾经发出过轻蔑的人们，因为他们长存敬畏，是对彼岸充满渴望的箭矢。

我爱那些为大地而献身的人们，他们从来都不曾走向星空，不曾固执地弄清楚牺牲与被牺牲的理由，他们为让大地有一天能够成为超人的领地而不断地作出努力。

我爱那个人，他渴求认识，他想要认识，而他认识的目的，是在自愿没落的前提下，祈盼超人的苏醒与复活。

我爱那个人，他之所以勤劳地劳动，不断地发明，给超人建造起住所，准备好大地、动物和植物，因为他自愿没落。

我爱那个人，他像渴求彼岸的箭矢一样渴求着没落，这是他崇高德性的要求，而他无比热爱自己的德性。

我爱那个人，他跨越了精神的桥梁，他毫无保留地为了成全德性而化作了精神。

我爱那个人，他为了成全自己的德性，甘愿生活且超脱于生活；他把德性融进了生活中，无论这种生活是一种倾向还是一种灾祸。

我爱那个人，因为他从不奢望拥有过多的德性，对他而言，一种德性比两种德性要好，因为前者更能成为祸患所系的关节。

我爱那个人，他把自己的灵魂挥霍，他不希望有人感念他的恩德，也不求回报。他馈赠了无数，却没有给自己留下丝毫。

我爱那个人，在偶然掷中骰子的时候，他会向自己的内心发出诘问：难道我就是一个赌徒，难道我竟如此奸诈？他甘于走向毁灭。

我爱那个人，他在做任何事情之前，都会先说出金言，他所做出的行动，永远都胜过他的承诺：因为他甘于没落。

我爱那个人，他对未来的人类辩护，他对过去的人类充满怜悯，愿意将他们救赎，因为他愿意毁灭于当前的人们。

我爱那个人，他深爱上帝，却为这份深爱，而将上帝责罚，因为，他知道，自己终有一日会焚身于上帝的怒火。

我爱那个人，哪怕伤痕累累，他的灵魂依旧澄澈而深邃。或许，他会在一次微不足道的冒险之后走向消亡，因为他对跨越精神的桥梁充满了热情。

我爱那个人，他的灵魂丰裕得难以想象，使他忘却了自己，他的心将万物包容：他愿意为了万物走向没落。

我爱那个人，他的头脑和灵魂都是自由的，他的思维折射着灵魂自由的光辉，而走向没落，是他的灵魂做出的选择。

我爱所有雨点一般的人，他们诞生于人类的头顶，氤氲于浓重的乌云，他们在云中散落，深沉而厚重，它们，预告着即将到来的闪电，即便，预告的代价是自身的陨灭。

看吧，我就是那个对闪电作出预告的人，我是雨点，诞生于人类头顶盖压的乌云，而我所预告的闪电，还有一个名字，叫作超人——

五

查拉图斯特拉不再开口，看着汹涌的人潮，他选择了沉默。默默地，他对自己的灵魂说：“他们一起讪笑我，他们的耳朵愿意听到、能够接受的声音，与我的嘴中吐出的音节永远都不相符。

“难道，我们要先让他们放弃用耳朵聆听声音的习惯，学会用眼睛来倾听吗？难道我们一定要和铙钹跟那些喧哗的牧师一样扰攘吗？难道，能够被他们信任的，只有那些口齿不清的人？

“他们身上有一种名为教养的特质，他们为自己的教养骄傲，在他们看来，教养把他们和牧人作出了最明确的区分。

“所以，我必须用让他们骄傲的方式来说话，他们，接受不了任何对自身的蔑视。

“所以，我要和他们说说‘末人’，那永远都沉沦在蔑视中、最为人所不齿的‘末人’。”

想到这里，查拉图斯特拉面对人群，再次开了口，他说：

现在，人类必须自己确定目标，最崇高的希望应该在现世萌芽。

为此他的土壤还是足够肥沃的。但这些土壤终有一日，会成为贫瘠的代名词。到那个时候，任何高大葱郁的林木都不可能在土壤之中生长。

啊，现在，人类已经无法再射出那渴望超越自己的飞箭，弓箭脱弦的声音再也不会响起。

我必须得告诉你们，任何星球都源自混沌；我必须得告诉你们，人类身上本就有一种混沌。

啊，没有任何星球会再次诞生，混沌消亡，那属于你们最不屑者的时代正在悄然到来，人类啊，再也不能将自己鄙夷。

我得将它指给你们看，对，它就是“末人”。

“爱情、渴望、创造、星球，这些都是什么东西？”末人眨巴着纯洁无瑕的眼睛，懵懂地问。

就这样，大地在缩小，寿命无限悠长的末人在越来越小的土地上像跳蚤一样上蹿下跳，这样的族群，永远都不会绝灭。

于是，末人眨眨眼，说："看，幸福已经被我们创造出来了。"

他们远离了环境恶劣的土地，因为，没有热量，他们难以存活。他们，对邻人还充满着友爱，只因为，他们赖以生存的热量有一部分来自与邻人的摩擦。

在他们看来，生病是罪恶的，怀疑也是罪恶的，谨小慎微成了生活常态，他们变得很笨，哪怕是一块碎石也能将他们绊倒，当然，有的时候，绊倒他们的，还有倒在地上的人。

为了做一个舒心而安然的梦，他们偶尔会吸食一点儿毒品，当有一天，他们吞服了大量毒品的时候，他们的生命就会在舒心与安然中走向尽头。

他们把工作当作一种娱乐，所以，工作一直都在持续，但是他们要保证这样的娱乐不会给其他人造成伤害。

富有与贫弱都不再是人类的追求：这两者都太累了。没有人愿意统治，也没有人愿意服从，这两者都太累了！

没有牧人，只有一个牧群。人人都想要平等，每个人都是平等的。谁若是甘心被送进疯人院，倒不妨大胆地对平等提出异议。

最智慧的那一个，总会眨着眼睛宣称："过去，每个人都是疯狂的。"

过去的种种，聪敏的末人无所不知。对此，他们唯一的态度就是嘲谑。争吵是他们生活的常态，但争吵是短暂的，他们很快就会言归于好，否则，肠胃就会遭殃。

白天，人们享受一丝微薄的乐趣；夜晚，也有活动可以怡情，但他们最重视的，永远都是健康。

"幸福已经被我们创造出来了。"末人眨巴着双眼说。

查拉图斯特拉的第一次演讲就这样结束了，这次演讲也叫“开场白”。到这里，他被人的叫喊和性质打断了：“查拉图斯特拉，把末人给我们吧。”——他们大喊——“查拉图斯图拉，我们用超人和你交换末人。”人群中，类似的吵嚷声和欢呼声不断，人们兴高采烈，似乎备受鼓舞，但一股悲伤的情绪却弥漫了查拉图斯特拉的心，他告诉自己的心：

他们根本就没有听懂我在说什么，我说的话，到了他们的耳中就变成了另外一种意味。

或许，是我在山林中隐居的时间太过长久了，听惯了溪水潺潺，习惯了松涛阵阵。现在我和他们讲话，就像在和牧人讲话。

我的心澄明而宁静，仿佛朝阳中的山峦，但他们看到的，却是冷酷，是一个嘲谑者的玩笑。

他们凝视着我，向我微笑，他们的笑容中还有仇视。就仿佛是冰霜，隐藏在微笑中。

六

就在这时，一件令所有人都始料未及的事情发生了。此时，那位表演高空走绳的演员已经从小门中走出，踏上了悬系在两座塔楼之间的绳索，这根绳索位于市场和群众上方。他走到了绳索的正中间的时候，塔楼的小门被推开，一个穿着色彩艳丽衣衫的少年走了出来，他如同一个小丑，加快脚步追上了绳索上的表演者。“该死的瘸子，快走啊！”少年大喊：“朝前走，懒惰的家伙，黑市的商人，可耻的小白脸，快走，不然，我的后脚跟就会踹上你的屁股。真不明白，你站在这里做什么，该表演的是我，他们应该把你关进笼子，可恶的混蛋，你挡住了一个更优秀的人自由前行的道路！”

少年疾步向表演者追去，一边追，一边恶毒而疯狂地大喊。他走到表演者身后距离一步的地方，做了一件让所有人都瞠目结舌的事情——他疯狂地大叫着，从表演者的头顶一跃而过。表演者看到少年战胜了自己，顿时慌了神，一脚踩空；他手里的平衡杆脱落了，他的手和脚胡乱挥舞着，先于平衡杆落在了地上。围观者立即像是正在被暴风雨肆虐的海面一样涌动，四处奔逃，乱作一团，在表演者的身体即将坠落的地方更甚。

除了查拉图斯特拉，他站在那里，始终都不曾移动一下。可怜的表演者就掉在查拉图斯特拉的脚边，他的伤势很重，筋骨折断，但却还有一口气在。片刻之后，摔晕的表演者醒了过来，睁开眼的刹那，他看到，查拉图斯特拉正蹲跪在他身旁。“你想做什么呢？”他说，“我就知道，魔鬼他一定会伸出罪恶的腿将我绊倒。我就要被他拖下地狱了，你想要阻止他吗？”

查拉图斯特拉摇摇头：“朋友，实话实说，你说的一切都不存在，没有魔鬼，也没有地狱。在你的肉体死亡之前，你的灵魂会先一步离去。现在的你，早就无须畏惧任何东西。”

表演者疑惑地看了查拉图斯特拉一眼，说：“假如真相就像你所说的那样，那我就算没命了，我也没有失去什么。我比一头动物真的强不到哪里去。我不过是一头会跳舞的动物，生活在鞭笞中，仅靠一丁点粗糙的饲料喂养大。”

“不。”查拉图斯特拉说，“你把这份危险转化成了你的工作，没有什么可轻蔑的。现在，你死于你的工作，我要用我的双手亲自埋葬你。”

奄奄一息的表演者没有回应查拉图斯特拉的话，只不过，他的手微微移动，似乎是想要把查拉图斯特拉的手握进自己的手中，以示谢意。

七

天色渐渐变得晦暗，市场已经隐没在夜的阴影中，人群早就散去，强烈的好奇与发自内心的畏惧总是让人疲惫。只有查拉图斯特拉孤独地坐在死者的身旁，陷入了思索：他已经忘记了时间。深夜里，微凉的夜风吹来，将这个孤独的人惊醒。查拉图斯特拉站起身来，对自己的灵魂说：

查拉图斯特拉，你真棒，你进行了一次精彩的捕捞，虽然你没有网住任何一个人，但收获了一具尸体。

人生总是处处透着阴森，没有任何的意义：一个穿着彩衣的小丑也能轻易变成别人的噩梦。

所以，我要将人生真正的意义——超人，告诉人类，那是来自乌云的闪电。

但现在，我与人类的距离是那么的遥远，我的心意无法顺畅地传达给他们。在他们看来，我就是一个在傻瓜与死人之间徘徊的异类。

夜色很深沉，查拉图色特拉即将走过的道路也一片灰暗。我的伙伴，来吧，我会背起你僵硬而冰冷的身躯，用我的双手将你埋葬，让你安息。

八

查拉图斯特拉对着自己的灵魂低语一番之后，就背着表演者冰冷的尸体上路了。他走了不到一百步，一个人突然溜到他的身边，对他窃窃私语——说话的，正是那个穿着彩衣的少年小丑。“查拉图斯特拉，赶紧走吧，离开这个城市。”他说，“这座城市有太多的人对你充满了敌意，善良与正直的人把你视为仇寇；信仰纯正的人也不喜欢你，他们认为你是大众的敌人，是一个危险因素。当然，你应该庆幸，他们轻视了你，他们只是把你当作一个丑角来嘲笑。你和这条肮脏的死狗为伴，这是你的幸运；你如此贬低自己，让你得到了拯救。但是，查拉图斯特拉，你还是离开吧，否则，明天，作为活人的我也会从你的身上跳过，而你的身份是死者。”说完这番话，少年小丑就跑开了，而查拉图斯特拉则继续在漆黑的胡同中穿行。

走到城门口的时候，他与一群掘墓人不期而遇。他们举着火把，认出是查拉图斯特拉，就开始大声地嘲笑他。“哦，查拉图斯特拉，你背上背的是什么？那条死狗？你也变成了掘墓人，我们的同行。我们的双手是如此的洁净，怎么可能触碰这块腐烂的肉？先生，偷盗魔鬼的食物可不是什么好主意。那好吧，祝你好口福。但愿魔鬼不是一个比你更高明的窃贼。否则，查拉图斯特拉，他会把你们两个都偷走，然后一起吃掉。”他们你一言我一语地说着。

查拉图斯特拉没有反驳，一言不发地往前走。两个小时的时间，他走过了森林，走过了沼泽，耳边不时传来饿狼的干号，他感到饥饿，于是，当看到一座孤独地矗立着的、有灯光闪烁的小屋时，他停下了脚步。

饥饿侵袭着我的身体，就像一个穷凶极恶的强盗。查拉图斯特拉说。深夜的森林，寂静幽深，饥饿侵袭着我。

我的饥饿真是个脾气古怪的家伙，它经常在我刚刚吃完饭的时候出现，可是今天，它一直没有出现，它到哪里去了呢？

查拉图斯特拉敲响了小屋的木门。开门的是一位提着灯笼的长者，他问：“你是谁？为什么来打搅我？”

“只是一个活人和一个死者。”查拉图斯特拉说，“请给我一点儿食物和水吧，我白天的时候忘记了饥渴。谚语说，给饥饿的人食物的人，自己的灵魂也会得到升华。”

长者默默地转身离开，很快就给查拉图斯特拉拿来了一些酒水和面包。“对一个饥渴交加的人来说，这里实在是一个危险的地方。”老人说，“自从在这里隐居之后，我的屋门经常被人和兽敲响。先生，让你的伙伴也吃一点儿吧，他看上去比你更疲惫。”查拉图斯特拉说：“我的伙伴吃喝不了了，他已经逝去。”“这和我没有任何关系！”长者有些懊恼地说，“既然敲开了我的门，就得接受我的馈赠。吃吧，但愿你一路顺风。”

查拉图斯特拉又走了两个小时，星光照耀在他的身上。他早已经习惯了黑夜，喜欢正视那些在黑夜中沉沉睡去的人。晨曦初露时，查拉图斯特拉已经处在了森林的最深处，前面没有路了。他把死者的尸体放在一棵枯树的树洞中，自己头顶上方的位置，以免饿狼前来侵犯。他躺在树下的青苔上，开始休息。他的灵魂依旧平和，但他的肉体实在是太疲惫了。

九

查拉图斯特拉依旧在沉睡，他睡了好久。晨曦的微光渐渐变得明媚而炽烈，清晨过去了，正午过去了。当他醒来的时候，首先映入眼帘的是这片森林和一片寂静。他惊奇地看着自己，像是找到了新大陆的水手一般站起身来快乐地欢呼。因为，他又发现了一个新的真理。他告诉自己的心：

我突然醒悟过来，我需要的是伙伴、活的伙伴，而不是一个我想要带到哪里去就带到哪里去的已经死去的伙伴——一具尸体。

我需要的是愿意听从我的意见、跟随着我，心甘情愿和我一起去我想去的地方的，活着的，伙伴！

我突然醒悟过来，我不需要对大众演讲，只需要把要说的话说给我自己的伙伴听。查拉图斯特拉不是某个牧师的牧犬，也不是某个牧区的牧师。

我来的目的，就是把一部分人从牧群中牵引出来。群众和牧群会对此勃然大怒：查拉图斯特拉愿意将牧人称为强盗。

我所说的牧人是谁？就是他们！一群自忖信仰纯正的人！一群以善良和正直者自居的人！

善良者？正直者？谁被他们恨之入骨呢？毫无疑问，是创造者！因为，创造者破坏了他们的信仰，打碎了他们辛苦构筑的存在感与价值观。

瞧瞧那林林总总、自忖信仰纯正的人吧。谁被他们恨之入骨呢？毫无疑问，是创造者！因为，创造者破坏了他们的信仰，打碎了他们辛苦构筑的存在感与价值观。

创造者的伙伴不应该是死者，更不会是牧群和最纯正的信徒。创造者的伙伴只能是其他的创造者，是那些将新的价值观念书写在新的规则世界的人。

创造者应该寻找的是伙伴，和可以将收获共享的人。他有着成熟的庄稼，他做好了所有的准备，但是，他没有去收割，而是拔掉了所有的麦穗，他生气了，因为，他缺少镰刀。

创造者在寻找着能够把镰刀磨的锋利的伙伴，他们对善与恶都充满了蔑视，他们代表毁灭，但同样代表收获，他们是收获的人，也是欢庆的人。

查拉图斯特拉要寻找的，是能够一起创造、收获、庆祝的人。和牧群、牧人、死者待在一起，还有什么创造可言呢？

好了，我的伙伴，你是我的第一个伙伴，我会把你埋葬，在空树中安息吧，别担心，饿狼不会来打扰你。

而我，我要走了，时间已经到了。亲爱的伙伴，在黎明的曙光与黄昏的光辉中，我悟出了另外一则真理。

牧人、掘墓人，都不是适合我的角色，我也不会再和群众说什么话了，我和死者的说话，也是最后一次。

我要去寻找我的伙伴们：创造者、收获者、庆祝者，我会告诉他们通往超人之路的阶梯，我还会告诉他们，彩虹在哪里。

隐士和双栖者会聆听我的歌声，我为他们歌唱；谁还能听闻所未闻的，我就是要他们因为我的祝福而烦恼起来。

我要朝着自己的路前进了，我的目标明确，踌躇的人、拖沓的人都不可能成为我的伙伴，我会跳过他们，他们会没落的，因为，我在一直向前。

十

查拉图斯特拉对自己的灵魂说完这番话的时候，正午的阳光已经再一次洒满大地。蓦地，他听到了一声尖锐的鸟鸣。他猛然抬头，看见了一只鹰。大鹰在他的头顶翱翔，它的脖颈上还缠绕着一条蛇。很显然，这条蛇并不是它的猎物。

“那是我的鹰和蛇！”查拉图斯特拉满心欢喜地说。

它们是阳光下最聪明、最高傲的生物。它们出来打探消息。

它们想要知道，那个叫查拉图斯特拉的人是否还在人世。我也想知道，我还在人世吗？

人群比兽群更加危机四伏，前路也危险重重，希望，我的鹰和蛇能够给我以引导吧。

这个时候，查拉图斯特拉突然想起了在森林中偶遇的老圣徒。他叹息一声，再次对自己的心灵呓语：

“希望我能够变得更加聪敏吧，就像我的蛇，聪敏到了骨子里。

“但是，我也知道，希望很渺茫，所以，我希望，我的聪敏能够永远与我的高傲相伴。

“假如有一天，我的聪敏抛弃了它的旧主，没办法，它总是那么的不安分，喜欢逃逸。我希望，我的愚蠢能够和高傲相伴，一起纵横翱翔。”

查拉图斯特拉向山下走去。

查拉图斯特拉的演讲

1. 三种变形

精神本身存在着三种变形，精神变成骆驼，骆驼变成狮子，狮子变成小孩。今天，我会为你们一一阐述这三种变形。

精神的身上背负着许多沉重的负担，背负着重担、依旧强壮的精神是多么的令人敬畏。负重和最沉重的事物是精神的必需，因为，只有负重，精神才会变得强壮。

重担是什么？精神这样问，它的身上还背负着重担。它就像是一只骆驼，跪在地上，渴望重物将整个驼峰装满。

伟大的人啊，最沉重的事物是什么，背负着重担的精神如是说。把它放在我的背上吧，驮着它，我会为自己的强壮感到高兴。

莫非它是要用贬低自己的方式来伤害自己的傲慢？莫非它是要用表现愚蠢的方式来嘲谑自己的智慧？

又或者，它是要在我们为了事业成功而欢庆的时候与我们告别？又或者，它是要用登上山巅的方式来试探那些想要试探它的人？

又或者，它是要用饱含知识的芬芳的青草与橡果来充实自己，又或者，它是为了寻求真理才甘心让自己的灵魂忍饥挨饿？

又或者，它生病了，却想要赶走那些来劝慰它的人？它想要和一生都听不到它的话语与愿望的失聪者成为好朋友？

又或者，它愿意跳入真理的水池，哪怕水池已经污浊，它也愿意在污浊中接受蟾蜍的温热与青蛙的冰寒？

又或者，它对那些嘲笑我们的人还满怀热情，当我们被鬼怪惊吓时，它愿意将手伸过去？

一切的重负，都由希望背负重担的精神来背负，它就像是一只满载货物的骆驼，一步一步走向沙漠。

在寂寥的沙漠中，精神的第二种变成正在进行，它从骆驼变成了狮子。它想要成为自己沙漠真正的主人，所以，它必须得到自由。

变成狮子的精神不断地寻找着它最后的主人，它要像打败所有敌人一样打败它，无论它是最后的上帝还是巨龙。

精神不想再称为主人和巨龙的上帝是什么？它有一个响亮的名字叫“你应该”，但狮子的精神想说“我希望”。

“你应该”就躺在沙漠中，它的身上长满了细密的、金色的鳞片，每一个鳞片上都有三个字——“你应该”。

千万年的岁月与价值理念在它的鳞片上不断地闪耀，这其中最强大的巨龙对狮子说：“我的身上凝聚了所有事物的价值。”

“所有的价值早就创造完成了，而所有被创造的价值、存在和意义都集中在我的身上。这个世界上并不需要‘我希望’。”

朋友们，精神的世界为什么对狮子如此渴求？那甘愿背负沉重、没有念想、心怀敬畏的骆驼有什么不好吗？

是的，狮子还没有创造新的价值的能力，但它却有权力为了创造新价值而为自己争取应得的自由。

要使自我获得自由，也包括一种对义务的神圣否定，所以，狮子是我们所需要的。

对于曾经甘愿负重并心怀敬畏的精神来说，获得创造新价值的自由与权力更像是一种掠夺，这种掠夺需要一种富有侵略性的动物来完成。

“你应该”是它曾经的信仰，它倾慕它的神圣，但现在，为了获得自由，它必须强迫自己寻找神圣之中的虚妄，它曾是那么热爱它，要寻找它的不足真的很难，但它需要自由，所以，它必须变成会掠夺的狮子。

但是，朋友们，狮子为什么要变成小孩呢？难道小孩还能做到什么连极具掠夺性的狮子都做不到的事情吗？

小孩代表着忘却与天真，是一个新的开端、一个游戏，是自我运转的命轮，是一种最原初的运动状态，也是一种最伟大的肯定。

是的，朋友们，为了创造新的价值，为了制定新的游戏规则，我们需要一种伟大的肯定。意图毁灭旧世界的精神就是想要用自己的意志来创造一个新的世界。

好了，我已经把精神的三种变形都告诉了你们：精神是怎么变成骆驼，骆驼是怎么变成狮子，狮子又是怎样变成小孩的。

查拉图斯特拉如是说。说这话的时候，他身处彩牛城。

2. 德性讲坛

人们和查拉图斯特拉聊天的时候总是对一位智者称赞有加，他向人们讲述睡眠与德性，因此受到人们的推崇，城中所有的少年人端坐在他的讲坛前。查拉图斯特拉也到智者那里，和城中所有的少年人一起端坐在他的讲坛前。智者如是说：

对睡眠心怀敬意，这是非常重要的事情，在睡眠面前，要保持谦卑与羞怯的心，要远离那些在夜里精神奕奕的人和一切睡眠质量差的人。

窃贼夜晚行窃的时候总是蹑手蹑脚，因为，他对睡眠怀有敬畏，手持号角的守夜人却没有，在睡眠面前，他们的内心全无一丝羞怯。

睡眠很重要，它不是一件小事，白天，我们精神奕奕，保持理智和清醒，为的就是在晚上能够睡好。

白天的时候，你必须克制自己十次，这样你就会疲倦，但这是灵魂的罂粟。

白天的时候，你必须调和自己十次，因为，克制本身是痛苦的，不调和就无法安眠。

白天的时候，你必须寻找到十种真理，否则，你还要在夜间继续寻找，你的灵魂处于饥饿状态。

白天的时候，你必须欢快地大笑十次，否则，肠胃会让我们感受到痛苦的滋味，它最擅长在夜晚捣乱了。

一个睡眠质量好的人，必然要拥有所有的美德，这一点鲜为人知。我会替他人作伪证吗？我会与人通奸吗？

我会对隔壁的女仆有非分之想吗？这些都与好的睡眠相违背。

当然，有了全部的美德，睡眠的质量也不一定会好，除非，我们很擅长让美德在合适的时候陷入沉睡。

德性之间也会发生争吵，这些驯顺的小女子啊，她们都是为了你，你这不幸的家伙。

好的睡眠要求我们不仅要与上帝和邻里友善地相处，还要求我们对邻家的魔鬼也保持友善，否则，魔鬼会在夜晚的时候对我们纠缠不休。

好的睡眠要求我们服从上司的安排，对领导表示敬重，哪怕这个领导本身并不正派，但我们又能如何呢，权力本身就跛足前行。

最好的牧人会把羊群带到最丰美的绿色草场，好的睡眠与之应和。

我不需要煊赫的名声与巨额的金钱，它们会让我的脾脏发炎，但我也需要一些钱财和一点微薄的名誉，否则我的睡眠质量会很差。

和一群狐朋狗友相比，我更需要一个小小的交际圈，能够恰如其分地往来，这会让我一夜安眠。

思想方面比较匮乏的人是我最喜欢的，他们可以促进睡眠。尤其是人们认为他们一直正确的时候，他们是幸福安乐的。

有德性的人都是这样度过白天的。睡眠是所有德性的统治者，在夜晚到来之前，它不喜欢被召唤，我们也应该尽量避免。

白天的时候，我经常会反问自己，你的十次克制、十次调和、十次大笑和十个真理都在哪里？这就像是牛的反刍，需要耐心。

思考着这些事情，睡意便渐渐地向我袭来，根本不需要我去召唤，德性的主人自己就降临了。

睡眠亲吻着我的眼，我的眼睛慢慢地闭合。睡眠轻轻抚着我的唇，我的唇张开了。

它的动作很轻柔，就像是世间最可爱的窃贼，我的思想被偷走了，我的身体还傻傻地站着，就像这个讲坛。

可是，我站立的时间其实也很短，因为，我的身体躺倒了。

查拉图斯特拉听到智者的宣讲，感到可笑，他茅塞顿开，对自己的心灵说：

在我看来，这位智者和智者的所有想法都傻得可爱，但他的确对睡眠很有研究。

这位智者的邻居是幸运的，也是幸福的，因为，哪怕有厚厚的墙壁阻隔，智者的睡眠也是会传染的。

而且，他的宣讲也不是一无是处，这些来听他宣讲的少年总能得到一些益处，这是讲坛的魔力。

他的智慧就是说，好的睡眠是以清醒为前提的。说实话，若是我的生命已经百无聊赖，如果我必须要选择一种荒唐，那么，他的这种荒唐恰恰是我最愿意选择且最有价值的。

现在，我终于懂了，过去，人们在寻找能够传承德性的教师的时候最先寻找的是何物，是睡眠，好的睡眠，其次，才是一种仿佛罂粟花一般美丽却有毒的德性。

站在讲坛上的所有所谓的智者，其实都不懂得生命的美好和意义，在他们看来，能够一夜安睡，没有梦魇，就是最现实的智慧。

到现在，还有少部分人，就像讲坛上的这位智者一样，不过，遑论幸与不幸，他们也学会了谎言。属于他们的时代正在终结，他们站立的日子已经不多，不，其实，他们已经倒下了。

昏昏欲睡未尝不是一种福气，毕竟，不久之后，他们就会彻底地陷入睡眠。

查拉图斯特拉如是说。

3. 彼世论者

过去，对彼世论，查拉图斯特拉也深信不疑，把自己的幻想扔到另外一个并不存在的虚妄的世界中。我认为世界就是一件永远都承受着悲痛与苦难的作品，而作品的主人正是上帝。

那个时候，我认为整个世界都是上帝为那些内心永不满足的人制造的多彩的烟雾，是虚幻的，不真实的。

在我看来，不管是善良还是罪恶，不管是快乐还是痛苦，不管是我还是你，都不过是创造者为了抛撇自我而创造的多彩烟雾，他才因此创造了整个世界。

对于受苦受难的人来说，抛开自我，抛弃身上所有的苦痛委实是一种令人沉醉的乐趣。过去，我也认为世界是醉心的快乐和自身的丧失。

过去，我认为，世界就是一个不完美的倒影，是矛盾的倒影，这种矛盾永远都存在，这个世界永远都不完美。但对于同样不完美的、世界的创造者而言，这个世界本就是完美的，是值得沉醉其中的。

过去，和所有的彼世论者一样，我也愿意把自己虚无的幻想抛进另一个不同于人类世界的世界中，但是，我真的把它们抛进了一个不同于人类世界的世界了吗？

哦，兄弟们，我创造出的这个上帝，和其他所有的神明一样，是人类的作品和人类的疯狂。

他本就是人类，他是人类自我怜悯的一种方式：我觉得，他来自人类世界的火焰与沉灰，他是真的、真的鬼魂，他并非来自彼岸。

兄弟们，在我身上发生了什么事？我克服了自己，我这个受苦受难的人，带着我的灰烬走进了山林，我创造了另外一种更明亮的火焰，于是，鬼魂从我的身上被剥离。

现在，对我来说，相信鬼魂是一种痛苦，对痊愈者来说，也许是一种折磨。现在对我来说是痛苦和侮辱，我要对所有的彼世论者如是说。

所谓的彼世，不是解脱，而是另一种痛苦，它代表着无能，它是一种疯狂，只有沉浸在最深沉的苦难中的人才能从其中体会到短暂的幸福。

所有的神明和彼世都是它一手缔造的。它想拼尽所有的力量去跳跃，跳到彼岸，但这一跃却让它的疲惫达到了顶点，疲惫到再也不希望有疲惫，这多么的愚蠢、多么的可怜啊！

兄弟们，请相信我，我们的身体已经对自身的状况感到绝望，它们用精神的手指在摸索着最后的围墙，却不知道，精神已经被迷惑。

兄弟们，请相信我，这具名为身体的躯壳已经对大地失去了信任，它听到了那个人的话，那个人是存在之腹。

它穿越到了彼世，用自己的头颅，不，穿过围墙的不仅仅只有头颅。

但是，彼世对人类却是隐蔽的，它并不会在人前显现。那个世界，没有人性，就是个虚无的世界。除非作为人类，存在之腹甚至不会对人类说话。

没错，就是如此，一切的存在都是玄妙的，它难以言喻，也无从证明。兄弟们，莫非你们认为已经被证明的不是世界上最玄妙的事物吗？

是的，它是自我，但却在自我中迷乱，它自相矛盾，却仍旧以貌似真诚的态度来宣扬着自己的存在。它对自我进行创造、控制、评判，事物的所有尺度、价值都是由它来考量的，

最真诚的难道不是自我吗？哪怕是它用被折断的翅膀不断扑飞的时候，哪怕是它狂热的创造着诗歌的时候，自我一直都谈论着、渴求着身体。

这个真诚的自我永远都是善于学习的，它不断地学习着言说，它学得越多，就越能找到合适的词语来赞颂大地与身体的荣光。

我的自我教会了我一种骄傲，我希望能把这种骄傲传递给人类。我们的头颅不是一头扎进天堂的沙堆，而应该在自由的天空下高昂，一个为大地创造意义的大地上的头。

我会将一种新的意志传达给人类，教会他们不再盲目地行走，教会他们承认新道路的正确与美好，教会他们不要和奄奄一息的垂死者和病入膏肓的病人一样悄无声息地背弃这条道路。

哪些人已经病入膏肓？哪些人已经奄奄一息？毫无疑问，就是对身体和大地充满了不屑，创造了天国、宣扬着救赎的那些人。他们用来救赎的血滴——那阴狠而甘甜的剧毒，也同样来自大地和身体。

他们的本意是抛撇自己身上的苦痛，可星球距离他们真的太远了。于是，他们叹惋："若是有一条天国的阶梯，能够引领我们进入另一种幸福中该有多好！"就这样，他们为自己发明了一种诡计

和带血的小饮料。

这群忘恩负义的家伙，他们以为自己早就脱离了大地，脱离了束缚灵魂的肉体，在脱离的同时，他们感到了快乐，他们痉挛，但他们高兴得发狂，却不知道，他们的快乐本就源自大地和身体。

对于那些生病的人，查拉图斯特拉从来都是宽厚的，他不会为他们的忘恩负义生气，也不会为他们纯粹的安慰姿态感到恼火。他希望他们能够改变，变成健康的人，变成能够克制自己的人，他更希望，他们能为自己创造一具更完美、更高级的肉体。

对于那些已经痊愈的人，查拉图斯特拉从来都不发火，哪怕他们望向幻想的目光依旧柔软，哪怕他们在夜晚的时候经常在上帝的坟冢周围徘徊。在我看来，他的眼泪也还是疾病和病态的身体。

在上帝的崇拜者和狂热的诗人之间，总会夹杂着大量病态的民众，他们对认知者充满了仇恨，他们拥有许多所谓的“美德”，却对新的德性——真诚表示憎恶。

他们对过去那个黑暗的时代总是充满了怀恋，没错，在那个时候，信仰与幻想本就不是同一种东西，理性的错乱是类似于上帝的状态，而罪恶，其实不过是对上帝的质疑。

那些和上帝类似的人啊，我对他们了解得太深了，他们总是希望人们能够彻底地信仰他们，他们把一切质疑者都当作罪犯。我清清楚楚地知道，他们最相信的是什么。

他们相信的不是所谓的彼世，也不是救赎的血滴，而是他们自己的身体，对他们来说，自己的身体就是承载自由的容器。

但是对他们来说，身体是一个病态的东西，他们愿意舍掉这副皮囊。死亡说教者的言论深深影响了他们，而他们也愿意继续为了自己而对彼世进行宣讲。

我最亲爱的兄弟们啊，不如听从另一种更纯粹的声音，它是真诚的，因为，它来自一个健康的身体。

健康的身体，代表的是方正，是纯粹，是真诚，它更值得信任，它发出的是大地的声音，宣讲的也是大地的意义。

查拉图斯特拉如是说。

4. 身体的蔑视者

我有一句话想要和蔑视身体的人说。从我的角度来看，他们没有必要去改变自己的学识和教养，他们要做的，只是离开，悄无声息地离开自己的身体。

孩子们说："我的身体就是我的灵魂。"是什么原因让人们不愿意和孩子说一样的话呢？

明智的人、觉悟的人总认为：我的身体就是完整的我，除了身体，一切其他的东西都不存在，灵魂也不过是人们对身体中某个特定部位的称呼。

身体本身就是理性，是一种最伟岸的理性，它是单一的，也是杂多的，它是和平，同时也是战争，它是一个牧人，但也是一个牧群。

兄弟啊，你所谓的精神，或者说你那渺小的理性，其实不过是一种工具，是伟岸的理性的工具，对，是工具，也是玩具。

你们以自我为骄傲，但你却不愿意相信其实最伟大的从来都是你的身体和你的理性，它不是说自我，而是做自我。

事实上，感觉和认知从来都没有终点，它是无尽的。所有的感官和精神都是自负的，它们想要让你相信，你所看到的、感觉到的、认知到的便是一切，是终点。

感官也好，精神也好，不过都是自身的一种工具。自身可以用感官的眼睛去探寻，也可以用精神的耳朵去倾听。

自身在不停地倾听和寻找，它进行征服、对比、毁灭、强迫。它统治着，也统治着自我。

兄弟们啊，总有一个你看不到的主宰在掌控着你的思维和感情，这个主宰就是自身，是你自己。它住在你的身体里，它其实就是你的身体，但你对它并不熟悉。

你身体中自有的理性相比要比你最高深的智慧中所包含的理性丰富，而且，你究竟是凭什么认为你的身体需要你的最高智慧呢？

你的自我和它那自忖崇高的飞跃从来都是你自身嘲笑的对象，它喃喃自语：“思维的跳跃和飞翔对我来说有什么意义呢？它不过是我达成目标的一条弯路，不过是自我手中的一条纽带，被自我教唆的傀儡。”

“来这里，感受一下痛苦的滋味吧。”自身这样对自我说。于是，自我开始痛苦，痛苦的同时，它在不停地思索怎样才能让自己不痛苦，而它，本就应当对这些进行思考。

“来这里，感受一下快乐的滋味吧。”自身这样对自我说。于是，自我变得快乐，快乐的同时，它在不停地思索怎样才能让快乐变得长久，而它，本就应当对这些进行思考。

我有一句话想和蔑视身体的人说，他们的尊重本就是由蔑视构成的。尊重、蔑视、价值、意志都是如何诞生的呢？

尊重和蔑视都是自身为自己创造的，快乐与痛苦也是自身为自己创造的，自身具有创造性。精神是创造性的身体创造的，其存在的意义就是作为意志的手掌。

你们这些蔑视身体的人，一直都在为自己的身体效力，即使你们傻傻地蔑视着它。我要和你们说，你们的自身本身就对生命充满了厌弃，因为它希望走向死亡。

超越自我的创造从来都是它最喜欢做的事情，这是它最喜欢做的事，也是它的全部热情之所在。

现在想要他做到这一点，却已经太迟了。你们的身体已经没落，蔑视身体的人啊。

你们的身体希望陨灭，你们对身体充满了蔑视，所以，你们再也不能超越自我，再也不能进行任何的创造了。

并且，你们斜睨大地，你们用轻蔑的目光看着大地和身体，但你们的目光中，不由自主就带上了忌妒。

蔑视身体的人啊，我永远都不会步你们的后尘，对我而言，你们也从来都不是那座架设在人类与超人之间的过渡的桥梁。

查拉图斯特拉如是说。

5. 快乐与热情

兄弟啊，假如你拥有一种德性，而且这种德性真真切切地属于你，那么，千万不要把它拿出来和任何人共享。

你想要呼唤它的姓名，想要爱抚它，想要扯扯它的耳朵，和它嬉闹。

看看吧，民众们和你共同拥有了它，以你现在的德性，你就是民众和牧群。

你应该说：“它没有名字，就算有，它的名字也不可言，因为有它，我的脏腑饥饿难耐，因为有它，我的灵魂在痛苦中快乐着。”

别犹豫，用神秘把你的德性变得高贵吧，它没有必要和名字表示亲密，当然，若是你必须要谈论它，你也不必因为在谈论它时的结结巴巴而羞愧。

你就这样结结巴巴地说："它是我的善，我爱它，我喜欢它，非常非常的喜欢，所以，这种善只有我渴望。"

我从来都不希望它成为天国的律法或人间的规章，对我而言，它不是超尘世和天国的行动指南。

我爱这种德性，它是属于大地的，鲜少聪慧，也没有太多所有人都有的那种理性。

这只快乐的鸟把它的巢穴建在了我的身边，它住在其中，孵化着属于它的金蛋，而热爱它的我则为它送上了拥抱。

就是这样，你应该对你的德性进行赞扬，哪怕结结巴巴。

过去，你拥有无数的热情，但你把热情当作了罪恶，现在，值得庆幸的是，你还有你的德性，它们在热情中成长。

过去，你拜托你的热情们帮你照料你最崇高的人生目标，于是，它们变成了你的德性和快乐。

并且，无论你来自哪个种群，是哪个类型的人，暴躁者也好，荒淫者也好，封建者也好，复仇者也罢。

到最后，你的热情都会转化成德性，而你身上所有的魔鬼也都会蜕变为天使。

过去，你的地窖里全都是乱吠的野狗，但最后，它们会变成可爱的鸟以及善良的歌唱家。

你的香料是从你的毒品之中提炼的，你欢快地喝着甜甜的牛奶，这些，是你伴着母牛痛苦的眼神从它的乳房中挤出来的。

从此之后，罪恶再也不会出现在你的身体里，除非是从你的德性斗争中产生的罪恶。

兄弟啊，假如你足够幸运，仅仅靠着一种德性你就能穿越（人和超人之间的）桥梁，而不需要再多。

拥有许多德性的人自然是卓越的，但他们的命运却更加坎坷。德性之间的战争让他们感到痛苦与疲倦，他们再也不愿成为德性的战场，于是，他们自杀了，在走进荒漠之后。

兄弟们啊，征战与争斗是一种罪恶吗？但这种罪恶却是必须存在的。你的各种德性相互忌妒、诽谤、毁灭、猜疑也是必要的。

看吧，每一种德性都渴求着至高的东西，它希望你能为它先行，希望能得到你所有的力量，无论这力量是来自爱情、来自仇恨，还是来自愤怒。

德性之间势必是要相互忌妒的，忌妒非常可怕，所有的德性都会毁于嫉妒。

若是有人被忌妒的火焰包裹，那么，他一定会蜇伤自己，用它的毒刺，就像蝎子曾经做过的那样。

兄弟啊，德性的自我毁谤和伤害你还不曾见过吗？

被克服、被毁灭是人类的命运，所以，你应该挚爱你的德性，因为它会把你毁灭掉。

查拉图斯特拉如是说。

6. 苍白的罪犯

在动物表示臣服之前，作为法官与献祭者，人类并不愿意杀死它们，是这样吗？瞧啊，这苍白的罪犯臣服了，但他眼中闪烁的却是极度的不屑。

它们用眼神告诉人类："理应被克服的东西有很多，我的自我也是其中之一，对我而言，我的自我同样也是我对人类最大的不屑。"

他对自我进行了审判，这是他至高的时刻，不要让崇高者重新变得卑微。

一个为了自我的存在而苦恼的生命是没有任何办法能够拯救的，除了迅速的死亡。

亲爱的法官们，你们的杀戮应该是一种同情，而非报复，因为你们自己这份杀戮，你们要时时刻刻准备为生命申辩。

单单和被屠杀的人和解是不够的，让你们的悲哀转化为对超人的爱吧，你们在为自己的苟且而申辩。

你们不应该说"恶棍"，应该说"仇敌"；你们不应该说"流氓"，应该说"病人"；你们不应该说"罪犯"，应该说"傻瓜"。

你，一身赤红的法官啊，假如你有勇气把你在思维世界中所做的事情全都公之于众，那么，所有的人都会高呼："杀死这种肮脏和臭虫！"

但是，思想是思想，行动是行动，行动中的意象又是一回事，它们从来都没有因果关系。

一个意象让苍白的人变得苍白。在行动的时候，他能够驾驭自己的行动，但行动之后，却被行为的意象吓住了。

他一直都把自己当成某种行为的行动者。我称之为疯狂。对他来说，他把特例当成了本性。

迷惑了母鸡的是一条粉线；他那可怜的理性被他发出的一击所迷惑，我将这一点称为行为之后的疯狂。

法官们，行动之前的疯狂，是另外一种疯狂。从我的角度来看，你们对这个灵魂的探索还不够深。

赤衣的法官问："这个罪犯犯了什么罪？他是要抢劫吗？"我回答："他没有抢劫，他的灵魂需要鲜红的血液，他渴求的是刀子之福。"

但是，他的理性无法理解这种疯狂，它劝他："鲜红的血液不值一提。你真的不想报复？莫非，你真的不想抢劫一次？"

理性的话就像是一块沉重的铅压在他的心头，他决定听从它的意见。于是，他在杀人的时候也抢劫了，他不愿意羞于自己的疯狂。

现在，罪恶像是沉重的铅块一般覆压在他身上，他的理性却沉重、麻木而僵硬。

所有的负担都会滚落，只要他肯摇头，但是有谁会摇头呢？

这个人是什么？是疾病，它们通过精神传递的方式疯狂地在世间蔓延，想在那里得到猎物。

这个人是什么？是一团野蛇，但它们并不团结，它们各自为政，各自寻找着各自的猎物。

瞧瞧吧，这真是一具可怜的躯壳，这可怜的灵魂解释了它忍受和渴求的东西：杀戮的乐趣和对刀子之福的渴求。

现在，所有生病的人，其实都是被当代的恶念所污浊的，他想用让他痛苦的东西也让别人痛苦，但是，有过别的时代，也有其他的善与恶。

过去，质疑被视作罪恶，追求自身独立的意志也被视作罪恶。那个时候，所有生病的人都被称作异端和巫婆。异端和巫婆的生活是痛苦的，所以，他也想让其他人和他一样痛苦。

我知道，我这么说会让你们不高兴，你们曾经告诉我，这种观点对善人们来说是一种伤害，但是，善人与我有什么关系？

你们这些善人身上总是有许多令我感到憎恶的东西，但那又不是你们的罪恶，所以，我倒希望他们能够变得疯狂一些，因为，疯狂会导致灭亡，就像那个苍白的罪犯那样。

没错，我希望他们疯狂，我希望他们的疯狂能够代表忠诚，代表公正。他们有自己的德性，那卑微的惬意也使他们沉醉，只为能够长久地生活。

我不是一只拐杖，我只是一根栏杆，屹立在河边，等待所有愿意抓住我，并有能力抓住我的人——

查拉图斯特拉如是说。

7. 读与写

在所有被书写的物件当中，我只钟爱用鲜血书写的东西，因为，鲜血代表着一种精神，所以，用鲜血书写吧。

要领会异己的血是很难的，我对那些喜欢读书的懒汉深恶痛绝。

谁要是对读者了如指掌，那么，他肯定不是在为读者写作。一篇世纪之作，里面的精神难道还不曾腐朽？

所有的人都能读书，但经常读书不仅会败坏写作，还会把所有的思想毁灭。

过去，精神与上帝一样神圣，但现在，精神已经变成了凡人，甚至，已经成了恶棍。

谁要是用鲜血和格言写作，那么，他一定希望别人背下它，而不是仅仅阅读它。

在绵延的群山之中，一座峰顶到另一座峰顶之间的距离是最近的，但想要过去，还需要有长腿。格言就是一个个峰顶，而能够领会这些格言的，也必然是人类中伟大而强壮的人。

峰顶的空气很稀薄，但也很清爽，危险近在咫尺，精神充满快乐的恶意，这一切都搭配得很完美。

我希望神们能够簇拥在我的身旁，我很勇敢，勇敢让我放声大笑，勇敢让我创造了精灵，一切的邪魅也在勇敢面前烟消云散。

我不再和你们一起感觉，对你们来说，盖压整个天空的是雷雨云，对我来说，不过是在脚下。我嘲笑这片云，真黑，真沉。

当你们要求进步的时候，你们需要仰首，而我要做的则是低头，因为，我已经站在了高处。

你们之中有谁能畅快地大笑着进步呢？

谁要是能够登顶最高的那座山峰，它就有资格嘲笑所有的悲哀的游戏与凄凉的庄重。

智慧是一个女子，她最钟爱的永远都是一位战士。她希望她的战士是勇敢的、强大的、暴力的且没有忧愁的。

你们曾经告诉我，生命委实难以承受，但为什么你们夜晚的时候如此谦逊，白昼的时候又那样跋扈？

生命委实难以承受，却也不要让我觉得它如此软弱？我们不都是可爱的背负着重担的毛驴吗？

我们和那些因为一滴露水就忍不住颤抖的玫瑰花苞有什么相同的地方吗？

的确，我们热爱自己的生命，但这不是因为我们已经习惯了活着，而是因为我们已经习惯了爱。

疯狂往往都包蕴在爱恋中，而理性也通常包蕴在疯狂里。

并且，在我，一个对自己的生命无限珍视的人眼中，世间最懂得幸福的其实是那翩跹的蝴蝶和梦幻的肥皂泡，或者其他与之类似的东西。

看着这些愚蠢的、纤弱的、轻盈且好动的小精灵，查拉图斯特拉也忍不住要为之歌唱、为之落泪。

我只信仰那能歌善舞的上帝。

当我与我的魔鬼不期而遇，我发现它是沉重的、严肃的、深刻的，所有的一切在它面前都会下坠，这代表重力的法则。

站起来，让我们一起杀掉这该死的重力吧。杀死它，不用愤怒的伟力，而只用欢笑的力量。

我早就学会了走路，现在，我要开始奔跑了；我早就能够飞翔了，现在，我只希望不用任何助推力，我就能自己飞。

现在，我的心变得轻盈，我飞翔在天空，我俯视下方，我看到了那个翩翩起舞的上帝，它就住在我的心里。

查拉图斯特拉如是说。

8. 山上的树

一个少年，在查拉图斯特拉的注视下远离了他。那是一个黄昏，查拉图斯特拉独自行走在彩牛城外的群山中，看到了一个倚靠在大树旁、正在休息的少年。少年望着山谷，眼睛中充满了疲惫。查拉图斯特拉走到少年身边，抓住那棵他倚靠的树，对他说：

“若是我摇动这棵树，单凭双手的力量是不够的，但是，它却能被我们看不到的风任意地摧折与弯曲。一股无形的力量也在任意摧折与弯曲着我们，这是多么糟糕的一件事情啊。”

少年从地上站起来，神色很惊惶。“我听到查拉图斯特拉的声音了，他在对我说话，我刚刚还在想他。”查拉图斯特拉说。

“你在害怕什么？人和树其实根本没有什么区别。树想要长得更高，高到能够触碰光明，就必须深深地扎根，把根扎进幽深的罪恶中去。”

“没错，是要把根扎进罪恶中！你怎么发现我的灵魂？”少年惊呼。

查拉图斯特拉微微一笑，说：“大多数的灵魂是无法被发现的，除非，它们首先被人类创造。”

“没错，要把根深扎进罪恶里！”少年再次高喊。

“查拉图斯特拉，你说的是真理。自从我想升到高处，就无法得到自己和别人的信任了，这究竟是怎么了？”

“我害怕自己的变幻无常，今天的我对昨天的我感到厌弃。为了攀登，我不断地从台阶之上跨越，我想，没有哪个被跨越的台阶愿意宽恕我。

“假如我在上面，我发现自己总是孤孤单单的一个人。我找不到可以说话的人，寂寞就像是万年的冰雪，让我不寒而栗。我站得这么高又是为了什么？

“我的蔑视和我的渴望一起生长着。我爬得越高，对那些攀登者的蔑视就越深。他想在高处做什么呢？

“我对于自己的攀登和踉跄感到羞愧，我对自己急促的喘息进行嘲笑。我憎恶那些飞翔在天空的人，高处让我无比的疲惫。”

说到这里，少年的声音戛然而止。查拉图斯特拉看看他们身旁的树，说：

“这棵树在山间独自生长着，高过了所有的人类和兽类。若是它能够开口，也不会有人懂它的：它长得实在是太高了。

“它在等待，等待什么呢？它距离云层是如此的近，难道它在等待那道从天而降的闪电？”

听了查拉图斯特拉的话，少年挥舞着手脚，情绪激动地说：“没错，查拉图斯特拉，你说得太对了。当我渴望到达高处时，我的内心在呼唤着没落。而你，就是我一直等待的那道闪电。自从你来了，我算什么呢，我被毁掉了，毁掉我的正是我对你的忌妒。”说着说着，他开始痛哭。查拉图斯特拉挽住他的臂膀，和他并肩而行。

走了一会儿，查拉图斯特拉再次开口，他说：

相比于你的语言，我更愿意相信你的眼睛，眼睛比语言更真诚，我的心在破碎，我知道你是危险的。

你还在寻找属于你的自由，这种寻找，让你精疲力竭，也让你清醒得有些过分。

你想走到自由的高处，你的灵魂对星辰充满了渴望，但是你恶劣的本性同样在寻找着自由。

当你希望用精神来挣脱一切囹圄的时候，被你关在地窖中的、渴望自由的野狗同样在欢快地吠叫。

从我的角度来看，你其实依旧是个囚徒，你活在自己为自己虚构的自由里，你变得聪慧，但也变得狡诈和恶劣。

精神解放的同时，我们的灵魂也需要被净化，你的眼睛还不够纯净，你的灵魂中还有许多枷锁与污垢。

我知道，你很危险，但我依旧希望你不要放弃爱与希望，为此，我愿意用我的爱和希望来恳求你。

你若觉得自己高贵，那么，无论多少人怨恨你、诅咒你，他们也认为你是高贵的。你要明白，所有的人都无法避免一个高贵的拦路者。

就算在善人的路上，也有一个高贵者拦路。善人们把拦路者也称为善人，但他们其实一直都想把他抛在一旁。

善人需要的是旧的秩序、旧的事物，而高贵的拦路者却要创造一种新的事物与秩序。

但是，对高贵者而言，变成善人并不是一件危险的事情，真正的危险是他会变成一个狂妄的嘲笑者，甚至毁灭者。

我明白，那些把最高的憧憬都丢掉了的高贵者，他们在不断地嘲笑所有崇高的希望。

他们沉浸在一时的欢愉之中，从来都不去考虑第二天要做什么。

在他们看来，精神同样是一种荒淫的欲望，他们在肮脏中爬来爬去，不断啃啮被折断的翅膀，他们成了荒淫之徒。

成为英雄曾经是他们的梦想，而如今他们成了荒淫之徒。现在，对他们来说，英雄是一种悲伤，一种应该被恐惧的东西。

但是，我恳求你，不要把内心的英雄抛弃，我用我的爱与希望愿你能够与我同行，一起保持那最崇高的期望。

查拉图斯特拉如是说。

9. 死亡说教者

大地上有一群死亡说教者，也有一部分在被说教之后必定会放弃生命的人。

大地上的人委实是太多了，越来越多的人已经把生命败坏，希望永生的诱惑能够让他们从生命的身边远离。

人们常常用“黄色的”或者“黑色的”来称呼死亡说教者，但事实上，他们还有着其他的颜色，我要向你们展现的，也是这其他的颜色。

有一部分恐怖的人，内心中居住着一头头猛兽，他们的自我在肉欲中遭受折磨，甚至，他们的肉欲本身就是一种折磨，但是，他们别无选择。

这些恐怖的人，他们有的甚至还没有完全成为人类。他们教唆人们抛弃生命，自己也紧随其后。

有一部分人，在出生的那一刻就已经开始步入死亡，他们的灵魂患上了可怕的痨病，所有与厌倦、死亡、禁欲、断念相关的言论都是他们所渴望的。

但是，也许，他们也应该被称赞，因为他们用坚定的意志迎接着死亡。千万小心，我们不能唤醒这些已经死去的人，更不能损坏这些活的棺椁。

在和重病的人、老人、尸体相遇的时候，他们总会说：“生命已经被驳斥了。”

但真正被驳斥的只有他们自己，以及他们那只能片面地窥伺人生的眼睛。

他们一直隐藏在忧伤与沉郁之中，咬牙切齿地等待着一些致命事件的发生，哪怕事件很小，哪怕那只是偶然。

他们一边嘲笑自己的孩子气，一边拼命地抓着糖果；他们一边嘲笑自己的命悬一线，一边却又努力把自己的生命悬系在一根稻草上。

他们的智慧说：“我们就是一个活着的傻瓜，而生命中最痴傻的无疑也正是这一点。”

“生命不过是一个承受苦痛的过程。”还有部分说教者如是说，这其实也没错。既然生命如此痛苦，那么就设法让它结束吧，结束这满含苦痛与悲哀的生命。

用你们推崇的德性学说来表达的话，应该如是说：“你要杀人，赶紧把自己杀死；你要行窃，要把自己偷走。”

“淫乱的欲望是一种罪恶。”一部分死亡说教者如是说。“所以，让我们拒绝生育吧，拒绝制造一个新的生命。”

“生育是一个危险且辛苦的过程，”一些人说，“既然这样，为什么我们还要生育，还要将更多不幸的人带到这个世界上呢？”这些人也是死亡说教者。

“怜悯是一种美德，”第三批人说，“请掠夺我所拥有的全部吧，这样，我的生命就会受到更少的束缚。”

如果他们是彻彻底底心怀怜悯，那么，他们就会想方设法让邻人憎恶生命，对他们来说，作恶或许才是一种真正的善良。

他们用馈赠和德性的锁链束缚了许多人，他们不关心其他，他们只是想对生命进行背弃。

甚至，你们也是一样的，你们已经足够成熟，足以体会死亡说教者的“苦心”，你们每天都在劳碌地工作，你们每天都面对纷扰，你们对生命不是一样充满了憎恶与厌弃吗？

你们所有的人，都喜欢劳碌的工作，都喜欢陌生的、新鲜的、迅捷的事物；你们无法忍受自我，因为想要遗忘来自于自身的意志，因为想要去逃避，而勤劳，正是你们用以逃避的方式。

若是你们对生命多一些信任，那么你们就没有更多的精力投注在当下，可是，你们连偷懒的资格都没有，你们不习惯等待，你们的内涵还不够。

死亡说教者的声音在四处回响，大地上也的确有一些人愿意接受关于死亡的种种说教。

或许，这不是死亡，而是永生的说教也不一定。对我来说，无论是死亡还是永生都没什么区别，我只希望，他们赶紧从我的身边离开。

查拉图斯特拉如是说。

10. 战争与战士

我们不希望被最好的敌人宽恕，也不喜欢被挚爱着我们的人保护。就让我来告诉你们真理吧！

我战争中的兄弟们啊，我爱你们。无论是过去，还是现在，我们一直都是你们的伙伴，或者说，我是你们最好的敌人。就让我来告诉你们真理吧！

你们心里的憎恶与忌妒我都明白，因为，我知道，你们还没有崇高到不知道憎恶和忌妒是何物。如此，你们就必须崇高到不为自己的憎恶与忌妒而愧疚。

假如，你们没有办法成为知识的圣徒，至少成为一名知识的战士吧。知识的战士是神圣的，是先锋，是走在前面的伙伴。

我看到过许多的士兵，但说实话，我希望看到的是战士。在所有人的认知中，士兵身上穿的衣服是制服，我只希望他们以此隐藏的东西不是一式制服①。

① 意思为“单调”。

从我的角度来说，你们应该时时刻刻都在寻找敌人，是的，我希望你们是这种人。而且你们中的一些人，相遇的第一眼，眼睛中就会迸射出仇恨的火光。

你们应该去寻找敌人，去作战，为了自己的理想与思维而战，哪怕在思想的领域中，你们败了，你们仍然可以以你们的真诚为胜利欢呼。

你们应该以和平作为新的战争手段，你们应该热爱和平，而且，要深深的热爱瞬间的和平，它比长久的和平更可贵。

我不劝你们去工作，我劝你们去斗争，我不劝你们保持永远的和平，我希望你们去斗争，去战而胜之。因为工作本就是一种斗争，因为战而胜之本就是一种和平。

假如人们手中有弓箭，只能在一起静静地坐着，否则，就会争吵，就会爆发冲突。你们的和平本就是一种战而胜之。

你们问，到底什么是美好的事情呢？是不是所有把战争神圣化的事情都很美好？我得给你们答案，美好的战争就是把所有的事情都神圣化。

和博爱相比，勇气和斗争成就了更多宏图霸业。到现在为止，拯救那些遭遇困难的人的，从来都不是你们的怜悯，而是你们的勇气。

什么是美好？勇敢就是美好，用小女孩的话来说，既美丽又动人的，就是美好的。

在人们的眼中，你们冷漠寡情，但我爱你们，爱你们的热忱，爱你们的真诚，你们为自己的涨潮感到羞愧，而其他的人则在为自己的退潮感到可耻。

兄弟们啊，如果你们是丑陋而罪恶的，那么，就用崇高的外衣包裹住自己的丑陋吧。

当你们的灵魂变得崇高，自然也会变得自负，你们一直都是这样，你们的灵魂经不起伟大的降临。

在你们的恶念中，傲慢与软弱相遇、相互误解，争斗不休。这些，我都知道。

你们的敌人只能被用来憎恨，而不能被用来轻蔑，你们为敌人的强大感到自豪，因为，敌人的成功衬托着你们的成功。

对于奴隶来说，抗争是一种高贵，但对你们来说，驯顺才是高贵，因为你们得到的本身就是驯顺的指令。

对于一个优秀的士兵来说，“你应该”永远比“你希望”更顺耳，而且，你们所喜欢的一切其实都是以其他人的指令为前提的。

把你们对生命的挚爱转变成对希望的挚爱吧，把你们对希望的挚爱转变成对思想的挚爱吧。

只是，你们的至高的思想，还是要来自指令，我的指令，而在我看来，人确实是一种应该被克服的物种。

好吧，就这样吧，在驯顺与战斗中成长吧。长久的生命又有什么了不起，没有哪一个战士愿意接受别人的庇护。

我不愿意庇护你们，我正在战斗的兄弟们，我只是挚爱着你们。

查拉图斯特拉如是说。

11. 新的偶像

在某个地方，民族和人群还存在，但不是我们这里。兄弟们，我们这里，只有国家。

国家是什么呢？好吧，现在，请把耳朵竖起来，我会告诉你们，许许多多民族的死亡与毁灭。

在所有冰冷的怪兽中，国家是最冰冷、最残酷的。冰冷的谎言从它的口中被吐出，它告诉我们，国家就是民族，民族就是国家。

这是赤裸裸的谎言！创造者是这样的人，他们创造了民族，他们用爱和信仰为民族护航，他们努力地为生命的繁盛与进化工作着。

毁灭者是这样的人，他们设下了一个恶毒的陷阱，这个陷阱叫作国家。在陷阱中，人们的头顶高悬的是欲望和利剑。

在某个地方，民族依旧屹立，国家被它们视作死敌。国家的目光是那样的阴暗与恶毒，对民族而言，国家的存在就是对风俗与律法的亵渎。

我给你们这个标志：每一个民族都有自己独特的语言，哪怕彼此相邻，不同的民族，语言也不同。他们的语言则脱胎于律法和风俗。

国家不同，国家一直都在用所有能够表述善与恶的语言来编织谎言。无论它怎么说，本质上都是一种欺骗，不管它有什么，其实都是它的盗窃所得。

国家身上所有的一切都是虚假的，它用盗窃来的牙齿咬人，她的内脏都是虚假的。

表述善与恶的语言是混乱的，我给你们这个标志，作为国家的标志。这个标志是一种死亡的意志体现，暗示着死亡的说教者。

人们越来越多，于是国家就应运而生了。

看吧，国家在引诱这些多余的人，国家在吞食他们，在用牙齿啃啮他们。

“我是大地上最尊贵的存在，我是上帝的手指，代替上帝发出神的指令。”名叫国家的怪兽这样号叫。无数人在它的号叫声中拜倒在地，长耳朵的人，目光短浅的人只是其中之二。

哦，警惕吧，有着崇高灵魂的你们，你们的耳边同样回响着国家的低语，它们的谎言无处不在，你们丰富的心灵早就被它看透了。

是的，被看透了。虽然，旧的上帝败倒在了你们脚下，但你们也疲惫了，战争让你们倦怠，并且，现在，你们还带着一身的倦怠在为新的偶像效命。

新偶像是残忍的，它在利用你们，它想让自己的身边充满荣光、站满英雄。它得意扬扬，沐浴着良知的光辉。

假如你们对这位新偶像表示崇拜，它能慷慨地赠予你们所有，就这样，你们的德性的神辉，你们隐藏在目光中的桀骜都会被它收买。

它想要诱惑更多的人，而你们，就是它的筹码。在那里，源自地狱的绝技早已经被发掘，在神的荣光下，哪怕是一匹死去的马，也能够在驰骋中发出铁血之声。

没错，在这里，许多人的死亡方式已经被创造出来：将自己当作生命来颂扬。说实话，对所有的死亡说教者来说，这就是一种发自内心的驯顺与服从。

我在这里所说的国家，就是一个充满了吸毒者的地方，每一个人，无论好人还是坏人，都受到了毒品的侵害，都丧失了自我。他们把自己的行为称为生活，却不知道，自己实际上是在慢性自杀。

来瞧瞧这些多余的人吧，他们偷走了创造者创造的机会，偷走了智者的宝物，却还洋洋自得地把偷窃称之为教养——在他们眼中，所有的一切都是灾难与病痛！

来瞧瞧这些多余的人吧，他们一直都在生病，他们把自己的胆汁吐出来，并称它为报纸，即便根本就无法消化，他们还乐此不疲地相互啮咬和吞噬着。

来瞧瞧这些多余的人吧，他们获取财富，因此变得越来越穷困。因为他们谋求权力的铁棍，因为他们攫取巨额的金钱。这些软弱且无能的家伙们啊！

快来看看，这些伶俐的猴子正在泥水中爬行，他们相互践踏、互相撕扯，在撕扯中坠入泥潭与万丈深渊。

他们全都想爬上王位，这是他们的疯狂，以为幸福就在王位之上，但实际上，王位从来都裹挟着污泥，王位上正襟危坐的也不是幸福，而是一摊污泥。

从我的角度看，他们这些人都是疯狂的，狂热得有些过分，就像在泥水中爬行的猴子。他们的偶像，那个残忍的怪物，恶心且散发着臭气，他们也一样，崇拜着新偶像的他们，同样也都是恶心且散发着浓郁臭气的。

兄弟们啊，难道你们想在他们的嘴巴和肉欲的臭气而窒息？倒不如打破窗户，逃到无垠的荒野中。

避开这些恶心的臭气吧，不要和这些崇拜新偶像的多余人为伍；远离这些恶心的臭气吧，它们就是人类中的献祭者喷吐的剧毒。

哪怕是现在，在大地上，那些具有伟大灵魂的人，都会被接纳，依旧为孤独的行者保留着许多空位。静默但宽广的大海将伟大的灵魂包容。

对伟大的灵魂而言，自由的大门依旧宽敞。的确，谁要是很少去占有，他被占有的也就越少，所以，让我们一起祝福吧，祝福那些只稍稍有一些穷困的人。

只有国家不存在了，才会有并非多余的人，必需者独一无二的歌声也将在那个时候不断地唱响，连绵不绝，不可或缺，不可代替。

兄弟们啊，看看吧，在不存在国家的地方，你有没有看到彩虹？那是通往超人世界的虹桥！

查拉图斯特拉如是说。

12. 市场上的苍蝇

亲爱的朋友们，赶紧逃走吧，逃到寂寞的深处。我看见了，在大人物的嘈杂声中，你们的耳朵失聪了；在小人物的吵嚷中，你们的耳朵被刺破。

在你面前，岩石选择了沉静，树木睿智地无言。向你一直都挚爱着的那棵繁茂的树学习一下吧，它永远都安静地倾听，在海面上俯首。

寂寞的尽头，就是市场的起点，当市场出现，戏子们开始吵嚷，苍蝇也开始嗡嗡地叫。

如果没有人把它展现出来，无论多么美好的事物都没有意义，而展现它们的人，被民众冠以了“上位者”的称呼。

民众们不懂得创造者，也不知道伟大为什么会被称之为伟大，但他们对将伟大用具体的事物展现出来的戏子们却充满了浓厚的兴趣。

整个世界都在围绕着创造者在旋转，这种旋转是看不到的，而民众却在围绕着戏子们旋转，戏子被赋予荣耀。这是世界发展的必然过程。

毫无疑问，在戏子的身上也有精神的存在，只是他们的精神却与良知无关。他们只信奉内心深处最强烈的欲望，那就是自己。

他明天有一种新的信仰，后天，则有一种更强烈的、更新的信仰。和所有的民众一样，他的感官非常敏锐，他的嗅觉复杂多变。

对他而言，一切的明证都不过是一种颠倒，在他眼中众人的信服本质上不过是一种疯狂，于他而言，没有什么理由能比鲜血更加的美好。

他不相信那些真理，因为真理只会在精明且细致入微的人耳边低语，他只相信在世间造成了大的轰动的上帝。

市场上无处不在的是扰攘的小丑，群众沾沾自喜地炫耀着他们的大人物，在群众眼中，这些大人物就是现世的主宰。

但是，时间对他们步步紧逼，于是，他们对你也步步紧逼，甚至，对于你的存在，他们也希望去认可或者否决。哦，我的朋友，你愿意把你的椅子放在认可与否决之间的泥泞中吗？

爱好真理的人啊，真理从来都不会在绝对者的手臂上悬挂，所以，你没有必要去嫉妒那些压迫者或者绝对者。

朋友，回归安全与宁静的荒地吧，远离这些不速之客，除了在市场上，人们不可能被是与否所侵害。

对深井的认知是一个缓慢的过程，只有经过漫长的等待，人们才会知道，掉进井底的究竟是什么。

所有神圣伟岸的力量都在远离市场的寂寞中，那些创造了新价值的人也一直都隐居在市场外的荒野。

亲爱的朋友，远离这里，回到寂寞里吧，任凛冽的寒风吹打，我看到了，有毒的苍蝇已经戳破了你的耳膜。

远离这里，回到寂寞里吧，你生活的地方距离那些渺小的人和可怜虫太近了。他们的报复无形无色，你看不到。他们对你只有报复。

不要试图拍死它们，你不是苍蝇拍，真的，而且，这世间的苍蝇从来都多得数不清。

渺小的人有很多，可怜虫数不胜数，在雨点与衰草的侵蚀下，再伟岸的建筑也会被毁坏。

已经有很多雨点从你的身体上穿过了，亲爱的朋友，你不是岩石，但被如此多的雨点打过，你依旧会崩碎。

毒蝇让你心力交瘁，你遍体鳞伤，浑身鲜血淋漓，但你却无法发怒，因为，你是那么的高傲。

它们需要你的鲜血，它们天生贫血，对无辜者的鲜血充满了渴望，而你，就是那个无辜者，它们会毫无理由地将你啮咬。

你很沉静，你面无表情，那微小的伤口给你造成了深切的苦痛，并且，同样的毒虫还会爬上你的手臂，叮咬你，在你马上要痊愈的时候。

你的高傲不允许你捕杀这些恶毒的吸血者，但你必须要警惕，它们的恶毒与霸道也许某一天就会成为你命中的梦魇。

它们已经将你围住，它们在赞美你，嗡嗡嗡，但实际上，它们只是想刺破你的皮肤，吸食你的鲜血。

它们讨好你，就像在讨好上帝或者鬼怪；它们在你面前悲伤的哭泣，就像是在上帝或者鬼怪的面前哀哭。这是怎么回事？它们，不过是为了讨好而讨好，为了哀哭而哀哭。

有的时候，它们还会对你表现出十足的亲近与敬爱，但这始终都是软弱者自以为是的小聪明。没错，软弱的人其实都有些小聪明。

它们常常用自身的狭隘来揣度你，在它们眼中，所有的成熟与深思都是值得怀疑的。

它们会惩戒你，因为你身上所具有的所有德性，它们也会原谅你，但被原谅的却只是你的错误。

你温淳且无私，所以，你会想："它们只不过是卑微地在这里生存着，无辜而可怜。"但它们却不这样想，在它们自私的灵魂中，生存在此处的所有伟大都是有罪的。

哪怕你对他们无限的平和，在他们眼中，你的平和依旧是一种不屑，所以，它们会悄无声息地伤害你，这就是它们对你善良的回报。

它们的趣味总是与你的骄傲背道而驰，可是，当你让自己变得谦卑的时候，它们却又会因为你的谦卑而嘲谑不断。

当你从某个人身上看到某些东西的时候，这种东西肯定会被燃烧，所以，千万要警惕小人。

面对你，他们感到了自身的渺小与卑微，所以，它们要报复，要用无言的卑劣与不可见的燃烧来报复你。

当你向着他们走去的时候，难道不曾发现，他们变得沉默，他们本身的力量在不断地散失，就像火堆中还在袅袅飞升的余烬。

没错，亲爱的朋友，醒悟吧，在邻居的眼里，你永远都不是美好的，他们不配与你为邻，他们仇恨你，要吸你的血。

你的邻居们就是一群有毒的苍蝇，你的身上总是有一些神圣且闪光的地方，这些东西会让它们对你更憎恶，会让它们变得更恶毒，更像一群苍蝇。

所以，亲爱的朋友，远离这里吧，到寂寞的荒野去享受凛冽寒风的吹打。你不必把自己变成苍蝇拍，这不是你的命运。

查拉图斯特拉如是说。

13. 贞洁

我喜欢生活在森林里。寓居城市是一件糟糕的事情，城市里有太多太多正处在发情期的人。

难道被一个杀手抓住不比陷入一个处在发情期的女子的幻想中更美好吗？

你们，都过来瞧瞧，瞧瞧这些男人，对他们来说，与一个女性躺在一张床上就是最美好的事情了，他们的眼睛清清楚楚地表达了他们的想法。

他们的灵魂是一摊烂泥的，这摊烂泥之中如果也有精神，实在是不幸之至。

多么希望你们是完好的，哪怕是以动物的身份，但是，哪怕是动物，也总有一颗无瑕的心。

我没有劝你们把官能消灭，我只是在劝你们在进行官能运动的时候要保持一份天真与无邪。

我有劝说你们要守护自己的贞洁吗？对少数人来说，贞洁的确是一种需要守护的美好德性，但对绝大多数人来说，贞洁其实是一种恶习。

虽然很多人都能够对自己进行一定的节制，但肉体的淫欲就像是一头发情的母狗总是带着忌妒在时刻观望着、跟随着。

哪怕是进入道德的至高点，哪怕是深入到令它们很不满的冰冷的灵魂深处，它们依旧步步紧随。

当肉欲这只母狗想要一块肉但却吃不到的时候，它总是知道温顺地乞求一块精神。

你们喜欢心碎？你们总是向往悲剧？但是，那只淫欲的母狗却真的不值得我去信任。

从我的角度来看，你的目光太过冷酷，你盯着那些遭受苦难的人的眼神太过贪婪，莫非除了你们，还有其他人会把自己的淫欲精心地伪装成怜悯吗？

用什么可以形象地描述你们的行为？一群掉进了猪圈里，却还梦想着去祛除魔鬼的人！

谁要是觉得守护贞洁太过困难，那我们就应该去劝说他不要再坚持守护，否则，贞洁很可能沦为通往淫欲与烂泥堆的地狱之路。

我说的是污浊与肮脏的事情吗？不，这还不是最糟糕的。

为什么睿智的求之者不愿意纵身跳下真理的水塘，不是因为水塘里的水已经被污浊，而是因为水塘里的水实在是太浅薄。

事实上，将贞洁刻进骨子里的人，内心都是温淳的，他们的笑容比任何人都要纯净、可爱、绚烂。

他们也会调侃贞洁："贞洁是什么东西？"

贞洁其实不就是痴傻吗？但是，是它在缓缓地向我们靠近，而我们却从没有朝它的方向迈出过一步。

当贞洁来临，我们把心灵提供给它作为客栈，它很可爱，它就住在这里，那么，让它一直住下去吧，住多久都没有关系。

查拉图斯特拉如是说。

14. 伙伴

“在我身边，居然有一个人，这实在是太多了。每次都有一个的话，那么，久而久之，一个就会变成两个。”隐居的人无数次这样想。

我总是和我自己在讨论，讨论得非常热烈。假如连一个伙伴都没有，那谁受得了呢？

对于一个真正的隐居者来说，伙伴就像是一只软木塞，一个永远的第三者，在妨碍我与自我讨论的同时堕入深渊。

无论是谁，只要他是一位真正的隐士，那么，他就需要面对无数的深渊。所以，他对一个伙伴及其高度总是充满了渴望。

我们很愿意向信任我们的人透露我们所信任的，而伙伴，恰恰就是我们所透露出的，能够信任的人。

很多人都喜欢用爱来掩饰内心的忌妒，人们不断地挑衅，不断地给自己创造敌人，为的不过是掩饰自己具有攻击性这一事实。

“最起码也要做我的对手！”真正对友谊充满敬畏的人如是说。

假如一个人想要收获一份友情，那他就必须做好为伙伴而战的准备，而为了具备战斗的能力，我们需要去树立一个对手。

我们应当对自己的伙伴保持敬畏，就像对自己的对手。你能保证永远与你的伙伴彼此依靠而不对他有丝毫的冒犯吗？

我们应该把自己的伙伴当作最好的对手，当你不同意他的时候，就要用心去贴近他、了解他。

你希望与你的伙伴坦诚相见吗？你愿意暴露你本来的样子，你想表达对他的崇敬吗？但你的伙伴肯定会让你去见鬼。

假如一个人愿意赤诚相对，那么，他总是令人恼火的。哦，你们该庆幸，你们有了害怕裸体的借口。没错，假如你们是神明，你们一定会因为自己穿着衣服而羞愧。

你需要打扮，而且，很害怕自己打扮得不够完美，因为你的伙伴需要你的完美。对他而言，你应该是一支带着对超人无限渴望的利箭。

你见过你的伙伴睡觉的样子吗？只为了你能对他的模样惊艳？你的伙伴到底长得什么样？看那面粗粝且残破的镜子吧，镜中倒映的是你自己。

你见到过你的伙伴睡觉的样子吗？难道你真的没有为他的睡态感到惊诧？亲爱的朋友，如果有一样东西一定需要被克服，那肯定就是人。

作为伙伴，你应该擅长揣度与沉默，你肯定不想把一切都看透，你应该在梦中去观赏你清醒的伙伴究竟在做什么。

假如你愿意把自己的怜悯化成猜疑，你才会知道你的伙伴是否需要你的怜悯，也许他只是需要你不屈的眼睛和永恒的目光。

当你用坚硬到能够崩碎一颗牙齿的硬壳把自己对伙伴的怜悯藏匿，甜蜜与精明就会在它身上不断绽放。

对你的伙伴来说，你是什么？面包？清新的空气？药品？还是寂寞？有一部分人，虽然无法从锁链中救赎自己，却能够让自己的伙伴从束缚中脱离。

你把自己定位成奴隶？那你就不能扮演伙伴的角色。你把自己定位成暴君？那你就不能拥有伙伴。

每一个女子的身上都隐藏着一个奴隶和一个暴君，这种隐藏太深也太长久，所以，女子无法胜任友谊，她的眼中只有恋爱。

对恋爱中的女子来说，一切不为她所爱的事物都会遭到不公的对待，这种不公是盲目且没有理性的；对恋爱中的女子来说，哪怕是她所爱的，还需要承受突袭、暗夜与雷霆。

女子，只能是猫咪、是小鸟，最多是母牛，而不可能成为伙伴。

的确，女子是不能成为伙伴的，那么，男子呢？在所有男子中，又有几人能够胜任伙伴这个角色？

男子们啊，你们是何其的穷困潦倒？你们的内心又是多么的狭隘与悭吝？你们愿意为伙伴付出多少，我就愿意为我的对手付出多少，而且，不会因为付出而变得穷困潦倒！

伙伴的关系常在，但希望，这种关系中还有一点点友谊。

查拉图斯特拉如是说。

15. 一千个目标与一个目标

查拉图斯特拉见识过不少民族与国家，也见过不少民族的善良与邪恶。查拉图斯特拉发现，这个世界上，再也没有什么权力能够大到超越善与恶。

无论是哪一个民族，想要生存下去，必须先对自己的价值进行预估；假如它想把自己的价值保留下来，却又不能像邻近的其他民族一样估价。

查拉图斯特拉发现，一些事物，在这个民族被视为荣耀与善良，在那个民族却只能接受嘲讽与污蔑；有些东西，在这个民族被视为邪恶，在那个民族却会沐浴紫色的圣光。

相邻的两个人从来都不会去相互理解，他们只愿意对邻人的恣肆与卑劣投去好奇的目光。

在每个民族的头顶，都悬挂着一张财富牌，上面记录的是曾经的克服、以往的胜利。看吧，它体现的是权力意志。

被权力的意志认为很难做到而做到的，就是值得赞美的；被它认为一定要做到且很难做到的，是善良的；而能挣脱最高的束缚，罕有的，非常不容易做到的，则被视为神圣。

大凡能够巩固它的胜利、荣光与统治地位的，都会被视为崇高与圣洁；大凡能够让相邻的民族感到忌妒与恐惧的，对它来说，就是先锋，是事物存在的最伟大的意义。

没错，就是这样，我的兄弟，假如你早就了解了一个民族本身存在的困厄，早就了解了大地、天空和与你相邻的民族，那么，你就能揣测出什么样的方法能让这个民族克服和胜利，以及它能够顺着这条天梯不断朝着自己的渴望攀爬的理由。

“你成为第一人，要比别人高出一头；你充满忌妒的灵魂不应该怜悯任何人，除了你的伙伴”——一个来自希腊的灵魂在箴言中战栗，于是，他朝着一条神圣的道路迈进。

“一定要诚实，且弓马娴熟”——给我以姓名的那个民族一直都信奉着这样一句话，这话似乎可爱又艰难——而我的姓名，对我而言，同样可爱又艰难。

“要发自内心的崇敬并孝顺自己的父母。”在另一个民族的头顶，克服的铁牌一直高悬，他们谨记这句话，遵循它，所以，变得强大，变得恒久。

“要始终忠正诚实，为了忠诚与荣耀，哪怕是堕入万劫不复的危险境地也在所不惜。”另一个民族得到了这样的“旨意”，于是，他们征服了自己，并且在征服自己的同时，孕育出了最神圣的希望。

没错，所有善与恶的标准其实都是人类自己制定的，但是，人类并没有获得一切的善恶，也没有发现所有的善恶，善与恶的标准也不是以天国圣音的方式降临到人间的。

为了能够保存自身的价值，人类将意义赋予了万物，这种意义，不是万物本身的意义，而是人类所认可的万物存在的意义。人类用“人类”来称呼自己，而人类存在的意义就是预估万物与自身的价值。

预估价值意味着什么？意味着创造。呵，这是创造者自己的说法！在所有被预估价值的物品中，能够得到估价权力的物体本身就是珍藏与宝藏。

所有的价值都应该通过估价而被赋予，没有被估价过的，哪怕最丰满的果实也注定空瘪，这就是创造者的逻辑。

创造者之间的更替代表着价值的更替。一个想要成为创造者的人就必须面对陨灭的结局。

创造者首先代表的是各个民族，其次才代表个人，要知道，个人权力，其实只是最新的发明与创造。

善良的牌子曾经被所有的民族悬挂在头顶，意愿统治的爱和意愿服从的爱共同铸造了这块牌子。

与对自我的乐趣相比，对群盲的乐趣更加悠久。假如善良对应的依旧是群盲，那么，恶对应的就永远都是自我。

没错，自我是狡猾的、无爱的，它总是在众人的利益果盘中寻求着自我的利益。它不是群盲的根源，而是群盲的败落。

无论是善良还是邪恶，从来都是热爱者和创造者的专利。爱与怒的火焰会以德性的名义永远熊熊地燃烧。

查拉图斯特拉走过许多地方，见过许多国家与民族。查拉图斯特拉没有找到比热爱者的工作更大的权力，它们的名字是“善”和“恶”。

没错，这种肆意赞美与贬低的权力，本身就是一只畸形的怪兽。兄弟们，告诉我，谁能制服这只怪兽？告诉我，谁可以把束缚的锁链套到这只怪兽的脖子上？它有一千个脖子！

到现在为止，有一千个目标，因为有一千个民族。遗憾的是，没有一条能够加诸在一千个脖颈之上的锁链，也没有一个固定的、独一的目标。事实上，对人类来说，目标这种东西根本就不存在。

但是，兄弟们啊，请告诉我，如果人类连一个可以为之奋斗的共同目标都没有，那么，人类本身还存不存在呢？

查拉图斯特拉如是说。

16. 邻人之爱

你们热情地簇拥在邻人的身边，用最优美的语言来赞扬邻人。可我必须让你们知道，你们的这种爱，不过是你们对你们自身的糟糕的爱。

你们逃避自己，你们想从对邻人的友爱中为自己攫取一种德性，但我已经把你们所谓“毫无保留、忘记自我”的爱看透了。

你自身的存在比自我更久远，你早就被神化成了圣明，但还不是自我，而更愿意涌向身边的邻居。

去爱你的邻人？我何曾这样劝说过你们？在我看来，与其对邻人表示友爱，倒不如去热爱那些离你最为遥远的人。

对距离遥远的人，对未来的人的爱，超越对邻人的爱。甚至，对事物和鬼怪的爱超越对人类的爱。

兄弟们啊，站在你面前的鬼怪比你更美，为什么你不愿意把自己的骨肉送给它呢？只是，你恐惧了，逃向了邻人。

你们无法忍受自己的不足，没有毫无保留地热爱自己，所以，你们宁可把自己的爱赋予邻人，希望用邻人的错误来为自己镀上一层金色的外衣。

我真希望，你们像无法容忍邻居，以及邻居的邻居。如此一来，你们就必须从自身创造出朋友及其洋溢的心灵。

在你们想称赞自己的时候，总希望能够有人从旁佐证；在你们的引诱下，他对你们发出了由衷的赞美，但是，这种赞美，实际上是你们自己的心声。

不仅仅是那个对自己所接受的教育不忠的人在说谎，那个无视了自己无知的人同样也在撒谎。你们在邻人的面前不断地谈论着自己，用自己欺骗邻人。

愚蠢的人如是说："假如人类根本就没有德性，那么，与人交往，实际上就是一种对德性的败坏。"

这个人在寻找自己的内心，所以，他朝着邻人走去；那个人想要彻底地忘记自己，所以，他朝着邻人走去。你们对自身的糟糕的爱，将被享受的孤独变成了一座囚笼。

被疏远的人为你们对邻人的友爱付出了代价。你们的团体或许只有五个人，但总会有第六个人会因为你们的友爱而陨灭。

我很不喜欢你们的节庆，在我看来，那里出现的全都是演技精湛的戏子，对，都是戏子，观众们也一样。

我要教给你们的不是邻人，而是伙伴，对你们而言，在大地上，伙伴才是最值得欢庆的，是超人与生俱来的预感。

我会教给你们伙伴及其饱满的内心，但想要饱满的内心爱上你们，你们必须化身为海绵。我要把我的伙伴与你们一同分享，这个伙伴总是慷慨的，它极具创造性，它总是愿意把一座完整而美好的新世界装在善良的盒子里送给我们。

并且，世界已经因为他在不断地蜷缩，正如同，它曾经为他伸展一样。它诞生于邪恶的善良中，它诞生于偶然，但它的存在本身又是一种必然。

今日的因，明日的果，距离你最遥远的未来就是你的因，对待超人，对待你的伙伴，你应该充满热爱，就像对待你的因。

亲爱的兄弟们啊，我不会劝告你们对邻人友爱，我只劝告你们去热爱离你最遥远的那个人。

查拉图斯特拉如是说。

17. 创造者的路

亲爱的兄弟，你愿不愿意在孤独中驻留？你愿不愿意寻找那条通往自我的道路？先停下你的脚步，听我说一说。

“孜孜不倦、力图找到自我的人总是更容易迷失，所有的孤独都是一种罪愆。”群盲如是说，而你，已经久归于群盲了。

你的耳边还回响着群盲的声音。可想而知，当你说出“我再也不要和你们使用同一颗良心”的时候，你是多么的哀怨，多么的苦痛。

瞧瞧吧，你的苦痛实际上还是这同一颗心的衍生，在你的哀怨中，这颗良心还闪耀着灼灼的光辉，哪怕，这是它最后的荣光。

但是，你还是希望能够走上一条哀怨但正确的道路，这条道路的尽头就是你自身。真的是这样吗？如果是，那就向我展现你的力量与权利吧。

你代表的是不是一种新的力量与权利？你做的是不是一种最原始的运动？你在像巨轮一样自我旋转吗？你能强迫星球以你为中心旋转吗？

渴望能够飞临高空的人是那么的多，因为虚荣而让身体痉挛的人也不在少数。所以，兄弟，请拿出证据，向我证明，你不是一个渴望者和虚荣者。

哦，神圣而深邃的思想不计其数，但是，它们其实不过是一个个风箱，看上去饱满，随风鼓起之后却异样空乏。

自由，这是你对自己的称谓吗？我不希望你把自己看成一个挣脱了束缚的人，我希望你具有支配自由的意愿与思想。

你是一个渴望摆脱束缚的人吗？对一部分人来说，奴役的义务被抛弃之后，他们便也失去了存在的意义。

你想要的是什么样的自由？这和查拉图斯特拉有什么关系？你的目光把你的内心向我昭示：为何而自由？

你有没有能力把自己的善与恶都赋予你自己？你能不能让你的意志像现实的铁律一样高悬在自己本身之上？你能不能作为法官审判自己？你又有没有能力对你自己的铁律进行反抗与报复？

和作为审判者与报复者的存在独处是一件相当恐怖的事情。这就像是把一个无辜的星球毫不犹豫地抛向冰冷的宇宙和寂寥的空气中。

现在，你还是一个人，你孤独地为了民众承受着苦难与伤痛；事到如今，你的勇气、你的希望仍旧没有丧失，甚至，存留得还很完好。

但是，终有一天，孤独会让你无限疲惫，你会蜷曲起自己的高傲，你会收回自己的勇气，你会高声呼喊：“我是如此的孤独。”

终有一天，你会忘记自己身处的高度，会因为与自己的卑微相互偎依而感到愉快，你会像是畏惧鬼怪一般畏惧自己的神圣与崇高。终有一天，你会忍不住大喊：“所有的一切都是虚伪的！”

总是有这样一部分情感，它们誓死也要让孤独者陨灭，如果它们没有得偿所愿，它们自己就会走向衰亡。但是，你真的能成为谋杀者吗？

兄弟，你早就对不屑这个词了如指掌，但你却不得不承受公正的摧折？兄弟们，告诉我，你真的能够用公正的心对待那些对你充满了不屑的人吗？

你想要改变大部分人对你本身的看法，为这，你给了他们漫天要价的机会，但最后，你依旧与它们错身而过。你走近他们，却与他们失之交臂，对他们而言，这本身就是永远都不可能原谅的错。

你越过他们，你飞上半空，你的身体越升越高，在他人忌妒的眼中，你就变得越来越小。能够飞翔的人总是被仇恨的对象。

“你们怎么可以用公正的态度对待我呢？”你一定会说，“我应该选择的，恰恰就是你们的不屑与不公。”

不公与诽谤是他们对待孤独者的一贯态度，但是，我的兄弟，假如你想成为一颗星辰，你依旧要毫无保留地用自己的光芒去照耀他们。

兄弟，记住，一定要对所有的善人和自诩正直的人保持足够的警惕，他们对自己给自己创造德性的孤独者一直都充满憎恨，将之钉在十字架上。

还有，兄弟，要记得警惕那些自诩单纯的神圣，因为，在它眼中，所有的不单纯都是不神圣的，而异端应该被钉在十字架上接受烈火的焚烧。

另外，你还要警惕自己内心泛滥的爱，孤独的人总会迫不及待地向与他邂逅的人伸出自己的手。

但是，对于某些人，你本不应该伸出你的双手，而应该递出你长有利爪的双掌。

不过，在你将遭遇的所有敌人中，最卑劣的那一个永远都是你自己，你一直都守候着你，在森林中躲藏，在洞穴中埋伏。

孤独的人啊，你正在通往自身的道路上一步一步地前行，在路上，你不仅会遇到七个狰狞的魔鬼，还会遇到你自己。

你会成为自己世界里的异端，你会被冠以蠢货、巫师、流氓等种种称谓。

你必须甘愿把自己放在自己的火焰中，你必须甘愿用火焰把自己焚烧成灰烬，否则，重生根本就无从谈起。

孤独的人啊，你已经走上一条创造者的路，你想要创造一个新的上帝，即使，你身上的七个魔鬼都会把你拦阻。

孤独的人啊，你已经在朝着爱的道路迈步，你对自己不屑，正因为你爱你自己，因为，只有挚爱才拥有不屑的资格。

因为有爱，因为不屑，所以，你才希望去创造。那些不敢直接对自己所爱的事物表示不屑的人，又怎么可能真正懂得爱是什么呢？

兄弟们啊，带着你的爱，带着你为爱而开始的创造，勇敢地走进孤独吧。相信我，正义会紧随你的脚步。

兄弟们啊，请带着我的眼泪，走进你自己的孤独中吧。我对那个超越了自我，在不断地进行创造，并甘于自我毁灭的人，一直都满怀爱意。

查拉图斯特拉如是说。

18. 老妇与少妇

“查拉图斯特拉，你为什么偷偷地在傍晚行走，你在害怕什么？另外，你那件小心翼翼地外衣下，遮掩的又是什么东西？

“那是别人送给你的珍宝？那是一个刚刚出生的孩子吗？还是你这个坏蛋的伙伴？莫非，你现在也成了窃贼？”

没错，兄弟，这的确是一件被赠送给我的珍宝，是一个微小但真实存在的真理。

它就像个淘气的小孩，假如我不把它的嘴捂住，它就会不断地大喊大叫。

今天黄昏时分，我孤独地走在自己的道路上，偶遇了一个老妇人，她向我的灵魂说：

“查拉图斯特拉向很多女性作过演讲，但却从来都没有谈论过任何和女性有关的话题。”

我回答：“和女性有关的话题，人们只会和男性一起谈论。”

“和我讲讲女性吧，我已经上了年纪，很快就会遗忘你所说的一切。”老妇人说。

我成全了她，对她说：

女性身上所有的一切都是巨大的谜团，如果有答案，那么，唯一的答案就是孕育。

对女性而言，男性只是孕育孩子时必需的一件工具，但在男性的眼中，女性是什么呢？

危险与游戏，这是男性所渴望的，所以，他们需要女性，作为最危险的游戏道具。

对男性的教育总是以战争为目的，对女性的教育则总是以让战士得到很好的休养为目的，除此之外，其他的一切都是无知与愚蠢的。

所有的战士都厌恶过于甜腻的果实，但却喜欢甜美的女性，因为，即便是再甜美的女性，还是能让人体会到苦涩的滋味。

相比于男性，女性对孩子更加了解，而男性比女性更加孩子气。

每一个男性心中都藏匿着一个渴望游戏的孩子，女性们啊，来吧，去发现吧，去把男性心中的小孩找出来吧。

女性是玩具，就仿佛宝石，精致而圣洁，因为一个尚未存在的世界的德性散发着恒久而璀璨的光辉。

在你们爱的世界中，每一个星球都闪耀着圣洁的光辉，让“孕育一个超人”成为你最大的渴望吧。

让你们爱情的世界充满勇气，带着勇气向着你们所畏惧的人冲锋。

让你们的爱情世界充满荣光吧，即使很多女性都不太懂荣光的意义。让你们的荣光体现在，爱别人永远都胜过爱自己，而且永远不成为第二人。

恋爱中的女性有时候会让男性无比畏惧，因为，这个时候，在女性的眼中，除了他，其他所有的一切都没有意义，她愿意为他做任何事情。

对陷入了仇恨中的女性，男性总是充满了畏怯，因为，在男性的灵魂深处藏匿的只有恶念，而在女性的灵魂深处，藏匿的却是腐坏。

什么人最容易受到女性的憎恨呢？一个铁块曾经这样对吸铁石说：“我最憎恨的就是你，你深深地吸引了我，但你却无法把我带到身边，为什么你竟然不够强大？”

对男性而言，幸福的真谛是“我需要”；对女性而言，幸福的真谛却是“他需要”。

“瞧，整个世界是如此的明媚！”所有陷入热恋中的女性都会这样想。

女性需要去服从，这种服从就像是浅水的表层，跌宕不定，但必须存在，因为，每一个女性都想要寻找一个足够的深度，为的，不过是掩饰自己的肤浅。

男性和女性不同，男性是深邃的，他身上有着洪涛万里，但却默默隐藏于地下的洞穴，女性对男性的力量或许会有所揣测，但自始至终，他们都无法去理解。

听了我的话，老妇人说：“查拉图斯特拉说了许多好东西，尤其是是对年轻的女性而言。

“查拉图斯特拉对女性的了解还不是很透彻，但匪夷所思的是，他所保持的观点却都是正确的。为什么会这样呢？莫非真的是因为在女性身上什么事情都有可能发生吗？

“现在，请从我这里拿走一个微小的真理作为谢礼吧，对它而言，我委实是有些苍老了。

“请一定要把它裹起来藏好，这微小的真理，假如不把它的嘴捂住，它就会不断地大喊大叫。”

“女性啊，给我这小小的真理。”我说。

老妇人却说：“如果你去女性那里，一定要把鞭子带上。”

查拉图斯特拉如是说。

19. 毒蛇之噬

有一天，因为天气实在是太热，查拉图斯特拉用手臂遮着脸庞、躺在一棵无花果树下睡着了。这个时候，一条毒蛇爬到了他身边，在他脖子上咬了一口，因为疼痛，查拉图斯特拉大声尖叫。他移开遮住脸庞的手臂，睁开眼睛，凝视着毒蛇。毒蛇认识这双眼睛，这是查拉图斯特拉的。它呆笨地转动身体，试图逃离。查拉图斯特拉却叫住了它："不要离开，我还没有向你表达我的谢意，我要走的路还很长很长，感谢你在恰当的时候把我叫醒。"看着查拉图斯特拉，毒蛇很伤心，它说："你的路再也不会漫长，我的毒液足以夺走你的生命。""一条蛇吐出的毒液是无论如何都毒不死巨龙的，请收回你的毒液吧，亲爱的，你还没有富有到能够把毒液随意送给其他人的地步。"查拉图斯特拉微笑着说。于是，毒蛇重新爬到了他身边，用舌头舔舐着他的伤口。

一个偶然的机会，查拉图斯特拉把自己与毒蛇的故事告诉了他的门生。他们问他："查拉图斯特拉，这个故事从道德的角度应该怎样解读?"查拉图斯特拉这样回答：

在那些善良和正直的人眼中，我毁灭了道德；我的故事本来就未囊括在旧道德的范畴中。

面对你的敌人，千万不要去做以德报怨的傻事，那只会让你的敌人感觉自己受到了羞辱。你要向他证明他也曾经为你做过善事。

不要去羞辱任何人，和羞辱别人相比，我宁可你们去愤怒。记住，当诅咒降临到你们身上，你们要做的是同样去诅咒，我不会为你们以德报怨的祝福而感到愉快。

还有，要是某件极度不公平的事情发生在了你们身上，那么，你们要做的就是用同样的、五个稍小一些的不公。一个愿意独自承受欺压的人，令人憎恶。

你们都已经懂得了这个道理吗？被均摊的不公实际上是一种不纯粹的公正，能够承受不公压迫的人，同样也能够为不公而担当。

相比于那些根本就不想报复的人，对欺压者稍稍进行报复的人看上去更具人性。并且，假如对于那些犯错的人来说，惩罚并不是一种公正，那么，对你们的惩罚我也会感到憎恶。

向不公俯首比坚定地守护公正更高贵，特别是人们居于有理的一方时。只不过，能够做到这一点的前提是人们要足够富足。

我并不喜欢你们所标榜的残酷无情的公正，从你们的法官眼中，我读到的是钢刀的冰冷、刽子手的冷漠。

请告诉我，在哪里我才能找到那种被审视之爱充盈着的公正？

那么请创造这种爱吧，为了我。一切的罪责、一切的惩戒，它都愿意去担负。

请为我创造一种我所希冀的公正吧，在它面前，除了审判者，所有的人都应该被宣判无罪。

你们是不是也希望听到这样的言论？对那些把追求公正的信念铭刻在骨子里的人而言，所有的一切都是善良和大爱的明证，哪怕知道那是欺骗。

但是，我要怎么才能做到彻彻底底的公正？我要怎么做才能把每个人所拥有的都馈赠给他们？我做不到，但我可以把我所有的一切都给他们，对我而言，做到这一步就足够了。

最后，我还要提醒你们，兄弟们，千万不要用不公来对待身边的隐居者。一个隐居者，会用什么方式去忘怀，又用什么方式去回报呢？

每一个隐居的隐士都是一口深邃的井，朝井里丢石头是件简单的事情，但想要把已经沉到井底的石头重新捞上来却很难。

所以，千万不要去折辱隐士，如果你这样做了，那么，杀死他吧，不要犹豫！

查拉图斯特拉如是说。

20. 婚姻与孩子

我亲爱的兄弟，我专门为你准备了一个问题：我将这个问题投入你的灵魂，就如同一块铅锤，来测量你灵魂的深度。

你是个青年人，你对婚姻与孩子充满了向往，而我想问的则是：你有没有资格去向往一个孩子？

你获得了胜利？你能够控制自己？你能主宰自己的感官？又或者你拥有某种德性？请回答我的这些问题。

在你的灵魂中说话的是谁？是你内心的动物？是你本能的需要？是你的孤独？还是你对自己心存怨忿？

我希望对孩子充满渴望的是你的自由和你的胜利，因为，你的胜利与解放的确需要用一座活的丰碑来纪念。

建造丰碑的时候，你要把超越自我当作标准，但这样做的前提是，你必须已经把自己的身体和灵魂都打磨得无比方正。

你记住，你繁衍的方向不仅是向前的，还应该是向上的，要完成这一目标，你需要婚姻园地的协助。

你需要繁衍的是一个更高等级的生命体，是一种最原始的生命运动轨迹，是一个在自己的世界中转动的巨轮——没错，你要繁衍的是一个创造者。

在我看来，婚姻其实就是一种意志，一种把孤独的两个人聚集到一起的意志，相比于创造者，被创造的生命应该更加的丰富且绚烂；婚姻的双方，对彼此，都应该存在一种敬畏，这种敬畏，不仅仅是对另一个人，还是对婚姻的意志。

敬畏这种意志，敬畏你的爱人，这是婚姻的意义，但是，现在，那些多余的人，那不计其数的多余的人，他们的婚姻——我该怎么称呼这种关系呢？

这是聚集在一起的两个灵魂的穷困，是聚集在一起的两个灵魂的污浊，是聚集在一起的两个灵魂淹没在怜悯中的微末欢愉。

在他们看来，这就是婚姻，而且，缔结这种婚姻关系的地方，是天国。

现在，我对这个多余的人眼中的天国充满了憎恶，不，我不喜欢那些被天国的罗网缠结在一起的动物。

让那个瘸着腿的上帝离我远一点儿吧，他来祝福那些他未曾接合起来的东西。

别对这样的婚姻关系感到不屑，毕竟，所有的孩子都有理由为自己的父母哭泣。

我原本觉得，这个深悉大地之意的男子是值得敬畏的，是成熟的。但当我与他的妻子邂逅，我觉得，或许，整个大地就是一个精神病院。

没错，假如一位圣徒必须和一只呆头鹅结合，那么，大地是有理由战栗的。

这个远行的人，就像是一位真正的英雄，他独自踏上了寻找真理的路途，最后，他收获了一共经过了无数次粉饰的欺骗，他称之为婚姻。

那个人决绝地毁灭掉了自己的交际圈，即使，他不善于交谈，即使他为人冷淡，即使他对伙伴异常的挑剔，但是，这就是婚姻。

那个人寻求一位具有天使一般的德性的使女，却一下子变成一位夫人的使女，现在，他要把自己变成天使。

现在，所有的买家都有一双挑剔且狡黠的眼睛，他们非常谨慎，但在购买妻子的时候，他们却依旧疯狂且盲目。

被你们称作爱情的东西实际上是一种普遍存在、存续世间很短的愚蠢行为，但你们却用婚姻将这种短暂的愚蠢转变成了长久的愚蠢。

你们对女性充满了爱恋，女性对男性充满了爱恋，啊，希望这些都是隐匿在暗中的神明对你们的怜悯，但既然是动物，彼此之间总还是会相互猜疑。

哪怕是你们所谓的最美好的爱情，其实也不过是一种在痛苦中蒸腾的炽热，是一个让人陶醉的拟态；它照亮你我前行的路途，让我们走得更高，或许，它本就是熊熊燃烧的火炬。

终有一天，你们会用一种自我超越的方式去爱，但在那之前，你必须学会如何去爱，并且，因为有爱，你也必须将爱情的苦酒一口饮尽。

哪怕是用最美好的爱情雕琢的酒杯，其中装盛的也是满满的苦酒，正因为如此，创造爱情的人也会感到焦虑与饥渴，正因为如此，人们才渴望成为超人。

对创造者而言，焦虑与饥渴都是满载着希望的箭矢，这些箭矢会带着它到达超人的国度。兄弟们啊，请回答我，你们是不是秉承着这样一种意志在对婚姻展开追求的？

从我的角度来看，无论是这种意志，还是婚姻本身，其实都是圣洁的。

查拉图斯特拉如是说。

21. 自由的死亡

有的人死得太晚了，有的人又死得太早，还有一部分人则坚守着一个信条：要在最合适的时候死亡。

要在最合适的时间死亡，查拉图斯特拉也这样教导他人。

但是，人在出生的时候就没有遇到好的时机，死亡的时候又怎么可能选择最合适的时机呢？我只希望他从一开始就没有被生下来。我对多余的人如是说。

但哪怕是再多余的人，对死亡这件事也看得很重，就像是所有的核桃都希望被砸开，哪怕其中空空如也。

没有谁会不在乎死亡，但却还没有人学会该怎样供奉死亡，死亡，其实是最美好的庆典。

我要向你们展现的就是一种临近完满状态的死亡，在这样的死亡面前，还活着的人一定会受到刺激，并以此为希冀。

已经完成了自己所有任务的人会带着浓浓的胜利感向死亡走去，他的身边，有无数充满希冀与准备宣誓的人环绕。

这样的死亡才是人类应该效仿的；假如还活着的人没有听到死者的宣誓，那么，之后的庆典也不会存在。

这是走向死亡最美好的方式，其次，就是让最伟岸的灵魂在战场上死于战争。

不过，对于战斗者就像对于胜利者一样，你们唇边的讥诮是一种侮辱，它本来就是死亡的主人，为什么还要像个窃贼一样偷偷潜入呢？

我要由衷地赞美我所选择的死亡，那是一种自由的死亡，我希望它能到来，所以，它来了。

我希望何时迎接死亡？当我有了一个奋斗的目标，有了一个继承者，我愿意为了我的目标和继承者在最恰当的时候迎接死亡。

因为对目标与继承者充满了崇敬与畏惧，生命圣殿的上方将不再有凋萎的花环悬挂。

实话实说，我真的不想和那些搓绳子的人一样，不断地把绳子搓长，而自己则不断地向后走。

有一些人，哪怕站在真理的面前，也无法言说真理，他们嘴中已经没有牙齿，他们也没有追求真理或者获得胜利的权力与能力，因为，他们实在是太苍老了。

所有希望沐浴荣光的人，都应该学会在恰当的时候、在必要的时候把荣耀舍弃，去修炼一种生与死的艰难艺术，亦即，在最恰当的时候，选择离去。

人们在觉得食物的味道无限美好的时候，必须停下吃饭的动作，这是常识，所有希望享受他人更长久的爱恋的人都明白。

酸涩的苹果肯定是存在的，它们在秋日的最后一刻走向成熟，绽放出黄金般的色泽，然后变得干枯萎瘪，这就是它的命运。

有一部分人最先衰老的是身体，有一部分人最先衰老的是精神，有一部分人未老先衰：迟到的年轻灵魂赠予了他们美好的青春。

有一部分人，处境很糟糕，就像是一只只毒虫在日夜啃啮着他们的心灵。对于这样的人，就要让他们清清楚楚地意识到，自己的死亡其实就是一种胜利。

有一部分人，在盛夏的时候就已经腐烂，永远都不可能甜美。他们仍挂在枝头，不过是因为使用了懦弱的凝固剂。

腐烂于盛夏，在秋日却仍悬挂在枝头的实在是太多太多了，真希望有一场暴风雨突然席卷这里，那么，所有被虫子啃啮过的，所有已经腐蚀掉的果实就都会被打落。

真希望能够出现一些宣扬人应该迅速死亡的死亡说教者，对生命的巨树来说，这些人才是真正的暴风雨。但是，我所见过的所有死亡说教者全都在教导人们忍耐红尘俗物，教导人们要缓慢再缓慢地走向死亡。

哦，真是的，他们居然在宣讲对红尘俗世的忍耐？但实际上，世界对他们的容忍已经达到了极限。

没错，对于那些信奉人该缓慢死亡的人来说，他们所信奉的神明——那个忧郁的希伯来人，死得太早，太迅速了，而他的过早死亡对后来者实在是一种梦魇。

这个希伯来人，这个仅仅懂得了忧郁与眼泪的希伯来人，他是耶稣，他还拥抱着善良与正义所迸发的怒火，但是，对死亡的希冀来得太迅速，他承受不住。

也许，他应该驻留在荒野，他应该远离那些所谓正直与善良的人，如此，他就能真正地学会生活，学会热爱大地，学会欢笑。

兄弟们啊，不要怀疑我的话，他的确死得太早了。假如他能够活得像我一样长久，他一定会以他的高贵，收回他所传播的所有的信条，没错，一定是这样。

但是，他真的还很稚嫩。他的爱很稚嫩，他对大地、对人类的怨恨也很稚嫩，他的灵魂依旧缠满了铁索，他精神的羽翼因为受到束缚而无比的沉重。

不过，相比于少年人，作为成年人的他终究还是少了几分忧郁，多了几分孩子气，他对生存和死亡的理解比年轻人更深刻。

无论是通过死亡得到自由，还是自由地选择死亡，假如不能得到认可，倒不如以神圣的名义去否决，是的，他真的深刻地理解了死亡与生存。

亲爱的伙伴们啊，我以我的灵魂向你们祈求，不要用死亡的方式来毁谤大地，也不要用你们的死亡来污蔑人类。

即便你们已经死去，但你们的精神与灵魂依旧会如照耀大地的晚霞一般绚烂而美丽，如果不是这样，那么，你们的死亡就是失败的。

我希望自己能够这样死去，用我的死让你们——我的伙伴们对大地更加的热爱；我愿意化作一抔尘土回归大地的怀抱，我愿意安息在生我养我的大地之上。

没错，这就是查拉图斯特拉的目标，他已经把自己的金球抛了出去，我把它抛给你们，希望你们能够接住它，希望你们能把我的目标承继。

我的伙伴，没有什么比你们抛掷与传递金球的模样更可爱的了，所以，请原谅我，我真的还不想离去，我想多看你们一会儿，我也想在大地上多驻留一会儿。

查拉图斯特拉如是说。

22. 馈赠的德性

一

查拉图斯特拉对彩牛城充满了热爱，但他必须要离开了。他离开的时候，许多以他的门生自诩的人来给他送行，他们一直把他送到了城外的十字路口。查拉图斯特拉说，我还是钟爱独行的日子，所以，现在，我要一个人走了。于是，送行的人跟他道别，临别时，还送给他一根金色的拐杖，在拐杖的顶端雕刻着一轮太阳，太阳之上，有一条蛇盘绕①。查拉图斯特对这根拐杖爱不释手、非常喜爱，于是，他拄着它，对送行的人说：

我想询问你们一个问题，金子的价值为什么如此昂贵？是因为不同寻常，它毫无用处、金光璀璨、色泽柔和；它总是自我赠予。

金子之所以被赋予崇高的价值，是因为它象征着最高贵的德性。馈赠者的目光熠熠生辉，和金子一样。金子的光辉能够中和日月之光。

最崇高的德性从来都与众不同，它没有什么作用，它光芒璀璨，色泽柔和，因为是能够被赠送的德性，所以，它也最崇高。

事实上，我非常了解你们，我能猜到你们的想法，我的信奉者们，你们和猫有什么共性？你们与狼有什么相同？你们和我一样，都在追求能够赠予他人的德性。

你们期盼着牺牲自身，你们希望以自身作为赠礼，因为，你们

① 一个太阳，知识之蛇缠绕着它。

希望把所有的财富都用灵魂来贮藏。

你们贪婪地攫取着一切的宝藏，因为，将德性赠予他人的愿望让你们变得贪婪。

你们把万物束缚在掌心，强迫它们以逆流的方式涌现，它们涌现的地方，就是你们的源泉所在，你们掌控万物，你们把万物当成了爱的礼物赠送。

没错，这样一种被赠送的爱一定会成为掠夺者，它将疯狂地掠夺一切有价值的存在，但是，在我看来，这种自私、这种劫掠，本就是美好与伟岸的。

除了这种神圣且美好的自私，世界上还有另外一种自私的存在，它是病态的，是穷困的，是饥饿的，也是谨慎的，这种自私是生病者的专利，它们想的从来都不是赠予，而是盗窃。

它总是小心翼翼地围绕着赠予者的餐桌打转，它会贪婪地注视着所有有着足够食物的人，但它很谨慎，所有发光的东西都会吸引它的目光，这个窃贼，既饥饿又贪得无厌。

这种利己的欲望代表的是一种看不见的退步，它更像是疾病，窃贼一般的贪得无厌、自私自利从来都是病人的专利。

我的兄弟们，莫非还有比退化更糟糕的事情吗？大凡接受赠予的灵魂，所缺失的不正是退化的那一角吗？

我们一直都走在向上的路上，这条道路的尽头是对一个种族的超越，但这并不代表我们对退化不恐惧，事实上，我们是恐惧的，因为它常说："所有的一切都是为了我。"

因为我们觉得自己在飞翔，飞翔是身体在向上提高的象征，类似的象征性词汇还有许多，而每一个象征着提高的词汇背后都代表着一种德性。

以新生者与战斗者的身份，我们的身体在历史的长河中穿行，而精神——精神是怎样的存在？对身体来说，精神是战斗的先驱，是胜利的共同缔造者，同时，也是伙伴，是目标的应和。

一切的善与恶，都不过是一种象征，它从来都没有什么实际的意义，而只是一种暗示，所以，如果有谁想要从善与恶之中攫取知识，那么，他一定是蠢笨的。

兄弟们啊，请时时刻刻注意你们的精神，当它想要开口的时候，德性的源泉就会随之出现。

你们的身体已经觉醒，并得到了质的提升，它也用自己的欢乐将精神感染，让精神也在提升中迷醉，让精神成为普惠万物的存在，成为创造者、热爱者和预估万物价值的人。

当你们精神的河流在灵魂深处咆哮翻滚的时候，你们将找到自己德性的源泉，而这种咆哮，对大众来说，既是一种危险，也是一种恩赐。

当你们的意志承继了对万物的热爱，当你们想要用这种爱来驱使万物，当你们将一切的毁誉看淡，德性的源泉就会出现。

当你们对柔软舒适的床铺充满不屑，当你们远离了同榻而眠的柔软，德性的源泉就会出现。

当你们愿意为了同一种意志和目标去努力，当所有需要转变的事物成为你们的使命，成为一定要转变的事物时，德性的源泉就会出现。

没错，这是一种全新的善恶观！没错，这是一口从未出现过的新的源泉！没错，这是新的沉厚，是新的波涛澎湃！

这种德性是新生的权力，是一种具备支配性的思想，环绕在这种思想周围的灵魂都是聪敏的：它是一轮金色的太阳，盘绕着它的是蛇，一条代表着知识的蛇。

二

查拉图斯特拉稍稍停顿了一下，默默地、爱怜地凝视着这些送行者，他的门徒与信奉者，之后，用一种迥然不同的声调郑重地继续着自己的讲话。

兄弟们啊，我衷心地恳求你们，恳求你们用自己的德性，用德性的权力效忠大地；以你们的渊博，以你们所追求的牺牲与希望赠予的爱对大地效忠。

千万不要让你们的德性飞离红尘的土壤，不要远离大地，不要因为希冀永恒而用双翼去拍打它的城墙。啊，陷入迷失之中的德性是那么的多，那么的多！

像我一般，将飞离的、迷失的德性重新接引回来吧，引领着它们回到身体中，回归生命的领域，回到大地的怀抱，让它能够被赋予一种意义，一种属于人类的，属于大地的意义。

到现在为止，和德性一样，精神也在不断地迷失，不断地犯错。瞧啊，现在，所有迷失与错误的痕迹，那些幻想，那些虚妄，还在我们的身体中烙印，甚至，作为意志在身体中留存。

到现在为止，和德性一样，精神还在不断地迷失，不断地试验，没错，人类就是以试验品的身份存在的，我们的身体已经成了无知与错谬的载体。

我们继承了很多东西，不只是沉淀了千年的理智，还有发酵了千年的疯狂，它们是危险的！

我们一直都在战斗，我们在战斗中缓缓地、一步一步地坚定向前，和我们战斗的是一个巨人，它的名字叫偶然。但即使战斗了千年，人类仍旧被无知与荒谬所支配，在做着许多无意义的事。

兄弟们啊，请以你们的知识、精神与德性向大地表示忠诚吧。一切事物的价值都该由你们来重新界定，你们会成为创造者，你们要为新秩序而战斗。

身体会以知识来实现自我净化，所有的激情，对有识者而言，不过是对自身的一种神化，我们需要用知识来自我提升，被提升之后的灵魂，必然是饱满的、愉悦的。

给自己一些帮助吧，医生，在帮助自己的同时，你也能给病人一些帮助。对所有患病的人来说，最有效的帮助就是让他们亲眼看到那个让自己痊愈的人。

世界上，还没有被人走过的道路有千万条，隐藏在世间、充满了健康的岛屿有千万个，人类还没有走到尽头，大地之上也还有无数的真理等待去发掘。

源自未来的清风吹拂着孤独者的羽翼，行走在孤独中的人们，我的兄弟，快快醒来吧，竖起耳朵，仔细地聆听，清风送来的是一个好消息。

你们这些离开了群体，行走在孤独中的人，终有一天会凝聚成一个属于自己的民族，族民由你们自己挑选。当这个被挑选出的民族完成自我的成长，超人便会从中应运而生。

是的，大地上已经有新的希望在蔓延，一股清新的、有别于陈旧的空气在弥漫，没错，大地会成为新的医疗站，救助的气息已经出现，这是全新的希望！

三

查拉图斯特拉不再说话，他的目光有些犹疑，似乎有些意犹未尽。他握着手中金色的拐杖，沉吟了良久，终于再次开口，他的声音也变得比刚才更严肃、更凝重。

我的信奉者们，我要走了，独自一人走上我该行走的道路，我希望，你们也离开，如我一般，一个人上路。

我想给你们一些劝告，千真万确，别犹豫，离开我吧，甚至，你们最好把和查拉图斯特拉为伍视作一种羞耻。警惕这个叫查拉图斯特拉的人，也许，他向你们讲述的一切全都是谎言。

有见识的人不仅要学会欣赏自己的仇敌，还要懂得如何憎恨自己的伙伴。

假如每个人都甘心做学生，也只愿意做学生，那么，他们的师长肯定得不到最理想的回馈。你们，说的就是你们，为什么不扑上来，摘掉那戴在我头顶、满是鲜花的冠冕呢？

你们对我充满了敬畏，但若是有一天，你们所敬畏的我倒下了，你们又该怎么办？谨慎一些，提高警惕，千万不要被石头雕成的塑像砸死。

你们说，查拉图斯特拉是你们的信仰，但查拉图斯特拉真的那么重要吗？你们说，你们是我的门徒，但是，对我而言，你们又真的有那么重要吗？

像其他所有的信徒一样，你们在和我邂逅的时候，还没有找到真正的自己，所以，信仰这种东西，真的没那么重要。

现在，我希望你们把查拉图斯特拉丢在一旁，去认识并寻找真正的自我，当你们找到了自我，当你们对查拉图斯特拉全面否定的时候，我才会回到你们的身旁。

没错，我的兄弟，到那个时候，我会用另一种迥然不同的方式来爱你们，我会用我的眼睛在熟悉的城邦寻找曾经的失落。

终有一天，我会以伙伴的身份重新出现在你们面前，你们也会成为大地与希望的种子，我愿意与你们一起为伟大的正午欢歌，我愿意第三次与你们挽手同行。

什么是伟大的正午？就是已经走向黄昏的人类为自己的没落欢庆的时候，是人类在超人与野兽正中间站定的时候，是人类把黄昏之路转化为另一条晨曦之路的时候。

那个时候，没落者会祝福自己成为一个伟大的过渡者，他的认识之太阳也会处于正午。

在伟大的正午，我们以最后、最崇高的意志共勉：诸神已逝，在诸神的黄昏，让超人诞生并成长，这才是我们要做的。

查拉图斯特拉如是说。

第二部

|查|拉|图|斯|特|拉|如|是|说|

“现在，我希望你们把查拉图斯特拉丢在一旁，去认识并寻找真正的自我，当你们找到了自我，当你们对查拉图斯特拉全面否定的时候，我才会回到你们的身旁。

“没错，我的兄弟，到那个时候，我会用另一种迥然不同的方式来爱你们，我会用我的眼睛在熟悉的城邦寻找曾经的失落。”

——《查拉图斯特拉如是说·第一部·馈赠的德性·三》

23. 拿着镜子的小孩

离开彩牛城之后，查拉图斯特拉重新回到了山林，回到了他曾经居住的洞穴，远离红尘的扰攘，重新享受一个人的孤寂，他就像是一个播种者，种子已经撒下去，只期待着收获的那一天。但不知道为什么，他的灵魂深处却充斥着焦虑、不安与祈盼，那是对他所深爱的人类的祈盼，他还有很多很多东西没有赠予他们。因为对他们的爱，他把已经伸出的双手缩了回来，并且，作为一个给予他人馈赠的人，他的内心还总要保持羞愧，这真是一件非常困难的事情。

就这样，他又孤独地度过了一段漫长的岁月，伴随着岁月的流逝，他的智慧与日俱增，这满溢的智慧却让他感到苦痛。

有一天，伴着黎明之前的黑暗，他睁开了眼睛，躺在床铺上，他沉思半晌，然后，对自己的心灵说：

“为什么我会从梦中惊醒？难道没有一个拿着镜子的小孩朝着我走过来吗？

“‘查拉图斯特拉，快来照照镜子吧’，我听到小孩如是说。

“我看到镜子中映照的画面，忍不住大声惊呼，我受到了震动，我看到了一个满脸嘲谑的魔鬼，却没看到我自己。

“我非常清楚这个梦预示着什么，我的学说处在危险的边缘，莠草要被称为麦苗了。

“敌人的力量在增强，我的理论被他们刻意扭曲，如此，接受我礼物的、我所挚爱的人一定会因为收到了我的礼物而感到羞愧。

“我的伙伴们被我弄丢了，现在我要去寻找他们，对，就是现在——”

说完，查拉图斯特拉从床上跳起来，仿佛神明附体一般，脸上闪烁着朝霞一般的幸福光辉。他的鹰与蛇都诧异地望着他，他根本就不像是一个胆怯却又想出去走走的人，他像是一个歌者，他的目光预示着幸福。

我亲爱的动物们，我的身上究竟发生了什么？——查拉图斯特拉疑惑地问，我不是早就彻底地改变了吗？我不是已经被幸福与安乐的风暴席卷过了吗？

我承认，我所谓的幸福还很痴傻，它的年龄太小，它总是会说些不着边际的傻话——所以，你们要更耐心地倾听它。

我的幸福伤害了我，我必须去寻找医生，所有正在承受痛苦的人都能够治愈我。

我为什么不再次下山去呢？对，下山，去见我的伙伴，也去会会我的敌人。我又可以演讲了，查拉图斯特拉又可以对所爱的人进行馈赠了！

我的爱就仿佛是急流一般从山上奔腾而下，朝着太阳起落的地方，以山脉的寂静为伴，在痛苦织就的雷暴中欢歌，进入山谷的不是急流，而是我的灵魂。

我已经向往了太久，我再也不愿意遥望，我羡慕了无数次，我享受孤独的时间太过漫长，就是这样，我要忘记，忘记自己的无言。

我早就可以滔滔不绝，溪流也已经从高峻的崖壁间奔腾而下，我要进入山谷，带着我的话语。

让我的爱化成洪水朝着难以通行的道路奔涌吧！为什么洪峰就不能找到一条归海的路途？

在我的灵魂深处，有一座大湖，这座大湖是平静的、幽邃的、安然的，但我愿意用爱的洪流将它裹挟，带着它一起向着大海奔流。

和其他所有的创造者一样，我已经厌倦了所有的陈规陋俗与陈词滥调，我有了自己新的语言，我找到了一条新的道路，我的精神要出去漫游，但它的脚上再也不会踏着旧履。

对我而言，一切的语言都是迟缓而钝涩的：来吧，狂风，让我们一起如飙车般前行吧，我会鞭策你，用我所有的恶意。

就像幸福的欢呼响彻，就像惊诧的呼喊徘徊，我要到大海的另一边去，那里有一座幸福的岛屿，我的伙伴们就驻留在那里。

而且，这其中还有我的敌人，现在，我爱每一个人能够聆听我演讲的人，哪怕是我的敌人，我也愿意和他一起分享我的幸福与安乐。

而且，若是我想要驾驭山林中最狂躁野蛮的骏马，我就必须拿起我的长枪，它会给我最有力的帮助：它是一个奴仆，它臣服于我的双脚。

我要感谢我的敌人，所有的敌人，正是因为有了他们，我才能将我的长枪投掷出去！

看，那是属于我的云层，它的张力无限，在雷雨中，它纵情地欢笑，冰雹已经成形，我要把它们全都投入深谷。

这个时候，我要做的是鼓起自己的胸膛，狂暴的龙卷风从我的胸腔发出，它席卷了群山，掠过了大地，我的胸膛也在那一刻得到舒缓。

没错，我的幸福、我的自由，裹挟着的是一阵狂野的风暴，但对我的敌人而言，这不是风暴，而是咆哮，恶魔的咆哮。

是的，我亲爱的伙伴，我的智慧是那样的狂野恣肆，你们会对它感到害怕，或许，你们也会逃离，和我的敌人一起。

啊，没关系，我还有牧笛，我会奏响它，你们会在笛声之中回归。我的智慧是一头母狮子，它虽然狂野，但也学会了用温柔的声音吼叫。而且，从你们从我身上学习了很多东西，我也从你们身上学到了很多东西。

在孤寂的山峦中，嶙峋的岩石下，我最狂野的智慧得以受孕，它产下了一个新生的幼儿，哪怕，它还非常弱小。

现在，它还在寻找，寻找荒漠之中的草地，最柔软的草地，它真是疯了，哦，我的智慧，它已苍老。

我的伙伴们，它找寻的柔软绿地就在你们的心中，它想在那里安家，它想把自己最真挚的爱与你们的爱融合！

查拉图斯特拉如是说。

24. 在幸福的岛屿上

我是一阵从北方吹来的风，是我，让无花果成熟；成熟的无花果脱离了枝干，它掉下来了，掉落的同时，它的果壳碎裂了，那红色的果壳里，隐藏的是美好与甘甜。

我的伙伴们啊，这就是我的理论，它和无花果一样，轻轻地在你们身旁掉落。现在，请啜饮它甘甜的汁水，食用它美好的果肉吧！晴空朗朗，万里无云，午后的阳光热烈而温煦，周围，一片秋色正浓。

瞧啊，瞧瞧我们的身边，秋色中包蕴的是何等的丰盈！透过这种丰盈，向着远处的大海眺望，又是一件何等美妙的事情。

过去，当人们向着海的尽头遥望的时候，总会想到上帝，但现在，我们要想的是超人，我会教导你们如何做。

我总希望我们所有的幻想都不要超出我们能够创造的范畴，而上帝，就是一种超出范畴的幻想。

你们可以把上帝创造出来吗？所以，不要再谈什么神明，你们不能让神明降生，但却可以让超人临世。

我的兄弟们啊，或许，你们无法直接让超人降生，但你们可以改造自己，把自己变成超人的祖先，甚至父亲。对你们来说，这就是最美好的创造。

我总希望我们所有的幻想都不要超出我们能够思考和讨论的范畴，而上帝，就是一种超出范畴的幻想。

你们可以想象出一个上帝吗？对你们而言，这就是追求真理的途径与意志，改变一切，把所有的一切都转化成人类能够看到的、能够触摸到的、能够感觉到的、能够思考的、能够谈论的！你们应该对自己的思想与感官进行最深入、最彻底的思考。

被你们称之为世界的地方首先应该是你们自己创造的；你们的意志、你们的形象、你们的爱恋、你们的理智，也全都应该衍化于自身。你们这些有识者啊，这全都是为了让你们幸福与安乐，千真万确。

并且，假如一丝希望都看不到，你们又该怎样忍受自己空虚的生命呢？有见识的你们，你们不可能在虚无中生活，也不可能在非理性的世界中存在。

但是，我的伙伴们，我得告诉你们，我得向你们说句心里话，假如真的有神明存在，我怎么可能忍受自己不是上帝的事实？所以，上帝和神明根本就不存在。

没错，这个结论是我做出的，直到现在，我还受着它的牵引。

上帝是一种幻想，这种幻想化作了一杯苦酒，喝下这杯幻想的苦酒却不失去生命，谁能做到？莫非要把创造者的信仰剥离？莫非要让雄鹰失去在天空中翱翔的权利？

上帝在思想中诞生，它就是一种思想，它能够把笔直变成弯曲，它能够颠倒一切是非黑白，它能够让站立的人倒悬。可那又如何呢？时间在流逝，所有忽然出现、短暂存在的东西难道都是欺骗？

费心思考这些东西，我们都会患上头晕病，对这些东西进行思考与幻想，会让我们的四肢抽搐、头脑眩晕，还会让胃痉挛，呕吐不止。

一切和唯一、完美、不变、不朽、恒久、满足有关的理论与学说，在我看来，都是充满恶意的，都是应该被人类仇视的。

所有的不朽，一切的永恒，不过就是个比喻，吟游诗人们说过的谎言实在是太多太多。

最好的比喻是什么？应该是对时间的探讨，对创造的争论，对所有短暂的、突然来去的事物的辩护，是一种由衷的赞美。

创造，是挣脱苦难的最好方式；创造，是对生命凋零的一种延缓。但是，想要成为创造者，我们却需要做出众多的改变，需要面对无数的苦难。

没错，所有的创造者，你们一定会在更加苦难的生命路途上接受死亡的考验。假如，你们想要为短暂的事物辩护，你们想要为倏忽来去的事物代言。

创造者本身就需要一种新生，成为婴孩，但是，要做到这一点，创造者们一定要心甘情愿受孕，并愿意承受孕育的苦痛。

事实上，一路走来，我已经穿越过太多的灵魂，承受过千百次孕育与分娩的痛苦。有几次，我的心都在破碎，我以为自己走到了生命的尽头，我愿意与最后的时光道别。

但是，我不后悔，我得告诉你们，深藏在我灵魂中的、创造的意志让我心甘情愿这样做，这就是我的命运。或者，更确切地说，我的意志希望我承受这样的命运。

因为我，所有一切的感官与感觉都遭到了禁锢，它们痛苦极了，但对我来说，我的意志、我的希望，从始至终都扮演着解放者与安慰者的角色。

在这里，查拉图斯特拉希望你们能够明白，意志也好，理论也好，真正要传达的意思只有一个，那就是希望灵魂能有所解放。

不再去创造什么，不再对任何东西进行预估，不再希望如何如何！快从我身边走开吧，你这无穷的疲惫。

哪怕是在意识的世界中，我所能感受的也都是从我的意志中诞生的欢愉。假如，纯真在我的意识中还存在，那么，一定是我的意志希望它存在。

没错，就是这种创造的意志把我从上帝与诸神的身边带离，要是神明们都还存在，那还需要我来创造什么呢？

受到创造意志的驱使，我就像锤子想要靠近石块一般，总是想走到人群中去。

啊，从我的角度来看，你们这些人类啊，就像是石块，我的形象还在沉睡，它沉睡在一块石头里，那块石头很丑陋，但却是最坚硬的。

现在，我有了锤子，我敲开了禁锢着我的形象的石牢，碎石四处迸散，但是，这和我有什么关系呢？

我希望敲碎那座石牢，是因为世界上最轻盈、最宁静的事物——一片阴影，已经朝我走过来。

这片阴影是超人的美好，它已经朝我走过来了，既然如此，兄弟们啊，神明和我还有什么关系？

查拉图斯特拉如是说。

25. 怜悯者

我的伙伴们，听听吧，你们的同伴被嘲讽了："瞧，那就是查拉图斯特拉，他和我们走在一起，就像是一只动物在人群中穿行。"

哦，当然，这种嘲讽还能换一种说法，那就是："有识者和人类走在一起，就像是走在一群动物中间。"

对有识者来说，人类和某种有着赤红面颊的动物并没有什么本质的区别。

这是为什么？难道不是因为人类感到羞耻的次数和场合太多了吗？

我的伙伴们，有识者会这样告诉你们，在人类的历史中，只存在一个词，那就是羞耻、羞耻、羞耻。

正因为如此，位居上位的、高贵的人们强迫自己不再羞耻，他还强迫自己在所有遭受苦难的人面前展现他的羞耻。

没错，我憎恶那些慈悲的人，他们把怜悯当成了一种娱乐，羞耻之心对他们来说，委实是一件稀罕的东西。

假如我必须去怜悯谁，那么，我也不愿意把那称为怜悯；假如我必须去怜悯，那我也希望能够不要与被怜悯者太接近。

我宁可把自己的头遮住，在被认出之前远远地跑开，而且，我的伙伴们，我希望你们也这样做。

希望我能指引更多和你们一样没有苦难的人，以及能够和我共享甜蜜与希望的人一起走上我现在正在走的这条路。

没错，我曾经为那些受苦受难的人做过很多的事情，但自从我懂得了该如何获取欢乐，我就觉得自己应该去做另外一些事情，这些事更美好、更有意义。

兄弟们啊，自从人类诞生，欢乐就是人类最缺乏的，兄弟们啊，这才是人类的原罪。

假如我们想要让自己更加的欢乐，那么，我们就必须学会忘记，忘记和痛苦有关的所有臆测和幻想，忘记怎样让其他人痛苦。

所以，我要把我的双手清洗干净，它曾经给予过受苦受难的人帮助；所以，我要去擦拭灵魂，把它彻底地擦拭干净。

当我亲眼看到那些受苦的人遭受苦难的时候，我会为他们的羞耻而感到羞耻；当我给予他们帮助的时候，我就仿佛是凌辱了他们，对，用最残忍的方式对他们的骄傲进行了凌辱！

你以为自己是在尽义务，但人们不会对你心怀感激，即使你所做的一切都很伟大，相反，他们会因为你的援助而感到羞耻，会对你产生强烈的仇视与报复欲望。假如，所有微小的善行都被铭记，那么，一条条啃啮心灵的蠕虫就会从中不断诞生。

我要劝告所有那些没有什么可赠予的人：“在获得面前要保持足够的骄傲，获得本就是彰显你卓越的最佳方式。”

我喜欢对他人进行馈赠，我是个赠予者，我愿意以伙伴的身份送给我的朋友一些小礼物，而对于那些穷困的人、和我不亲近的人，我也希望它们能得到我的果实，但我不会主动赠送，而需要他们自己到树上摘取，这样，他们就不会有太多的羞耻感。

至于说乞丐，我觉得这种生物应该完完全全地被抹杀，因为，无论你送不送给他们东西，你都会非常恼火。

同样地，坏良心与罪犯也不应该存在，兄弟们啊，相信我吧，怂恿所有人去胡乱啃啮的恰恰就是来自良心的责难。

猥琐狭隘的思想是最应该被鄙视的，哪怕是作恶多端也要比猥琐卑鄙更值得赞美。

固然，你们会如是说："犯一些小错，做一点错事，从中得到欢愉，这样就能避免更大的错误与罪恶发生。"但是，在我看来，这种小恶本就不应该被豁免。

罪恶的行为就像是长在身体上的脓疮，会让人感到刺痛、麻痒。

而且，它还会得意扬扬地宣扬："快来看，罪恶在这里，恶行在这里。"这是它的老实相。

但是，猥琐狭隘的思想就像是病菌，鬼头鬼脑地在人的身体中爬行，很缓慢，任何地方都无法让它们长久地栖居，直到我们的整个身体都被它占据。这卑微的小东西，正是身体腐烂与枯萎的罪魁祸首。

对于那些被猥琐的魔鬼附身的人，我必须作出劝告，我要偷偷地告诉他们："对你来说，把这些魔鬼养大才是治愈的最好方式，养大它，这是一条光明的通途。"

兄弟们啊，我们了解每一个人，但是，对我们来说，这种了解实在是多了一些，有那么一部分人，哪怕已经被看透，但我们依旧无法将其洞穿。

与人类共同生活真是一件很艰难的事情，因为，对我们来说，在人类面前保持沉默实在是太不容易。

而且，对我们来说，那些和我们敌对的人不一定就是最鄙弃我们的人，相反，一些和我们完全没有关系的人，才认为我们最不公平。

假如你有一个正在承受苦难的伙伴，你可以把自己化成一张行军床、一张硬板床、一座疗养所，帮助他来化解苦难，而且，只有这样，你对他来说才是有益的，你才能给他提供帮助。

假如你有一个伙伴对你做了错事，你要这样告诉他："我对你在我身上所犯的错误表示谅解，但我无法原谅你在自己的身上也犯同样的错。"

所有博大的爱都如是说：它跨越了怜悯，也超脱于谅解。

我们应该牢牢地守住自己的心，因为在对心灵进行放任的同时，我们的头脑会随之失控。

啊，世界上还有比站在怜悯者的身边更愚蠢的事情吗？世界上还有比怜悯者所做的蠢事更能让人感到痛苦的事情吗？

所有的满怀热爱的人都是不幸的，因为他们还在怜悯，他们还没有能力跨越怜悯、登临一个新的高度。

过去，魔鬼这样告诉我："上帝非常爱人类，但是，哪怕是在天国，也有一种存在，叫地狱。"

最近一段时间，魔鬼又开口了，他对我大喊："上帝陨落了，陨落于对人类的怜悯。"

因此，我决定接受你们的劝告，我会对怜悯满怀警惕，这样一来，人类的头顶就会被浓重的阴云盖压。没错，就是这样，我其实很擅长观察天气。

可是，还有一句话你们也得记住：所有博大的爱都会超越怜悯的高度，因为，所有博爱者都有一个愿望，那就是自己创造自己所爱的人。

所有的创造者都宣称："我会像爱自己一样爱我的邻居，我会为了我的爱奉献自己的全部。"

但是，事实上，每一个创造者都是冷漠且严厉的，没有例外。

查拉图斯特拉如是说。

26. 教士们

这一天，查拉图斯特拉做了个手势给门徒们看，还这样对他们说：

"虽然，我们与那些教士站在敌对的立场上，但是，你们千万不要和他们发生武力冲突，无声无息地从他们身边走过就好。

"绝大多数的教士都承受过苦难，所以，他们也希望别人受苦，但是，教士之中也有英雄的存在。

"教士们很残忍，很凶蛮，他们总是把自己强烈的报复欲隐藏在谦恭的外表之下，所有对他们发动攻击的人很容易将自己的名声一起玷污。

"但是，他们的血液和我的血液其实有着很多的相似之处，我也希望，他们依旧对我的血液保持着敬畏。"

信奉者们陆续离开，查拉图斯特拉却被突如其来的痛苦袭击了，他与痛苦相持不下，他在抗争，随后，他如是说：

说实话，对我的兴趣来说，传教士们的行为是一种悖逆，但我依旧觉得他们值得怜悯，可是，自从我把自己置身于人群，类似的事情对我来说就已经没有什么大不了了。

可是，过去，我曾经与他们一起承受苦难，现在，我也和他们一样承受着苦难的侵袭。对我来说，他们都是囚徒，是一群已经签字画押、承认了罪行的囚徒，而为他们套上枷锁的，正是他们所谓的救世主。

真希望有人能够帮助他们摆脱救世主的枷锁，那些枷锁，充满了妄言，贴满了虚伪的价值观！

他们在大海中沉浮，在海面上迷失，他们以为自己是站在岛屿上，但事实上，他们脚下踩着的不过是一头已经陷入了沉睡之中的怪兽。

对普通人来说，虚妄的话语，虚妄的价值观就是最可怕的怪兽，所有的厄运都在其中潜伏，所有的苦难都早早地在等候。

可是，它终究还是苏醒了，它来了，它把驻留在岛屿上的所有人都吞噬掉了。

啊，来看看吧，这名为教堂的建筑就是传教士们为自己搭建的住所，教堂中充满了芳香。

瞧，这里的光明是如此的虚假，这里的空气是多么的陈腐，在这里，没有哪一个灵魂能如愿到达自己本应该到达的高度。

与之相反，他们的信仰强迫他们屈膝，强迫他们以罪人的身份在阶梯上匍匐前进。

是的，与其看到一双饱含虔诚、早已被所谓的羞耻扭曲掉的眼睛，我宁可看到一个不知道廉耻的人。

是谁为自己创造了这样一条用来忏悔的阶梯？是谁为自己创造了伪光明的居所？难道不是那些因为朗朗晴空而备感羞耻的人吗？

难道不是那些一心想要把自己隐藏的人吗?

当破败的屋顶被温和的阳光照耀，当残垣断壁间火红的罂粟与蔓草沐浴着光辉，我才会重新把目光转向这属于上帝的居所。

说实话，传教士的虔诚中总掺杂着一种英雄般的气概，他们信仰上帝，而上帝，恰恰就是那个使他们痛苦、悖逆了他们内心真正想法的人。

而且，他们也不懂得如何表达自己对上帝的挚爱，除了，把他送上十字架。

他们想要的是行尸走肉一般的生活，他们将黑色的衣衫铺在尸体的下方，在他们说话的时候，我还能闻到一股恶臭，一股独属于停尸房的恶臭。

和他们做邻居，就像是把家安在污浊的池塘边，池塘里的水乌黑恶臭，癞蛤蟆还用歌声来向你表达甜蜜的意义。

为了让我信奉他们的主，他们会一次一次为我唱歌，每一次歌声都比前一次动听，而从我的角度来看，信奉他们的人，也必然更懂得怎样作出被救赎的模样。

我想看看他们赤裸的时候是什么样子，因为赤裸的他们才是最美好的，而能够让人真心悔罪的也是最美好的事物。可是，话说回来，以这被伪装出来的苦恼模样，谁会听从他们的劝诫呢?

事实上，他们的救世主并非来自自由之地；他们的救世主不是第七重天的居民，更从来都不曾在知识的地毯上留下过任何足迹。

上帝们的精神世界总是充满了残缺，但他们用被称为“上帝代用品”的妄想填补了这些残缺。

怜悯的情绪已经充斥了他们的灵魂，而过于泛滥的怜悯又如涨满的洪涛，让他们的痴傻从中浮现。

他们不断地呼喊，他们赶着自己的羊群走上了那条小路，就好像通向未来的就只有这一条小路而已，但事实上，牧人自己本来也不过是羊群的附属品。

牧人的灵魂是宽广的，精神却是狭隘的，哪怕他们的灵魂再怎么宽广，属于精神的疆域依旧无比狭小。

每一条他们走过的道路上都有他们留下的，用鲜血绘成的标记，更可笑的是，他们还把“真理需要鲜血证明”的谬论教给了人类。

还有什么比鲜血的见证更让真理厌恶吗？鲜血就仿佛最血腥的毒药，能够把纯粹的理论腐蚀，能够让心灵被妄想与仇恨蒙蔽。

当一部分人为了自己的理论决定赴汤蹈火的时候，我们从中看出了什么？属于自己的理论必然要经由自己的火焰焚烧与锻造！

当冷酷严峻的智慧与郁郁寡欢的灵魂相遇，一股名为“救世主”的狂风将会席卷。

的确，和被大众膜拜，称之为主相比，这股恣肆的风还有着更尊贵的资质，更神圣的天资。

不仅如此，兄弟们啊，当你们的眼睛发现了那条通向自由的路时，你们还需要被拯救，而拯救你们的，将是比救世主更高贵的存在。

我的眼中已经出现过两个赤身裸体的人，一个最伟岸，一个最卑微，但自始至终，我都没有见到超人。

毕竟，伟大与卑微实在是太接近了，哪怕是最伟岸的存在，在我看来，也太卑微，太具有人性了。

查拉图斯特拉如是说。

27. 有德性的人

当我们想要和昏昏欲睡且松弛散漫的心灵说话的时候，一定要带上雷霆和来自天国的绚烂烟火。

但是，美好的音乐却总是最轻柔的，它们只会悄无声息地在最理智、最明晰的灵魂之中驻留。

今天，我看到了盾牌的微笑，那是一种神圣的颤抖，是一种美好的笑容。

今天，我以我内心的美好对你们这些有德性的人进行嘲讽。我的美好用轻柔的声音告诉我："他们居然还想着得到报答与补偿！"

你们居然还想得到补偿？真是可笑！你们这些有德性的人啊！莫非你们还想以你们的德性去换取奖励？莫非你们还想要以今天的存在向未来祈求不朽？莫非，你们还想以大地的名义向天空求援？

你们现在因为我怒火中烧，是因为我告诉你们，你们得不到报偿，还是因为我告诉你们，出纳根本就不存在？说实话，我根本就没告诉过你们，你们的德性本身就是对你们的奖励。

你们这些有德性的人啊，你们已经习惯了用奖励或惩罚来评判事物，这是事物的根基，甚至已经渗透入灵魂，成为整个灵魂的根基。我没有对你们说，这真是我的悲哀。

假如能够用语言把你们那像公猪的嘴一般的灵魂根基撬开，那么，即便我被称作犁铧，我也不在意。

被打碎之后，隐藏在你们根基中的所有隐秘都会被揭开，你们的谎言会被世人知悉，真理与内情也会相互分离。

是的，你们的真理就在这儿，和奖励、惩罚、报复、轮回、报应等充满了污秽的词语相比，你们的确纯净得一尘不染。

你们像爱孩子的母亲一样挚爱着自己的德性，但是，你们有谁听说过，一个母亲会因为自己的爱而向孩子索取回报？

你们心中充满了祈盼，这份祈盼就像是一个个闭合的圆环，圆环之上，你们的自我、你们的德性在不断地争斗，而圆环本身也在不断地旋转——目的是重拾自我。

并且，你们德性的作业，就和永远都走在半途的星辰一般，晦暗不明、游移不定，请问，你们的德性什么时候能不走在半途呢？

这也就是说，哪怕作业早就被完成，但你们德性的光辉依旧不会照耀终点，因为，它还在半路上；这也就是说，即使现在它不见了，它被所有人都遗忘了，但是，它那游移的光芒却仍旧闪耀在夜空。

对你们这些有德性的人来说，你们的灵魂只认同唯一的真理，那就是：你们的自我和你们的德性等同，德性本身并不是一种掩饰、一种遮盖，更不是来自外部的事物。

没错，的确还有一部分人，把德性当作长鞭，甘愿在鞭打之中踌躇，这样的踌躇，这样的叫喊，你们已经目睹过太多太多。

另外，还有一部分人，他们把德性视作一种腐朽，恶劣习惯沉积之后的腐朽，当他们的手脚因为忌妒和怨恨松弛，所谓的正义便会重新睁开惺忪的双眼。

除此之外，还有一些这样的人，他们背后有魔鬼，魔鬼不断地将他们扯向深渊，可是，越是被拉扯，越是向下坠落，对高高在上的上帝就越渴望，他们的目光也越炽热。

啊，你们还不曾听到来自堕落者的呼唤吗？有德性的人啊，他们会说："所有和我不同的，在我看来，就是德性，就是我主。"

当然，还有一部分人，他们经常谈论德性，谈论尊严，他们就像是一辆运石车，因为身上满载着石头而笨重不堪，却还在叽叽嘎嘎地叫个不停。对这些人来说，德性不是车轮，而是制动器。

当然，还有一部分人，他们就像是日常生活中常见的机械钟，无时无刻不在嘀嗒作响，他们的发条被上紧，他们一直嘀嗒，却给这种嘀嗒起了一个好听的名字——德性。

说实话，对这类仿佛时钟一般的有德者我最感兴趣。遇到这种时钟，我会以我的讥嘲把它们的发条拧紧，然后，愉快地听着它们心不甘情不愿地对我嘀嗒。

另外，还有这样一群人，他们以公正为名对整个世界指手画脚，他们为自己的公正扬扬自得，却不知道，整个世界已经被他们的不公淹没。

从他们的口中吐出“德性”这两个字，真是一件糟糕透顶的事情。当他们以公正来标榜自己的时候，其实更像是在说，我受到了迫害。

他们把自己捧得无限高，为的只不过是把别人踩得无限低，他们想要把敌人的双眼从眼眶中抠出，德性就是他们的武器。

还有一部分人，他们在泥泞的沼泽中安坐，他们的声音从芦苇丛中传出，他们如是说：“所谓的德性，就是在泥泞的沼泽之中安坐。我们不去伤害别人，也远离意图伤人的人，而且，无论遇到什么，人们总是乐于给我们一些建议。”

还有一部分人，他们最喜欢做的事情就是装模作样、故作姿态，因为，对他们来说，姿态和德性本就是一种东西。

他们用膝盖虔诚地礼拜，他们用双手赞扬德性，但他们的心灵却对自己的行动没有丝毫认知。

还有一部分人，他们总是强调宗教和德性的存在是一种必然，但事实上，他们只愿意承认警察的存在是一种必然。

有一部分人，从来都看不到人类本身的高贵，却以德性的名义自认为看透了人性的卑微，因此，他们把自己向下凝视的目光称为德性，即使，那目光满含凶狠与恶意。

有一部分人想要有所作为，想要提高自身，他们把这称为德性；还有一部分人，想要把一切都推倒重建，想要对这个世界作出改变，他们把这也叫作德性。

如此一来，每一个人似乎都成了德性的拥有者，而且，没有谁会承认自己不是分辨善恶的专家。

但是，查拉图斯特拉真的很不屑，不屑对那些撒谎的人和愚蠢的人说："德性究竟是什么你们知道吗？你们对德性又了解多少？"

毋庸置疑，这就是事实，我的伙伴们，你们一定会对这些陈词滥调充满厌弃，因为，吐露它们的本就是一群骗子和愚蠢的呆瓜。

你们会厌弃诸如"奖励""惩戒""公正的报复"一类的陈词滥调。

你们会充满厌弃地说："每一个善良的行为都代表着无私。"

啊，兄弟们啊，在我看来，没有什么比像母亲对孩子一样对待自己的德性更美好了，你们原本就一直在行动，这是你们的格言。

说实话，你们现在一定对我充满了怒火，就像是一个被夺走了最可爱的玩具的小孩，是啊，的确，我的确夺走了许多你们所认可的德性的格言。

在海边，孩子们愉快地玩耍着，海浪突如其来地袭击了海滩，孩子的玩具被卷走，卷到了大海的深处，所以，孩子哭了。

但是，海浪在带走旧玩具的同时，还给孩子留下了新的玩具，那就是贝壳，全新的、多彩的、绚丽的贝壳！

于是，孩子得到了慰藉，他们再次变得快乐。兄弟们，你们就像是失去了玩具的孩子，你们也会得到相应的慰藉，你们也会有自己的贝壳，全新的、多彩的、绚丽的贝壳！

查拉图斯特拉如是说。

28. 流氓和痞子

快乐源于生命，但当生命的源泉被流氓和痞子所饮用，所有的泉水便都会化为剧毒。

我对所有纯真圣洁的事物充满喜爱，但奸笑者的嘴脸与肮脏者的淫欲却让我厌恶。

他们站在生命的泉水边，低下头，向下看，于是，我从泉水的倒影中看到了他们卑鄙的笑脸。

生命的圣泉已经被他们肮脏的淫欲污染，而当他们用快乐这个词来形容他们污浊的梦想时，连言辞都被他们一起污染了。

当流氓和痞子朝着火堆走去，缕缕黑烟会从他们沸腾的灵魂中冒出；当他们朝着火焰投掷自己那阴郁潮湿的灵魂，火堆也会开始愤怒。

被他们攫取的果实会越来越甜，并在甜美中腐坏；被他们的目光注视，果树会摇晃，果树的树枝会枯萎变黄。

有一部分人之所以将生命抛弃，其实是要把流氓和痞子丢掉，因为不想与他们共享烈焰、泉水和丰收的果实。

有一部分人在荒凉的原野中隐遁，和兽类一起忍受饥渴的煎熬，只因为不想和肮脏的赶驼人一起坐在生命的水池旁。

有一部分人化身冰雹袭击果园，像一个毁灭者一般向我们靠近，其实，不过是想把自己的脚塞进流氓与痞子的嘴里，堵住他们的咽喉。

仇视、陨灭、十字架是读懂生命必须要付出的代价，这些并不会让我感到难以下咽。

相反地，真正让我感到梗塞和窒息的，是我自己过去不断询问的一个问题：流氓和痞子一定会出现在每一个生命的旅程中吗？我们真的需要剧毒的泉水、臭烘烘的火焰、肮脏的梦想和从生命的面包中钻出来的蛆虫吗？

我的生命正在被疯狂地啃噬，啃噬它的并非我的愤恨，而是我的嫌恶。当我发现精神竟然在流氓与痞子的身上也会萌发，我对精神也愈发嫌恶了。

当我目睹了统治者统治的内幕——和流氓与痞子进行权力与势力的买卖——我决定离开并放弃所有的统治者。

我与我周围的人格格不入，这是一个陌生的民族，我听不懂他们的语言，对他们以权势为买卖对象时所说的话也充耳不闻。

我捂住自己的鼻子，懊恼地从昨天与今天之间穿过，是的，我闻到了一股臭气，那是属于痞子和流氓的气味，今天与昨天，一切，都带着一股文化流氓的气息。

我要在这里长居，所以，我必须让自己看起来像是一个残废的人，看不到、听不到，也说不出，只有这样，我才能独善其身，远离那些文化流氓、权力痞子和充满了淫欲的流痞。

我的精神在阶梯上匍匐前进，小心翼翼、步履维艰；唯一能够让它清醒的就是被赠予的欢愉；盲人的手中拿着生命的权杖，但生命却已经偷偷地逃离了那根权杖。

但是，我的身上发生了意外？我要怎样才能从嫌弃与厌恶之中脱离？什么人让我苍老的眼睛重新焕发了青春？我为什么会飞得这么高？为什么会来到这没有流氓、没有痞子、而有着生命之泉的高地，并坐在了这里？

莫非我的嫌恶本就是飞翔的动力？莫非我的厌恶增加了我对生命之泉的感应？我一定要高飞，飞到最高的地方，在那里，我才能重新找回我的快乐与欢愉。

兄弟们啊，我找到了它，在最高处，快乐的源泉朝着我热情地喷涌，这里没有流氓，没有痞子，畅饮欢乐之泉的只有一种生命。

哦，太猛烈了，欢乐之泉的涌动实在是太猛烈了，它是想要让我的杯子满溢吧，但事实上，因为太满，杯子反而会变空。

我的心朝着你的方向，它在热情地喷涌，但我想，在和你靠近的时候，我该表现得更加谦卑与恭敬。

我的心就仿佛是盛夏，短暂、闷热、愁肠百结，却又非常欢乐，它在燃烧，熊熊的燃烧；欢乐之泉啊，我心中的盛夏极度渴望你所带来的凉爽。

是的，我已经蜕变，完全蜕变成了盛夏与盛夏的正午，满是忧伤与迟疑的春天已经远去，如六月飞雪一般的恶毒也悄然陨殁，我成了盛夏。

这是最崇高的盛夏，它带着福禄，带着安康，带着清泉的凉爽；伙伴们，一起来吧，一起来享受这份宁静，一起让这份宁静变得更美好。

这是属于我们的高空，是我们的家园，对所有肮脏的人和他们肮脏的欲望而言，这片天空实在是太高峻、太陡峭。

我亲爱的伙伴们，不要迟疑，用你们纯真圣洁的目光凝视那欢乐的源泉吧，它绝不会因为你们的凝视而变得肮脏污浊，相反，它会以它纯真的笑容回应你们的凝视。

我们把自己的家建在代表未来的巨树上，雄鹰会为我们提供饭食，哦，我们这些孤独的人啊。

没错，是饭食，纯洁的饭食，所有肮脏的人都无法与我们共享，因为，吃下这些饭食，他们的嘴会被灼伤，他们会错误地把饭食当作烈火。

是的，在这里，根本就没有肮脏的人的住所，我们不会为他们预备，更何况，对他们来说，我们的欢愉与幸福不啻为寒冰与霜冻。

像狂风一样，和雄鹰为邻，和太阳作伴，和雪花相伴，这是就我们所希冀的生活，是狂风的生活方式，我们就这样生活在他们的头顶，像狂风一样。

终有一天，我还会回到他们中间，像一阵狂风，用我的精神让他们的精神窒息，对，我希望未来能够这样。

是的，查拉图斯特拉就是一阵风，一阵狂风，呼啸着，将所有低地席卷。他对所有唾弃他的人和仇视他的人发出忠告：“小心一点儿，别在逆风中吐唾沫！”

查拉图斯特拉如是说。

29. 毒蜘蛛

快来看，这是蜘蛛的家园，塔兰图拉毒蜘蛛就居住在这里！你想亲眼看看它们是什么样子吗？瞧，这些网都是它们织的，轻轻地碰一下，让网颤抖起来。

看，毒蜘蛛来了，没有谁强迫它。毒蜘蛛，欢迎你！你的脊背深黑幽邃，那上面有你的标志，有独属于你的三角形；你的灵魂深处有什么想法，我全都知道。

仇恨充斥着你的灵魂，你想要报复，所以，被你啃啮过的地方会有黑色的脓疮出现，被你们的毒液喷射到的灵魂会感到头晕目眩。

因此，我就是要以比喻的方式来和你们对话，你们这些说教者，你们口口声声宣扬着平等，却像毒蜘蛛一样用毒液让人们的灵魂眩晕。是，你们就是一群毒蜘蛛，一群内心充满了仇恨的复仇者。

你们隐藏得很深，但我还是要笑你们，我要用我恣意、直爽、崇高的大笑来揭露你们，来与你们正面相对。

我要把你们的蛛网扯烂，对，我就是要让你们愤怒，当你们怒的发狂的时候，怒火就像诱饵一般引诱你们爬出自己用谎言编织的巢穴，更会让你们复仇者的真面目从公正的面具背后暴露。

在我看来，人类始终都是要从仇恨与报复中解脱出来的，这种解脱，仿佛一座桥，桥的对面就是最崇高的希望；这种解脱，也是一道彩虹，绚烂在狂风暴雨之后。

毒蜘蛛们的愿望当然不是这样的，我听到了它们彼此之间的交谈，它们说："让仇恨的风、复仇的雨充满整个世界吧，这才是我们所标榜的公平与正义。"

"我们要报复，报复所有的异端，我们要谩骂，谩骂所有和我们不一样的生物。"毒蜘蛛的心里这样想，它在向着自己的灵魂许愿。

从此以后，"追求平等的意愿"会成为一种德性，我们要提高自己呼喊的音调，我们要对所有拥有权势的人高呼。

说教者们啊，你们口口声声高呼着“平等”，本质上却如同暴君，昏庸、软弱、无能，还把自己君王般的淫欲用德性的言语加以隐藏。

你们的父辈身上本就有一种忌妒、一份疯狂，这令人苦恼的狂妄，这应该被克制的忌妒，就仿佛薪火一般，裹挟在疯狂报复的欲望中，被你们传承，并最终爆发。

父亲不想表露的东西，会在儿子的身上露出蛛丝马迹；我总认为，儿子们就是他们父亲最坦荡的秘密。

他们像所有激情四溢的人一般充满激情，但他们的激情并不是来源于心灵，而是来源于复仇的烈焰。假如，他们的激情会褪去，他们会变得沉静与伶俐，那么，让他们变得沉静伶俐的也不会是精神，而是他们赤裸裸的妒忌。

在忌妒的引领下，他们同样学会了思考，学会了深思熟虑，而且，这些本就是忌妒的地表。他们走得太远了，以至于当倦意席卷他们的身体，他们不得不在冰冷的雪地上休憩。

仇恨的烈焰燃烧在他们的声声哀叹里；伤人的行动被他们优美的颂词所遮掩；对他们而言，真正的幸福安乐就是能够成为审判者。

但是，我亲爱的伙伴们啊，我必须得告诫你们，对那些内心充斥着强烈报复欲望与惩罚欲望的人，千万不要付出自己哪怕一丁点儿的信任。

那些人出身卑微，他们来自一个个卑劣的种族，在他们的脸上，你能很清晰地看到警犬与刽子手的影子。

不要对那些人一丁点儿的信任，那些奢侈地对公正进行探讨的人啊，他们的灵魂是残缺的，而且，缺失的不仅仅是蜂蜜。

千万不要忘记，成为法利赛人才是他们的目标，假如现在他们仍以善良的人或者公正的人来自我标榜，那只是因为，他们还没有得到所渴望的权力。

我亲爱的伙伴们，我可不愿意看到自己被拿来和他们相提并论，我与他们不同。

的确，有一部分人在传播我关于生命的学说，但是，与此同时，他们也是平等的说教者，是一群毒蜘蛛。

这些毒蜘蛛，他们对民众宣讲生命的意义，而他们自己早已经把生命背弃。他们在自己的巢穴之中端正地安坐，宣扬生命，也不过是为了用它来伤害别人。

所有手中握有权力的人都是他们想要伤害的对象，因为，他们对有权者的死亡说教最彻底、最到位。

如果不这样做的话，毒蜘蛛们还会准备另外一种说辞：过去他们就是毁谤世界的主力军，是他们把异教徒投入烈焰。

我不想和这些宣扬平等的人为伍，不想别人把他们与我等同，因为，公正曾经亲口对我说："人与人是不平等的。"

而且，人与人本来就不应该是平等的，要是我不如是说，那么我对超人的挚爱又算什么呢？

我对人类的爱是博大的，所以，我如是说，通向未来的桥梁有千万座，所有的人都奔涌到桥头，过桥的时候，人与人之间难免会发生斗争，难免会出现不公，而且，出现的会越来越频繁。

凭依着他们的仇恨，各种幻象与鬼怪应运而生，且和他们一样的鬼怪与幻想，还会爆发战争，彼此之间相互杀伐，那是至高的战争。

善良与邪恶，尊贵与贫贱，富足与穷困，只要和价值有关的所有一切，都会成为他们手中的利器。他们相互战斗，他们以克服自己为标志，他们战胜着生命中一切需要克服的，这其中也包括自己。

生命本身对高度就充满了渴望，它想要站在阶梯上眺望遥远的天际，它想要用石柱成就更高的自己，它想要一睹远处圣美的风景。

是的，它对高度充满渴望，所以，阶梯是它所需要的，攀登阶梯的人与阶梯之间的冲突也是它所需要的。生命希望成为攀登的人，并在攀登的过程中把自己战胜。

我亲爱的伙伴们，快来，睁大你们明亮的双眼，来瞧瞧，毒蜘蛛的家就在这里，一座神庙矗立在中间，即使这古老的建筑已经只剩残垣断壁。

的确，过去，最睿智的人曾经把自己的思想和生命的奥秘一层一层地用石头堆叠起来。他想要用这断壁残垣告诉我们，斗争无处不在，权势与利益是争斗的焦点，哪怕世界再美好，也总有不公的存在。

穹顶与拱券把光和影子当成了争斗的利器，它们鼓荡着神性，却又抗争着神性，不断地摔打，不断地争斗。

我亲爱的伙伴们呢，神性的彼此征伐不正是我们所希望看到的吗？既然如此，我们也的确应该成为最佳的敌人！

哎哟，我的手指被咬伤了，是我的老对头，那群毒蜘蛛，它们咬了我！神性的、美妙的、磐石一般的，咬了我，咬了我的手指！

“所有的惩戒都是必需的，一切的公正也是必需的，它应该给它的仇敌唱赞歌，这并非全无用处。”毒蜘蛛们这样想。

的确，我的灵魂已经在他们的毒液之中眩晕，他们来找我复仇了，这些毒蜘蛛！

但是，我怎么可能眩晕，不，我绝不会成为承载仇恨的旋风！所以，我亲爱的伙伴们，把我绑缚在柱子上吧，我宁可在柱子上殉难！

没错，就是这样，那会让所有人都眩晕的有毒的风绝对不是查拉图斯特拉所化，而且，假如我一定要成为一个跳舞的人，我也绝对不会和毒蜘蛛一样。

查拉图斯特拉如是说。

30. 知名的智者

所有知名的智者服务的对象都不是真理，而是迷信，是大众以及大众的迷信，正因为如此，智者们才会被大众所崇拜与敬仰。

并且，也因为这个缘故，大众对智者的无信仰也给予了包容，因为，在大众看来，智者的无信仰实际上是在探索真理的道路上走歪了，抑或他们只把它当作一场滑稽的闹剧。大众就是主人，对于奴仆他们总是放纵的，并且，还为奴仆的放纵和逾越感到好奇与欢欣。

那么，大众仇视的又是什么人呢？是有着自由主义思想的人，是向往自由、仇恨枷锁与束缚的人，是在山林中隐居的人，是不去教堂作礼拜的人。他们被大众所仇视，就像一匹狼被一群猎狗所仇视一样。

人群中有着锋利爪牙的猎犬经常对他发动攻击，他们想尽一切办法将他从他的藏匿之地驱逐，并把这种行为称为“正义”。

从过去到现在，“真理与大众同在，那些还在到处寻找真理的人真可怜！”类似的声音一直都在回响。

知名的智者们，以“寻求真理的意志”来标榜正义，并以正义的姿态接受大众的敬仰。

“我从大众中脱颖而出，我来自大众，以我之见，上帝的声音也应该来源于民众。”知名的智者们总是能听到自己的灵魂发出这样的低语。

你们总是会想方设法成为大众的辩护人，你们聪敏却固执，就好像一头驴。

而且，一位知名的智者总是会如驴一般成为强权者的马前卒——当有权有势的人希望能够在民众面前展现自己的亲和力时。

知名的智者们啊，我真希望你们能马上、彻底地将自己身上披着的狮子皮扔掉。

那猛兽的皮毛，驳杂、斑斓，还有那些毛发，那是属于探索者、统治者与科研者的。

若是要我相信你们富有诚意，那么，你们就必须为我做一件事——把你们所崇敬的意志彻底毁掉。

是的，对我而言，所有涉足无神者的精神荒漠，把自己所崇敬的意志彻底摧毁的人，都是真诚的、极有诚意的。

荒漠之上，骄阳如火，他被炙烤着，那绿树葱茏、泉水潺潺的岛屿便成了他的渴望。

但是，这种渴望并不能让他对自己屈服，他不想和那些安居且舒适的人成为同类，因为，无论哪一块绿洲，上面必然有一个需要被崇拜的偶像。

精神的狮子希望自己是孤独的、残酷的、饥饿的、暴虐的、对神明充满不屑的。

所有真诚的、富有诚意的人都应该是无畏的、孤独的，他们的精神宏伟壮阔，他们的坚决令人畏惧，他们要挣脱来自神明的枷锁，不再去礼拜，不再被奴役，也不再享受只属于奴隶的欢愉。

所有真诚的人、向往自由的人都驻留在荒凉的大漠，荒漠才是他们的家园，而住在城市里的，被喂饱的，都是些被奴隶的畜生，比如，那些知名的智者。

因为，他们总是在拉车，以驴的身份，而他们拉的那辆车，名叫大众。

但是，我恼怒的原因却不是这些，我恼怒，是因为他们虽然也散发出了金色的光辉，但却是借助挽具；是因为他们自愿成为被役使的牲畜，甘心被戴上挽具。

而且，他们还都是好牲畜、好奴隶，有着非凡的、作为奴隶的价值。因为，他们的德性常常对他们的心灵如是说：“如果你一定要被役使，那就寻找一个好的、最适合你的主人吧。”

“你和你的主人应该相互裨益，你的精神修养和德性应该因为你的主人而有所增益，你主人的德性和精神修养也该因为你的存在而有所增益。”

知名的智者们啊，大众的奴隶！事实的确如此，你们的精神修养和德性应该因为大众而有所增益，相应地，你们的存在，也该给大众带来益处，让他们的德性与精神修养有所提高。我对你们还是满含敬意的，而我指出这一点，正是为了表达我的敬意。

但是，以我之见，你们和大众其实没什么区别，即使，你们拥有了德性，但事实上，你们的目光还很短浅，见识还很狭隘，你们和大众一样，根本就不知道精神为何物。

精神实际上就是生命的自我精简，因为痛苦，生命让自己的灵魂被知识所填充——这一点，你们懂了吗？明白了吗？

将神圣的油脂涂抹在脸上，作为牺牲品被放上生命的祭台，流着眼泪，接受供奉，这就是精神的幸福，你们懂了吗？明白了吗？

眼盲的人通过不断地探索与追寻，依旧能够去鉴证，鉴证太阳的灼热与强烈，这一点，你们懂了吗？明白了吗？

有识者应该学会用精神去移动高山，学会用精神去缔造，就像高山一般——这是轻而易举的！这一点，你们懂了吗？明白了吗？

精神的铁锤你们看不见；精神的本身就是一块铁砧，这一点，你们不知道；你们只看到了精神所散发的星星点点的火花，却看不到铁锤捶打铁砧的残酷与暴烈。

没错，你们无法理解精神本身的矜持，但当它想要表达自己，你们却异常恼怒，因为，你们对精神的谦卑缺乏认知与容忍。

你们的精神还不够灼热，所以，你们永远都不会把自己的精神投入冰雪的坑洞，所以，你们永远都无法体会它的欣喜与它的冷漠。

而以我之见，不管从什么角度来说，你们与精神的关系都太过亲密了，你们把自己的智慧变成了一座救济所，救济的却只有那些恶劣的吟游诗人。

你们不是秃鹫、不是鹰隼、不是飞鸟，所以，根本就无法体会在高空飞翔的惊险与快乐，但是，若是不愿意飞翔，若是不能飞翔，又为什么要把自己的家安在深谷之上？这是不明智的，也是不应该的。

对于热烈的人，和他们热烈的双手来说，涌动在精神深处的冷泉以及知识背后的寒流都是一种另类的兴奋剂，但是，知名的智者们，你们却不是热烈的，不是寒冷的，而只是温热的。

你们就这样站着，站得笔挺，脊梁挺直，却又异常的僵硬；你们从来都不会被推动、被改变，哪怕风暴再猛烈、改变的意志再强大。

你们这些知名的智者啊，你们从来都没见过大海上因为狂风而骨起的船帆，你们也从未见过风暴中依旧前行的帆船。

我的智慧就像是航行于精神暴风中的帆船，充满了坚贞，充满了野性。

而你们呢？你们这些甘愿被大众役使的奴隶，你们这些所谓的智者，你们又凭什么和我走在一起？怎么能与我结伴同行？

查拉图斯特拉如是说。

31. 夜歌

夜晚来临了：所有的喷泉都在热烈地喷涌，我的灵魂，属于我的喷泉，不过是其中之一。

夜晚来临了：所有爱人缠绵的歌声都已经响起，而我的灵魂，也不过是其中一首爱人之歌。

在我的灵魂深处，总有一种东西，它希望得到伸张，它无法平静，更从来都不曾平静过；在我的灵魂深处，满满的全是对于爱的渴望，它所说的语言原本就是爱的母语。

我是孤独的，我的灵魂萦绕着光明，但我却希望自己是一片幽黑的暗夜。

啊！我该用什么样的方式吸吮源自光明的母乳？啊，我真希望自己和黑夜一般晦暗且幽邃！

但是，我还是要对满天繁星及那些闪耀着光芒的虫豸送上我的祝福，我很愉快，因为你们撒下的光辉。这是一份不错的礼物。

但是，我所沐浴的光明其实并不属于你们，而是属于我自己。我饮下烈焰，因为，它本就爆发自我的灵魂深处。

我不知道那些得到的人体验到的是怎样的幸福，我常常这样想，盗窃得到的快乐一定比得到更甚。

我穷困，是因为我从来没有停止过对他人的馈赠；我忌妒，是因为我看到了太多充满希冀的眼眸，也看出了那一双双眼眸中所映射的、期待的、被光明充斥的暗夜。

啊，真是倒霉，这些赠予者啊，阳光正在不断地被阴影覆盖，希冀的背后是更多的希冀，垂涎与饥渴的正是那已经饱满的灵魂！

那些接受了我赠予的人，那些获得者！他们的灵魂，我还能触摸到吗？赠予与获得之间本就存在着一条看不见的鸿沟，或许，鸿沟很小，但最小的鸿沟也需要跨越，但谁又会在鸿沟之上架设桥梁？

一股恶念诞生于我灵魂的美好之中，我极度渴望去做坏事，我想要去掠夺，掠夺那些我曾馈赠的人，我渴望去伤害，伤害那些曾被我的光芒照耀的人。

我会收回自己的手掌，哪怕你们站在我的对面，对我伸出双手；踌躇就仿佛是一道瀑布，哪怕是骤然垂落的时候，依旧是踌躇的——我极度渴望去做坏事！

如此强烈的报复心源自我内心的丰富，如此的奸猾狡诈，也是因为我太过孤独。

在对别人进行馈赠的时候，因为馈赠而获得的愉悦已经从我身上消失；我的德性太过丰裕，丰裕的让它自己对自己产生了某种嫌恶。

不断地馈赠会让馈赠者逐渐失去羞耻之心；不断地施舍，用来施舍的手会生出疮疖，满怀怜悯的心也会长出疥疮。

求乞者的惭愧已经无法让泪水溢出我的眼眸；颤抖的、紧紧握住的手也无法让我的手变得柔软，它太粗厚、太坚硬了。

我的泪水到哪里去了？我灵魂深处的绒絮又到了哪里？啊，所有在馈赠的人都是孤独的，所有闪耀着光辉的人也都是寂寞的！

在辽远的天际，无数颗太阳围绕着天体在旋转，它们闪耀着光辉，它们以光辉为语和幽暗的夜倾诉着，但是，在我面前，它们却保持沉默。

它离开了既定的轨道，毫无怜悯之意，只因为对我的敌视，对，它们对所有身上闪耀着光辉的人都充满了敌意。

每一个太阳都如此决绝地改变着自己运行的轨迹，这对闪耀着光辉的人是多么的不公平，所以，对太阳，我也会横眉冷对。

无数颗发光的恒星在属于自己的轨道上缓缓而行，却又如狂风暴雨般猛烈，它们不断地在变幻行进路线，但它们的意志却从来都不曾被动摇，更不能被拦阻，这就是它们，如此的冷漠，如此的残酷！

啊，处在黑暗中的人们啊，像暗夜一般幽黑的人们啊，只有你们才能吸吮到光明的乳汁，只有你们才能汲取闪耀着光辉的人身上的热量！那是琼浆！

我很热，我也很冷，寒冰已经把我围困，寒冷的冰却又把我的手灼伤！我的内心充满了希冀，而我所希冀的，恰恰就是你们的希冀啊！

夜晚来临了：我会带着我对幽暗的希冀，带着我的孤独，成为光明！是的，我必须要成为光明！

夜晚来临了：我期待着发表我的观点，我期待着自我的喷涌，就像一道山泉。

夜晚来临了：所有的喷泉都在热烈的喷涌，我的灵魂，属于我的喷泉，不过是其中之一。

夜晚来临了：所有爱人缠绵的歌声都已经响起，而我的灵魂，也不过是其中一首爱人之歌。

查拉图斯特拉这样歌唱。

32. 舞曲

这一天，夕阳西下的时候，查拉图斯特拉和他的弟子从森林中穿过，来到了一片被绿树与灌木包围的草地，一汪清泉在草地上喷涌，绿草如茵，一群少女正在草地上翩翩起舞。看到查拉图斯特拉，少女们立即停止了舞蹈。查拉图斯特拉笑了，他对她们很友善，他走向她们，并对她们说：

轻盈而美丽的少女们呢，别停下舞蹈，我不是你们的敌人，我也不是一个恶毒的人。

我不是恶魔，相反，在恶魔的面前，我在用我的言语为上帝申辩，但是，恶魔却是一种精神，重力下的精灵。我对充满了神性的舞曲并没有丝毫的敌意，我也很喜欢少女们晶莹的脚踝。

没错，我是一片暗夜，是一处森林，是隐藏在暗夜下的幽暗的森林，但在我的森林中，在那棵柏树下，也有一处盛放着玫瑰的山坡，只要你们对黑暗不恐惧，就一定能找到。

他安静地躺在山泉边，悠闲地休憩，他是个小精灵，是属于少女们的，爱的小精灵，如果你们不怕，你们一定会找到。

是的，这个懒惰的家伙，即便是白天，他也在沉睡，他是那么的慵懒，也许，是因为他追逐过太多的蝴蝶。

美丽而可爱的舞者啊，别对我发怒，我的确要给这个懒惰的小精灵一些惩戒！对，他一定会哭泣，他还会大呼小叫，但是，他终究是滑稽的，哪怕是在泪水滴落的时候。

而且，他应该请求你们为他舞一曲，他该噙着眼泪、苦苦哀求，而我，则愿意为这支舞献歌。

这是一支针对重力的精灵，针对高大且强悍的魔鬼的舞曲！这是一支嘲讽重力、嘲讽魔鬼的歌，哪怕，这个魔鬼还有另一个名字——世界的统治者。

当少女们与爱神丘比特一起舞蹈的时候，查拉图斯特拉唱了这首歌。

啊，我看过你的眼眸，我凝视过你，亲爱的小生命，在你的眼眸中，我看到了深邃，也看到了不可测。

可是，我被拉出来了，拉我出来的人是你，拉我出来的工具是一把金色的钩子，它属于你。

我对你说，我在你的眸中看到了深邃，看到了不可测，你嗤笑，你否定：

“不管是什么种类的鱼都会这么说，你也一样。因为没有测量的工具，所以，一切便都是深邃的，不可测的。”你说。

“但事实上，我就是一个女子，一个变幻无常、狂野热烈的女子。德性这种东西在我身上或许并不存在。

“虽然你们男人称我为‘深沉者’或‘忠实者’‘永恒者’

‘神秘者’。

“可是，你们这些有德性的人却愿意将自己的德性馈赠给我，你们这些有德性的人啊！”

说话的时候，它一直都在微笑，它的言论是那样的令人匪夷所思，可我却不信任它，也不信任它的笑，尤其是当它自我诋毁的时候。

并且，当我在隐秘的场合与我的智慧窃窃私语的时候，我那狂野的智慧对我发出了愤怒的咆哮，它说：“你称颂生命，是因为你希望、你期待；你赞美生命，是因为你热爱，你渴求！”

面对它的怒火，我满怀恶意的用“真理”作出了回应：对于人类来说，最恶毒、最不可思议的事情也不过是对自己的智慧给予“真理”这样恶意满满的回答。

我、生命、我的智慧之间关系一直如此。说实话，我最爱的是我的生命，我也只对生命充满钟爱，当我对生命充满憎恶的时候，也是我爱它爱得最炽烈的时候。

可是，我也并不厌恶我的智慧，相反，我对它也非常喜爱，而且是喜爱得有些过分，因为，它能够回应生命，能够思考生命，而且，它的回应与思考都是那样的热烈与强势。

我的智慧是有灵性的，它有自己的欢笑，有自己的双眼，甚至，那根金色的钓竿也是它的。它和它是如此的相似，相似到我也不知道该拿它们怎么办。

有一次，我的生命问我：“智慧是什么人？”我热情且急切地给出了答案：“智慧就是智慧啊。

“所有的人都对它充满了期待与渴望，人们不厌其烦地凝视它，哪怕隔着厚厚的面纱，人们都想得到它，哪怕要捕获它需要穿过两者之间的网格。

“它美丽吗？我不知道，但是谁都无法抵御它的诱惑，哪怕是最老奸巨猾的鲤鱼。

“它很执拗，却又喜怒无常，我常常看到它咬牙切齿地梳头，逆着自己的发线。

“或许，它就是一个虚伪的女流；或许，它本身就穷凶极恶；但它最具魅力的时候，恰恰就是它自我诋毁的时候。”

我的话说完了，生命却闭上双眼、捂着嘴笑，它的笑声非常奸诈，它问我：“你描述的难道不是我吗？

“可是，即便你是正确的，你又怎么能当着我的面如是说。查拉图斯特拉，现在，我们还是说你的智慧吧。”

哦，生命，我亲爱的，我又陷入到了深邃且不可测的眸光中，因为，你再次睁开了双眼。

查拉图斯特拉这样歌唱，可是，当舞曲结束，少女们翩然离去，他的情绪又变得异常低落。

“一阵清凉的风从森林中掠过，碧草如茵的绿地有些湿润，夕阳早就落于西山。

“我的身边有未知的事物环绕，我仔细地、饶有兴致地凝视着它，一边看一边思考。查拉图斯特拉，你怎么还活着？

“为什么活着？因为什么活着？你的生命从哪里来？你又要到哪里去？你在哪里？你要怎样面对自己的生命？这样浑浑噩噩地活着，难道不是一件相当愚蠢的事情吗？

“哦，哦，亲爱的伙伴们，这样问我的，其实是沉沉的黄昏。亲爱的伙伴们，对我的悲哀与伤感给予理解吧！

“黄昏来临了，哦，宽恕我吧，居然已经黄昏了！”

查拉图斯特拉如是说。

33. 坟茔之歌

“那是一座满是坟茔的岛屿，那是一座寂静的、满是坟茔的岛屿，我要带着生命的花环到岛上去，我的青春就在岛屿上埋葬。”

这样想着，我作出了决定，于是，我漂洋过海……

啊，在我面前，你们转瞬即逝：我年轻的面颜，我朝气十足的仪容，一切挚爱的眼神，所有刹那的神圣！你们啊，消失得那样快速，陨殁得那样彻底！我很想你们，真的很想，就像在想念我曾经背负的尸体。

我亲爱的逝者，我闻到了你们身上清甜的香味，它正向我飘来，萦绕在我的鼻尖；那是一种能够让灵魂得到慰藉、让泪水挥发的甜香。是的，没错，它让独自在大海中航行的人振奋并得到心灵的宽慰。

我是一个孤独的人，没有谁比我更孤独，同样地，也没有人比我更富有、更招人嫉恨，只因为，你们曾经被我拥有！现在，在我面前，你们迅速地消逝，我失去了你们，但我却还是你们的：请告诉我，除了我，谁还曾经接到过从你们那丰茂的树枝上掉落的、娇艳妩媚，仿佛玫瑰花一般的苹果？

我挚爱的伙伴们，我还是那样挚爱着你们，我传承着你们的挚爱，同时，我也会继续成为你们播撒爱的土壤，我那绚烂的、源于自然与荒野的德性永远都会为你们敞开。

啊，在我看来，你们是如此的陌生，如此的奇特，又是那么的亲切，命运注定我们要彼此偎依、彼此靠近，而且，我们的关系是相互信赖的关系，你们靠近我，靠近我的希冀，是以信赖者的身份，而不是以胆怯的、好奇的、小鸟一般依赖者的身份。

是啊，你们和我一样，都是为了不朽的忠诚，为了那永恒的柔情，但是，那刹那的神性啊，那神圣的瞬间啊，我要用怎样的词汇来称呼你们，除了不忠，我还没来得及去学习其他的词汇。

事实上，对我来说，你们消失得实在是太迅速了，但是，我从来不曾远离你们，你们也不曾刻意将我躲避，你们这些逃避的人啊！你们是无辜的，我也是无辜的，我们对彼此都表现出了不忠诚，但这却又不是我们的错。

你们是我的小鸟，你们满怀着我的希望，你们同我一起欢歌，所以，那些想要杀死我的人，那些罪恶的家伙，就朝着你们射箭，将你们杀死。它们想要击中我的心尖，事实上，它们也做到了，最可爱的你们，就是我的心尖啊！

是的，我被它们的箭矢准确地射中了！我曾经拥有的东西，我曾经拥有的状态，我天真的、疯狂的真理，我爱你们，始终都挚爱着你们：正因为如此，你们早夭了，你们还年轻，但你们走了，走得实在太早！

人们总是喜欢向你们——最易被伤害，我所拥有的，我最挚爱的你们——射出锋利的箭矢！你们的皮肤仿佛丝绒一般柔软，你们的微笑清甜如梦，却转瞬即逝。

但是，我真的想对我的敌人们高呼：比起你们在我身上犯下的恶行，杀人罪都显得微不足道。

我的敌人们啊，我一定要对你们说，你们夺走了许多属于我的东西，他们是我的挚爱，他们一旦失去，就再也无法挽回。你们对我犯下的错永远都比杀人更加的恶劣。

你们杀死了与我同游的伙伴，你们杀死了我的安乐与幸福，你们夺走了我挚爱的、奇妙的宝物，你们毁灭了我青春的容颜，所以，我要戴上花环，我要发出诅咒，只为了把它们纪念。

对，就是这样，我的敌人们，我诅咒你们，在凄清的寒夜，一种声音无声地破碎，那一刻，我看到了那双神圣的眼眸中闪耀的光辉，是的，是你们，拉近了我与不朽之间的距离。

曾经，在那天真懵懂的岁月里，我听到自己的纯真在低语："以我之见，世界上所有的东西都是神圣的。"

也就是在那个时候，你们对我发动了袭击，那些鬼魂，那些肮脏而污浊的鬼魂，就是你们的武器。啊，现在，我那天真懵懂的岁月，究竟跑到了哪里？

"世界上所有的东西都是神圣的！"——年轻的时候，我的智慧如是说。没错，它很年轻，但那个时候，我的智慧与我一样都很快乐，无忧无虑。

可是，就是你们，你们这些盗贼，你们偷走了属于我的暗夜，还把它出卖给了那些深夜无眠的人。现在，我的快乐呢？我的智慧，我快乐无忧的智慧，它逃到了哪里？

过去，我曾经希冀过幸福，希冀过能够从一只高翔的飞鸟那里得到幸福的预兆，但是，穿过街巷，来到我面前的却是一只猫头鹰，哦，这不祥的象征，恰恰就是你们帮我引来的。我的渴望，我那柔和温婉的渴望，它逃走了，不知道逃到了什么地方。

过去，我曾经发誓要把"嫌恶"这个词彻底地忘掉，可是，你们却把我身边的东西全都变成了脓疮。哦，我那尊贵的誓愿，它为此逃跑了，不知道逃到了什么地方。

过去，我像所有眼盲的人一样走在一条迷茫且盲目的道路上，但是现在，我对那条曾经走过的盲者之路却充满了嫌恶，因为，你们把垃圾和脏污全都扔到了那条路上。

当我为成功地克服了艰险而庆祝，当我为完成世间最艰险的事情付出努力的时候，你们又出现了，那些爱着我的人被怂恿，于是，他们大声呼喊，我就是他们痛苦的源头！

是的，这就是你们做的事情，而且，无论现在、过去还是未来，你们都会一如既往地这样做，你们毁掉了我最甘甜的蜂蜜，你们也糟蹋了蜜蜂的辛劳。哦，那些勤劳而美好的蜜蜂啊！

你们总是把最肮脏、最恣肆的乞丐派到我的身边，糟蹋我的善良；无耻且无药可救的人也在你们的驱使下将我包围，即使，那个时候，我的内心充满了怜悯。就这样，你们用自己的行为亲自毁掉了我曾经虔诚的信仰。

而且，为此，我还将我内心最神圣的物品献祭，我的牺牲换来的是一堆礼品，很丰厚的礼品，它被装盛在你们“虔诚”的餐盘里，但是那油腻的气息却让我内心的神圣愈发的憋闷，憋闷到无法呼吸。

而且，过去，我曾经想要成为一个舞者，跳一段我从来都不曾跳过的，来自九重天上的舞蹈，但是，那个时候，为我欢歌的那个人却被你们说服了。

现在，我最挚爱的歌者，他依旧在歌唱，但他的声音不再欢快，呜呜的声音就仿佛是战场上的号角，阴郁、可怕；现在，我的耳边总是萦绕着恐怖而阴郁的乐声。

唱歌的人面临着谋杀的指控，被罪恶利用的工具，那最无辜的人啊！我早已经为你编排好了来自九重天上的美妙舞曲，我也愿意为你舞蹈，但是，我的迷恋、我的沉醉，却被你发出的声音残忍地扼杀了。

只有通过舞蹈，我才能找到用来比喻那至高者的词汇，但是现在，我的手脚还没有传达给我这个词汇。

我还没有对那至高作出比喻，我最热切的希冀也没有被释放、被传达，但是，一切和青春相关的幻象，所有与少年有关的慰藉，却已经从我的生命中消逝。

我究竟是用什么方式强忍了这份悲痛？我又是如何从创伤之中苏醒并将之克服？我的灵魂已经复苏，但我不知道，它是用什么方法爬出了青春的坟茔。

是的，没错，我的身上的确有一些在岁月流觞中也没有改变丝毫的东西，它不会被伤害，无法被遮盖，即便是最坚硬的岩石，也会轻易地被它炸毁，它，就是我的意志。

我那苍老的意志，它希望在它的道路上留下我的足印，它是不能被伤害的，因为它足够冷漠与残酷！

于我而言，永远都不会被伤害的只有脚后跟，因为，你在那里，你永远都隐藏在那里，你在那儿生活着，你隐忍着，破开坟茔，冲出来，你一直都在这样做。

你静静地坐在灰黄的坟茔上，荒凉中带着绿色的期望，在你身上，我看到了希望的种子，在你身上，我看到了我那还没有来得及释放的青春与生命。

没错，对我而言，我的意志啊，你永远都是坟茔的克星，是你摧毁了坟茔，而没有坟茔就没有重生，所以，我的意志，我的伙伴，请接受来自我的祝愿。

查拉图斯特拉这样唱道。

34. 论自我的克服

具有大智慧的人们啊，“追求真理的意志”，你们是这样称呼自己热切求索的，且役使着你们的事物吗？

“追求所有事物的可以思考的状态的意志，”我宁可这样称呼你们的意志。

你们总是希望把所有存在的东西都变成能够被思考的，因为你们一直都在怀疑是不是所有存在的事物都能够被思考。

但是，你们的意志追求的不仅仅如此，它还希望世间所有存在的事物能够向你们屈服，能够成为你们的精神奴隶，能够像镜子一般变得平滑，且映照你们的影像。

伟大的智者啊，这就是你们的整个意志，一种权力的意志；即使，你们称它为善与恶，即使，你们探讨事物的价值和对其价值的评估。

你们还希望能够缔造一个世界，在这个世界里，所有的一切存在都会匍匐在你们脚下。在这个世界里，你们最后的愿望和迷醉的意志会彰显。

但是，那些民众，那些不具备伟大的智慧的人们，他们却是河流，一只孤独的小船还在河流上漂荡，在小船里，装载着伪装的价值，端坐着整个价值评估的体系。

你们，具有伟岸智慧的人们，你们把旧的意志，把权力的意志伪装成了小船，放在了民众的河流中，于是，民众把你们的价值与意志当成评判善与恶的标准，于是，民众对你们充满了信任。

是的，就是你们，具有大智慧的人们，你们把你们支配的意志伪装成了华贵的客人，你们让客人端坐在船舱中，赋予他们名姓，给予他们堂皇的荣光。

现在，你们的船依旧在民众的河流之上漂荡着、行驶着，即使波涛汹涌，即使愤怒的咆哮溅起泡沫，即使愤怒的浪花冲击着小船的龙骨，但这都不重要，小船还在飘荡，民众的河流也必须负载这只船。

具有大智慧的人们啊，最后的最后，你们会被终结，但终结你们的绝不是民众的河流，而是你们自己的意志，那属于权力的意志，在它面前，你们的善与恶会毁灭，你们的身边危机四伏。啊，就是这种意志，这种源源不断的、崇尚缔造与永恒的，关于生命的、权力的意志。

但是，我还是要向你们述说生命的意义，述说生命的本源与基础特性，这样，你们才能更好地理解我所界定的善与恶的意义。

我走过许多路，最宽广的路、最狭窄的路，我都走过，为的就是追寻生命，追寻生命的本质和意义。

当生命缄默无言的时候，我用明镜给自己制造光芒，我在光芒中捕捉它的目光，为的是去读懂它眼中的话语。事实上，它的双眼也的确在向我陈述。

但是，在生命体被发现的地方，我也邂逅了驯服，事实上，所有的生命体都是驯服的，都是顺从的。

这是生命体的本性之一，还有，假如它们无法对自己表示顺从，那么，它们会去寻求，寻求一个能够顺从的人，接受来自他们的指令。

另外，我还邂逅了第三条准则，那就是：和顺从相比，作出指令更难！的确，作出指令是件很艰难的事情，作出指令的人不仅要背负被命令的人身上所有的重负，还要担心，担心这种重负是否会把自己压垮碾碎。

以我之见，每一条指令中都包含着冒险的成分，而当指令被发出，生命体本身就是在试验、在赌博、在冒险。

是的，就是这样，每一个生命，无论是谁，当它对自己发出指令的时候，就要作好为这条指令付出代价的准备。对自我而言，它自己既是审判者，又是复仇者与献祭者，它，必须要为自身的律法负责。

过去，我曾经无数次诘问自己，我想知道是什么让生命驯顺，是什么让生命发出指令，又是什么让生命在发出指令的同时还表现出一种驯服与顺从？

具有大智慧的人们啊，现在，请仔细听我把话说完，然后，去郑重地求证，看看我是否已经到达生命的核心，是否已经穷究了隐藏在生命的心脏最深处的意志。

但凡有生命存在的地方，就一定会有权力的意志、统治者的意志存在，哪怕是在奴隶的意志中也一样。

弱者的意志希望并劝说它为强者效命；弱者的意志劝说并希望它能够成为更弱者面前的强者，能够主宰更弱者的意志。这对它而言，其实就是一种恒久的乐趣。

就像弱者会为强者奉献一样，更弱者也会向弱者献祭，于是，弱者从更弱者的身上体会了权力所带来的愉悦。但是，即便是最强大的人，还是会为更大的权力与愉悦去献祭，去冒险，哪怕危及生命也在所不惜。

最强大的人总是习惯去冒险、去献祭、去面对危机，甚至，为了权力生死一搏！

但凡有奴役、有服从、有牺牲的地方，但凡被爱的双眸凝视的地方，统治的意志、成为主宰的意志就会生根发芽。弱者会抄小路，悄无声息地进入强者居住的堡垒并直达腹地，然后，把它们所需要的东西——权力偷出来。

生命把这个最本质、最深刻的秘密告诉了我，它对我说："瞧，这就是我，一种永远都必须被遏制、被克服的事物！"

事实上，一切都隶属于同一个隐秘，无论你们称它为"追求并缔造生命的意志"还是"力求到达最高处、最远处，力求丰富，力求权力的冲动"。

说实话，我不想抛撇，哪怕是走向没落，我也不愿意把这份唯一抛撇。没错，但凡是日暮穷途的地方，但凡是有秋叶飘落的场所，就会有献祭，生命的献祭，为的，却不过是权力。

我必须去缔造，必须去创生，必须去争斗，必须站在某个目标的对立面。啊，无论是谁，只要领悟了我的意志，就能明白，我要走的路，将是何等的艰辛，何等的崎岖。

不管我缔造了什么，不管我对我缔造的它怀有多么深沉的爱，我都必须以最快的速度站到它的对立面，站到我的爱的对立面，这是我的意志希望我选择的道路。

就连你，有见识的人，你其实也不过是我的脚印，是我的意志遗留在某条小路之上的痕迹！在你追求真理的意志身后，紧挨着的便是我的意志，我追求权力的意志。

想要用"追求现在就在这里的真理"这样的借口攻击寻求真理的人，显然是不可能给他们带来伤害的，因为这种被当作借口的意志从始至终就从来都没有存在过。

"现在就在这里"的事物不会希望现在就在这里，因为，它们根本就不存在，既然不存在，也就不会有希望。

但是，我必须要告诉你，但凡生命存在的地方，意志就无处不在，但意志所追求的却不是生命的不朽，而是永恒的权力。

在现有的评估体系中，生命的价值总是被高估，甚至高出了它本身，但是，这种高估，实际上就是一种意志，它本就是权力意志的代言！

具有大智慧的人们啊，我必须得为你们解惑，这是生命对我的教导。

没错，我就是要让你们知道，这个世界上从来都没有恒久不变的善恶，善恶源于生命自身，生命在变化，善恶也在变化，所以，善恶本身就应该是被克服的。

你们这些为万物估价的人，你们总是用自己的观点来评价万物，你们总是在强调你们所认可的善与恶，你们的灵魂在洋溢、在颤抖，并有光芒闪烁，你们的爱，很真挚，却又那么的隐蔽。

但是，一种更有力的意志不知不觉间在你们所界定的价值体系中扎根，并茁壮成长，它是一种全新的克服，蛋与蛋壳全部都在这里破碎，并在这里涅槃。

是的，谁想要重新缔造善与恶，那么，在成为创造者之前，它必须先成为打碎旧价值、旧体系的毁灭者。

因此，最伟大的罪恶与最崇高的善良其实本就是一体，而最崇高、最伟岸的善良本身就是一种被缔造的善良。

具有大智慧的人啊，尽管这些事情很糟糕，但我们还是要对它进行探讨，因为，相比于探讨，沉默本身是一种原罪，是一种更糟糕。若是所有的真理都保持缄默，那么，真理和剧毒也就不再有区别。

打碎它吧，把所有的一切都打碎吧，让所有的一切破碎在我们的真理中，记住，还有许许多多的建筑等待着我们去缔造！

查拉图斯特拉如是说。

35. 崇高的人

属于我的，幽深的海底，平静无澜，没有人能想到，一头诙谐幽默的怪兽正隐藏在其中；属于我的，无底的深渊，坚如磐石，不可动摇，但深渊的上空却飘荡着一个又一个谜团，和大声欢笑时所散发的光芒。

今天，一个高尚的人，一个严肃的人，一个精神的悔罪者出现在我的面前，他的奇丑、他的粗鄙，都让我的灵魂忍俊不禁。

这个高尚的人，他安静地站在那里，挺着胸膛，就仿佛在做深呼吸的动作。

他衣衫褴褛，浑身长满了锐利的尖刺，但却没有一朵玫瑰花在他的身上绽放；他的脚边放着一只猎物，这只猎物身上悬挂着许多丑陋的东西，他称它们为真理。

他刚刚从知识的森林之中回归，神色阴郁，这个猎人啊，他还不懂得什么是微笑，什么是美好。

他板着脸，严肃而呆板，他刚刚回归，他曾经无数次与森林中的野兽战斗，但他的脸上还带着另外一种神情，他，其实也不过是一只还不曾被制服的野兽。

他站在那里，看上去很安静，但他的神经紧绷，就仿佛是一只随时都能够发出攻击的猛虎，他的灵魂太紧张了，我不喜欢这一点，我的兴趣也让我对所有选择逃避的人充满鄙夷与敌意。

我亲爱的伙伴们，请告诉我，兴趣与口味之间会不会发生冲突？实际上，世间所有的生命全都陷入了趣味与口味的冲突之中。

兴趣，有着自己的重量，但它也是天平，是称量重量者，这真是一件不幸的事情，更不幸的事则是，所有的生命，都不想和重量、和天平、和称量重量者发生冲突，它们只想平静苟且地活着。

这个高尚的人啊，当他身上有美丽绽放的时候，必然就是他对自己的高尚表示嫌恶的时候——也只有到那个时候，我才会欣赏他，才会觉得他的身上有一股醉人的味道。

事实上，他必须要抛撇自己，也只有他将自己抛撇，他才能横跨自身的阴影，投入自我的太阳的怀抱。

这个精神的悔罪者，他在阴影中待的时间太长了，他的脸色苍白得有些惨淡，他就快饿死了，在对自我的期待中慢慢地饿死！

是的，没错，他现在显得很安静，他保持沉默，他不出声，但他的安静还没有得到阳光的照耀，他的唇边还勾勒着嫌恶，他的双眼中也满含不屑。

他应该行动起来，而不是站在那里不动，他的身上不该裹挟着对大地的不屑，相反，他应该是幸福的，并且，这份幸福中满溢着泥土的芬芳。

我想看到他嘶吼，我想看到他气喘吁吁地站在犁铧面前，我想看到这头白色的公牛在犁铧面前喘着粗气高声嘶吼，我还想看到，公牛的嘶吼交织成一曲对大地的颂歌。

现在，他隐藏在阴影中的面容还是黝黑的、晦暗的，它来自黑夜，他的双眼也并不澄澈，还有一层薄雾般的阴影蒙在上面。

他所有的行动还隐藏着自身的阴影，他的手把行动的那个人掩盖，他还不能完全驾驭自己，他还不能很好地控制自己的行动。

我非常喜欢他的脖子，那和公牛一样的脖子，我也喜欢他的眼睛，那双眸子仿佛属于天使，哪怕，其中还有阴影。

他不应该只做一个高尚的人，还该做一个追求进步、不断向高处飞升的人，苍穹①本身就能成全他的飞升，他应该把自己所有的英雄情结都遗忘掉，这个没有意志的人啊！

怪物曾经在他的手中被降服，他也帮助别人解答过许多谜团，但他还没有降服潜藏在自身的怪物，他也没能给自身的谜团一个答案，他要把它们变成天国的使者，他还需要对自己进行拯救。

他有许多知识，但这些知识中没有一样让他学会微笑，学会美好，学会忘记忌妒；他的胸膛中还有汹汹的热情在奔涌，他还没有学会怎样让它们平静下来，变得安逸，变得美好。

是的，他的渴望不应该隐匿在无声里，他的满足应该在美好中闪耀，只有心胸宽大、灵魂慷慨的人才能具有最优雅的风姿、最美好的气度。

所有的英雄都应该把手放在头上睡觉，英雄应该这样休憩，但同时，他也得克制这种休憩的方式。

但是，对英雄而言，美好恰恰是所有的事物中最不容易得到的，所有的美好，所有的热烈，想要得到，都难如登天。

多了一点，少了一点：这正好就是多，而且是最多，就是，没错，在这里，就是这样。

高尚的人们啊，对你们来说，让浑身的肌肉松弛下来，让自己的

① 也译为“以太”。

意志摆脱鞍韂的束缚和羁绊，静静地站着，委实是最不容易做到的事情。

当所有的权力都被仁爱慈和取代，当权力变成了一种肉眼能够见到的，且在缓缓降落的物质，那么，这种下降就是美好。

而且，我要要求你，而不是所有的人，直率一些，直接去寻求美好吧，强有力的人啊，只要你拥有善良，最后，你一定能以它为利器将自我克服。

我知道你能够做出世界上所有最恶劣的事情，所以，我希望你是善良的，我对你的善良也充满了信任。

没错，我对那些软弱的人非常不屑，他们标榜自己的善良，但那只不过因为他们弱小且是瘸子。

高尚的人啊，你应该追求的是一种如立柱一般的德性，随着高度的增加，立柱能见到的美丽就越多，柱子本身会变得越来越温和，越来越美好，而柱子的内部，则越来越坚固，承载力也越来越大。

没错，高尚的人啊，终有一天，你会变成一种美好的生物，那个时候，请用镜子把自己的美好映照。

接着，满是神性的欲望会让你的灵魂不由自主地颤抖，一种仰慕的情绪也会在你的虚荣之中逐渐诞生。

这是秘密，属于灵魂的隐秘，是的，只有英雄们将自己的灵魂抛撇，才能真正与自己的灵魂靠近，那是，他们的身上会贴上另一个标签——超级英雄！

查拉图斯特拉如是说。

36. 教养的国度

我朝着未来飞，飞啊飞，飞得太远了，我感到害怕。

举目四望，周围一片虚无与寂寥，陪伴在我身边的，除了世间，别无其他。

于是，我掉转身，往回飞翔，我要回家，逃回到自己的家！我飞翔的速度越来越快，我回归的心情越来越急迫，就这样，我回到了现在，并进入了教养的国度。

我来到这里，内心是充满了期待的，我为你们带来了最美好的希冀，也带来了能够看世界的眼眸。

但是，我自己的身上发生了什么呢？的确，我害怕了，而且，直至现在，我依旧在害怕，但我必须微笑，因为，我的眼中出现了许多东西，它们斑斓、驳杂、丰富、绚丽。

我一直在微笑，可我的心在战栗，我的腿在颤抖，我得告诉自己："我来到了所有颜料的故乡。"

生活在当下的人们啊，你们让我感到无比的讶异：你们用颜料涂抹自己的脸、涂抹自己的手脚，涂得五彩斑斓。

你们在进行一场色彩的游戏吧，为了游戏，你们还在自己周围竖起了镜子，足足五十面镜子！

生活在当下的人啊，没有人会认识你们，你们戴上了面具，却不知道无论什么样的面具都不可能比自己的本来面目更美好。

旧时代的符号成为新时代符号的底色：你们把新的符号涂抹到旧的符号上！如此一来，你们就能妥善地将自己藏匿，哪怕是最睿智的解密者也无法将你们从中辨识。

即便还可以进行肾脏的筛检，但是，你们看上去就是胶布与颜料的结合物，谁又会想到你们居然是有肾脏的。

在你们的面纱的遮掩下，一切的民族、所有的时代都是斑斓的；从你们的姿态推断，所有的习惯、一切的信仰也都是多彩的。

假如有人能够让你们褪去面纱、放下姿态、清洗掉身上的色彩，那么，他看到的将是另一番景象，别的不说，麻雀肯定会被唬住！

事实就是如此，而我，也不过是一只被你们所惊吓的鸟儿，当你们褪去所有的斑斓，带着你们无色的骨骼向我表述一见钟情的时候，我飞翔着离开。

与其与你们待在一起，我倒不如回到过去，我倒不如重新扮演地府临时工的角色，因为，哪怕是地府的阴灵都要比活在当下、褪去色彩的你们更丰富、更饱满。

这样的情况让我感到无比的痛苦，是的，我很痛苦，我无法忍受你们的裸体！可我也不喜欢你们的装扮，哦，你们这些活在当下的人啊！

和现实相比，所有让飞鸟迷途、惊颤的东西，所有的寂寞与可怖竟然都变得可亲与温和起来。

你们扬扬得意，即使，你们连用来彰显得意的胸膛都不具备，你们说："我们活在当下，我们不迷信，我们也不相信任何神明，我们不需要信仰。"啊，这真可怕。

是的，没错，你们这些人怎么可能会去信仰呢，你们本来就是一幅图画，画面上描绘的就是那些曾经被信仰的事物！啊，你们这些驳杂的、五光十色的人啊！

你们这些活在当下的人，你们都没有信仰，你们本身就是对信仰的否定，你们变幻莫测，你们将思想粉碎，你们这些完全无法被信任的人，我必须得这样称呼你们。

在你们的精神深处，无数时代彼此夹杂、相互争吵、喋喋不休；在你们的精神里，所有时代的琐碎、闲言、梦想交织，但是，相比于他们，意志清醒的你们反而不太现实。

由于你们在信仰方面的缺乏，你们没有能力去孕育。每一个有信仰的人都能够孕育和缔造，而一个必须要缔造的人也必然是有信仰、有自己的星辰，并有属于自己的、现实的、真实的理想的。

"一切都应该被摧毁!"在你们眼中，这才是最真切的现实！你们就像是一扇门，一半开着，一半虚掩，守候在门边的，恰恰就是掘墓的人。

哦，你们这些无法孕育、无法创造的人呢，看看吧，你们就这样站在我的面前，你们多瘦啊，瘦得露出了肋骨，可是，我知道，在你们之中，总有一些人能够明悟己身。

他们会如是说："或许，上帝是真实存在的，在我熟睡的时候，他会走进我的梦，盗走一些属于我的物品。是的，有了这些，一个女子就可以被制造了。"

"我的肋骨很瘦削，但这种瘦削与贫瘠却是奇妙的、神异的。"绝大多数活在当下的人如是说。

哦，你们这些活在现实、活在当下的人啊，我忍不住想要嘲笑你们了，是的，我忍不住笑，特别是当你们因为自己的存在而讶异的时候。

假如我不能嘲笑你们的讶异，假如我必须接过你们手中的纸杯，假如我必须喝掉杯中那令我厌恶的液体，那我可真是倒霉啊！

但是，我愿意用舒缓柔和的态度对待你们，我愿意让你们变得轻松舒适，我身上背负的重物已经足够多了，再多加一些飞虫，再多搁一些甲壳虫，也没什么大不了。

是的，甲壳虫和飞虫并不能加重我身上的重担，而且，我的疲倦也不是你们造成的，你们这些活在当下的人啊！

现在，我站在山巅，遥望远方，那里，有我的祖国，有我的家乡，我不知道，凭依着渴望，还要上升到什么地方。

可是，我找不到我的故乡了，无论如何，无论在哪里都找不到。我不能在任何一座城邦安乐地生活，也没有哪一座门扉能够让我驻留，每一座门户都是我重新上路的地方。

哦，我被驱逐了，驱逐出了祖国，驱逐出了家乡，在那之前，我的灵魂刚刚驱逐了我一次，把我驱逐到现实中，但是，我却与活在当下的人们毫无交集、格格不入。

因此，我只能去挚爱那个大海之外的国度，那个属于孩子的国度，我要朝着那里航行，我求索的船已经扬起了风帆。

我想要用功劳来抵消罪孽，我想要对我的孩子们作出弥补，只因为，我也是个孩子，是我父亲的孩子。我也要弥补未来，只因为，这个现实，这个糟糕的当代！

查拉图斯特拉如是说。

37. 无瑕的知识

昨夜，地平线上月光漫洒，丰满的明月静静地仰躺，那个时候，我在想，也许，另一个太阳就要在月光中被孕育。

但是，我错了，它对我说了谎，怀孕其实不过是一种假象。现在，我宁可相信月亮上居住的是一位男性，也不愿相信有一个女子在月上居住。

是的，这个在夜间游荡的神明，它的身上委实没有几分男子气概。它的心眼是坏的，但它也是胆小怯懦的，它敢于巡视的地方，不是天地，而只是人间的屋顶。

它居住在月亮上，这个僧侣，它对大地充满了渴望，它为一切爱恋所带来的欢愉所迷醉，但同时，它也是忌妒的、贪得无厌的。

我厌恶它，它就像是一只公猫，总是悄悄地在半开半掩的窗扉下隐藏。

它走在繁星铺成的绒毯上，脚步很轻，充满了虔诚，但是，我厌恶所有蹑手蹑脚，我厌恶那连一点靴子着地的声音都不会发出的脚步！

所有真诚的人走路的时候都会发出清脆的声响，只有在黑夜中潜行的猫儿才无声无息。看看吧，我们的月亮正朝我们走来，就像一只猫，它是那么的不真诚。

你们这些“貌似纯洁的伪善者”，你们这些“敏感的有识者”，这个比喻对你们来说是如此的恰当，我要把它送给你们，而且，我还要送给你们另一种称谓——贪得无厌的人！

没错，我已经把你们看透，的确，你们也热爱大地，也眷恋凡尘，但你们的爱却是不纯粹的，像月亮一样，隐藏着让人羞耻的恶意和坏心眼。

过去，你们的精神得到过劝诫，劝说它的人希望它能够对凡尘保持不屑，但是，他没有对你们的脏腑进行规劝，他不知道，在你们身上最强大的不是精神，而是脏腑。

脏腑的意志很强大，但精神却不愿意服从，甚至以服从为耻，因此，你们的精神走上了歧途，走上了一条偏僻的、充满谎言的小路。

“这是我能做到的最高尚的事情了：以旁观者的身份静静地体悟生活，无欲无求，不似那些贪婪的、伸着舌头流口水的狗。”你们的精神这样告诉自己，话语中满含虚伪与做作。

“静静地旁观，享受窥视的欢愉，没有私心，没有贪婪，以寂寥的意志的名义——那是属于月亮的双眸，满是沉醉，即便身体已然冰冷，面色依旧苍白。

“这大概是我最喜欢做的事情了，像月亮一样挚爱大地，但从不想得到，而只是以月亮清冷的目光来触摸大地的静美。”这个被引诱的家伙这样引诱自己。

“我对万事万物都无欲无求，我只想静静地在万物面前躺下，化为一面拥有万千眼眸的铜镜映照一切，以我之见，这就是世间与万物相关的最无瑕的知识。”

啊，你们这些贪得无厌的人，你们这些敏感且有见识的人，你们这些貌似纯洁的伪善者，你们对纯洁的欲望进行诋毁，不过是因为你们的欲望从来都不纯洁，满是肮脏，缺乏天真！

是的，你们的确对大地充满了爱恋，但却不是站在创造者、孕育者的角度，你们更不会为生命的诞生而感到欢愉。

什么是天真？真正的无瑕在何方？在意志中，孕育的意志中！谁想要孕育超出自身的生命，谁的意志就是天真的、无瑕的。

美好在何方？在那个我必须集中全部意志去渴望的地方，在那个我所热爱却又希望它走向没落的地方，在那个一切事物都不再虚有其表的地方！

我想对所有胆小怯懦的人说，真正的爱，是愿意为爱自我牺牲的意志！无论到什么时候，与热爱永远合拍的，只有一个，那就是没落。

但是现在，你们居然把胆小怯懦的人所目睹、触摸过的东西称为美好，你们竟然把经过简化阉割的斜睨看成是沉思。啊，所有高贵的称呼，都被你们侮辱了！

你们这些有见识的人啊，你们这些貌似纯洁的人啊，你们是丰满的，你们静静地躺在地平线上，但是，你们却应该被诅咒，诅咒你们永远都无法创造、无法生成、无法孕育！

的确，你们的言辞优雅得体，你们的面颜高贵尊荣，但你们的内心呢？你们的内心一如外表一般优雅和高贵吗？你们这些赤裸裸的欺骗者！

但是，我所说的话是断续的、是渺小的、是不被重视的、是被不屑的，是的，我愿意把你们用餐的时候掉落在餐桌下的东西捡起来。

没错，我毕竟还能够与你们一起说说真理，你们这些虚伪的家伙。我想，伪善者的鼻子总该因为我的贝壳、我带刺的叶子、我的鱼刺而瘙痒！

你们的周围总是充斥着污浊的空气，你们的筵席也恶臭而肮脏，你们的贪婪、你们的欺骗，你们做的那些隐秘而不知羞耻的事情，都在空气中把臭味发酵。

与其如此，倒不如大胆一点，相信自己吧，给你们的脏腑一丝信任！一个不相信自己的人，自然会不断地进行欺骗，骗自己，也骗别人。

你们这些貌似纯洁的人，你们放出了那条可怖的蛇，那条蛇钻进了上帝的面具，而你们，则把这面具高悬在眼前，哪怕它属于上帝！

是的，你们这些把斜睨称作沉思的人，你们一直都在撒谎！你们的谎言太真实了，你们神圣的外衣隐蔽性太好了，以至于连查拉图斯特拉都变得愚蠢，一度对你们信任有加，却不知道，一条条毒蛇正隐藏在你们神圣的外衣下。

过去，我一直认为在你们的游戏中嬉戏的是一个灵魂，属于上帝的灵魂；我也一直以为你们的艺术就是世间最美好的艺术，哦，你们这些貌似纯洁的、有见识的人啊！

因为彼此之间存在距离，所以，我闻不到蛇身上散发的恶臭，我也看不到那只在黑暗中潜行的贪婪阴险的蜥蜴。

可是，当我朝着你们靠近，当黑夜取代了白昼，月亮的爱恋便走向了尽头，因为，你们的世界也迎来了白昼！

瞧瞧吧，它在曙光面前束手就擒，它被捉住了，它站在那里，它的脸色白得如此惨淡！

灼灼的红日已经从地平线上升起，它来了，带着对大地最纯洁、最真挚、最无瑕的爱恋，带着最纯洁的孕育的欲望。

瞧瞧，她是多么焦躁，她在大海上升腾，她的爱也跟着升腾，她真不想到海上来！莫非，你们还看不到她那热烈的爱意？莫非你们还看不到她因爱而生的焦急与渴望？

她想要亲吻大海，她想要吮吸大海的乳汁，她想让海中的深渊与她等高，于是，随着千千万万乳房的高涨，大海的欲望也跟着高涨。

大海希望被太阳亲吻，她渴望着太阳那焦灼而热烈的吮吸和爱恋；大海想要成为阳光，成为空气，成为蓝天，成为阳光行走的轨迹。

是的，我也对生命充满了挚爱，我也喜欢大海的深邃，就和太阳一样。

而且，对我而言，所有从海之深渊中升起的事物，一切上升到与我等高的事物，都是知识，最无瑕的知识！

查拉图斯特拉如是说。

38. 学者

在我熟睡的时候，我头上用常春藤编织的花环被一只羊吃掉了。“从此以后，查拉图斯特拉再也不是有学问的人了。”这只羊一边啃噬花环，一边自言自语。

说完，它得意扬扬地离开了，我从一个目睹了全过程的孩子那里知道了这件事。

我喜欢在孩子们嬉戏的地方仰卧，我喜欢在残垣断壁间休息，我喜欢躺在红罂粟与蓟草之间。

对于这些孩子而言，我依旧是一个有学问的人；在蓟草和红罂粟的眼里，我也依旧是一个有学问的人。他们都是纯洁的、天真的，哪怕有一丝恶念，他们依旧还是纯洁的、天真的。

但是，在羊群的认知中，我已经不是一个有学问的人了，我愿意祝福它们，也希望它们能一直如此认为。

毕竟，这是实实在在的事情，我的确不是有学问的人了，我从有学问的人聚集的地方搬了出来，而且，身后的那扇门被我猛地关上了。

我和他们不一样，我的灵魂还没有被固定的知识牵引，这种牵引是刻板的，就像核桃注定要被碾碎一般：和他们同席，我的灵魂总是不能饱餐，我已经忍饥挨饿很久了！

我喜欢自由，我对大地上清爽的空气充满挚爱；我对用他们的尊重与敬畏编织的床充满了厌恶，所以，我宁可把牛皮当成床铺。

我身上的温度太高了，高到我常常为它窒息，高到我的思想无时无刻不在被烘烤，所以，我一定要离开积满了灰尘的客房，到荒凉但清爽的旷野中去。

但是，他们依旧端坐在阴暗中，神情冷漠，那是属于冷漠的冷漠，他们只愿意小心翼翼地当一个旁观者，他们躲在冷漠的拐角，那被太阳照耀的台阶本就是他们抵触的对象。

他们目光灼灼地紧盯着属于其他人的思想，就像是一个站在街头、死死盯着过路者的人！

人们伸手去触摸他们，就像是触摸一个装满面粉的口袋，口袋的周围会不自然地扬起灰尘，但这并不是面粉所希望的，实际上，谁又知道，哪怕是灰尘，同样也是谷物的赠予，是源自田野的、金黄色的欢愉。

假如他们装模作样，假如他们把自己打扮成一个智者，假如他们用简短的文字来表述真理，那么，我唯一的反应就是战栗：他们的智慧中总是裹挟着一股来自泥沼的肮脏气味！没错，就是这样，我已经听到了泥沼之中癞蛤蟆呱呱的鸣叫。

对于繁复芜杂的他们而言，纯粹而简单的我能有什么希冀呢？他们很伶俐，他们有着一双灵巧而聪敏的手，他们善于用它穿针引线，并把精神的丝袜编织。

他们是精准的时钟，只要人们以正确的方式把发条上紧，他们就会准确地显示时间，他们发出噪音，但噪音也很轻微。

只要有人把谷粒投到他们的磨盘中，他们就愿意像磨盘一样辛勤地劳作，把谷粒磨成细细的面粉。

他们之间从来都不存在信任，相互监视，他们很伶俐，他们的主意很多，但也仅此而已。他们像蜘蛛一样等待着，等待那些有知识的人，等待那些富有学识、但却一瘸一拐地前进的人。

我经常看到他们戴着用玻璃制成的手套小心翼翼地制备着剧毒的药物。

他们对玩游戏很热衷，他们投掷虚假的骰子，并乐此不疲，哪怕汗流浃背仍在继续。

我们虽然住在一起，但彼此之间缺乏了解，形同陌路。我厌恶他们，厌恶他们的虚伪，厌恶他们虚假的骰子，更厌恶他们所谓的德性！

并且，在我和他们同住的那段日子里，我一直都胜他们一筹，我的学识位居他们之上，所以，怨恨从他们的心底萌芽，怨恨的对象则正是我。

他们不希望有人的学识高过他们，他们也不愿意看到自己的头顶还有人行走，所以，他们用木石、泥土填充了我的脚与他们的头之间的空隙。

就这样，他们把我的脚步声阻隔，让我的脚步声变得低沉，所以，哪怕是现在，我的理论依旧不为最有见识的学者所知。

他们在我们一起居住的地方架起了一层虚假的天花板，这层天花板阻隔了我与他们，而组成这层天花板的恰恰就是软弱、自私与错误。

但是，哪怕是这样，我的思想还是游走在他们的头顶，是的，哪怕我脚踩着自己的缺陷，我依旧还在他们的头顶站立着。

人与人之间本来就是不平等的，说句公道话，我所希望看到的东西，我所渴望的，他们永远都不会去渴望，更不希望看到。

查拉图斯特拉如是说。

39. 诗人

“在我重新更精准、更全面地对我的身体进行了解之后，我发现一切永恒的东西其实都不过是比喻，而我的精神似乎也仅仅就是我的精神了。”这一天，查拉图斯特拉这样告诉他的弟子。

“过去，我曾经听您说过同样的话，”这个弟子说，“那个时候，您还说‘所有的诗人都是骗子’，您为什么要说‘诗人都是骗子’呢?”

“你在询问我什么? 为什么? 哦，我可不是一个能够为人们解答‘为什么’的人。”查拉图斯特拉回答。

“莫非我所有的经历都发生在昨日? 莫非我找到过我这样说的理由? 可是，那真的是很久很久之前的事情了。”

“假如我真的希望拥有佐证我所有话语与意见的理由，那我不就变成一只桶了吗? 一只装满了记忆的圆桶!”

“那些已经被保存下来的意见对我来说已经太多了，以至于有很多鸟儿不得不离开。”

“偶尔，我也能够看到一只从远方飞来的鸟停留在我的鸽子窝里，但是，当我把手伸向它，想要抚摸它的时候，它却颤抖了。”

“但是，查拉图斯特拉对你说过‘诗人都是骗子’这样的话吗? 事实上，就连查拉图斯特拉自己身上都贴着诗人的标签。”

“如此，你还信任查拉图斯特拉吗? 你还相信他所说的话吗? 你还认为他的话是真理吗? 如果信任，你的理由又是什么?”

“查拉图斯特拉就是我的信仰。”弟子这样回答。查拉图斯特拉闻言，摇了摇头。他微笑着说：“信仰使我无法得到幸福，我也没能从信仰中攫取到欢愉。”

如果有一个人非常郑重地告诉你，诗人都是骗子，那么，毫无疑问，他没说错，我们的确进行过许多次欺骗，我们说了无数次的谎。

我们的学习效率太低了，我们明白的道理太浅薄、太有限，所以，我们必须去欺骗。

所有的诗人都对自己手中的酒进行过伪装，我们的酒窖里摆放的往往都不是美酒，而是有毒的液体。谁又知道，在那座酒窖，我们曾经做过多少无法言说的事情。

由于我们知道的知识有限，所以，我们对精神贫瘠的人特别钟爱，假如这个精神的穷困者还是一个年轻的女子，那就再好不过了。

而且，在漆黑的夜晚，我们总是对故事充满渴求，哪怕讲故事的是一个苍老的女人。这是什么？这就是我们神圣不朽的女性，对我们就是如此称呼它。

我们要对民众和他们的智慧充满信任，因为，在我们面前总是有这样一条通向知识的道路，它很隐蔽，也很不稳固，它会不时地坍塌，掩埋掉那些真的想要学习点儿什么的人。

无论是谁，只要仰卧在青葱的草地上，只要躺在荒凉的山巅上，仔细地、竖起耳朵聆听，他总能从天地的呓语之中得到一些东西。这一点，所有的诗人都不怀疑。

而且，若是在聆听的时候，山坡上、草地间有振动产生，哪怕这种振动微乎其微，诗人们也会相信，自己已经得到了自然的钟爱。

而且，他们还在普通人面前自吹自擂，描述自然对他们的低语，炫耀自然对他们所说的情话，他们洋洋自得，仿佛自然真的已经悄悄溜到他们身边，并留下了绵绵情话和诸多隐秘。

世间万物多如天上星辰，但能够让它们进入人类梦境，能够让人们对它心生向往的，却只有诗人。

这种梦想，在天空中最是明显，因为，那些神明，不过是诗人的谎言，是诗人进行欺骗的手段！

事实上，我们总是不断地被牵引向位于上方的白云之国，在那里，似乎有超人与神邸矗立，但真正矗立在那里的不过是我们五光十色的表象。

而且，那些神邸、那些超人，也的确非常适合坐在人类为它们虚构的宝座之上！

啊，我对这些难以企及的东西充满了嫌恶，我对所有能够引发轰动的事件无动于衷，是啊，我对诗人们，是多么嫌恶啊！

查拉图斯特拉的话语让他的弟子们感到愤怒，但在他面前，他们保持了沉默，因此，查拉图斯特拉本人也缄默无语了。他不再说话，只是像极目远眺一般将眼神反转观察着自己，最后，他喟然一叹，说：

虽然我的身上缭绕着未来与明日的气息，我本人也带着未来的某些特征，但是，我的身体实际上是属于当下，属于过去的。

我对所有的诗人都充满厌恶，无论是过去的诗人，还是现在的诗人，对我而言，他们都如同滩涂一般浅薄无知。

因为他们对人类的感情还没有深入灵魂，所以，他们也未曾对一些问题进行深入的思考。

他们在思索的，最美好的事物，不过是一些毫无意义的话题，和一些淫荡的乐趣。

以我之见，他们虽然在弹奏竖琴，但却丝毫都不知道什么是音律，他们的琴声与鬼怪呼吸与哭嚎的声音无异，他们其实什么都不懂，什么都不知道。

他们一点儿都不天真，更缺乏纯粹的意志，他们看上去很深邃，但也只是看上去，那种深邃只源于浑浊，他们刻意把水给搅浑了。

而且，他们经常会借此机会把自己伪装成愿意和解的人，但实际上，他们就是搅屎棍，是不纯洁的人，是搅在浑水之中的人！

没错，过去我曾经在他们的水域之中撒过网，我希望自己能够捞到一条活蹦乱跳的鲜鱼，但除了一颗古神的头颅，其他的，我什么都没有捞到，而且，每次都是这样。

诚然，他们是源于大海的，也正因为如此，他们把石块赠给了那些正在忍饥挨饿的人！

没错，他们和某种介壳类动物很相似，这种相似在珍珠在他们之中被发掘时得到了更有力的印证。但是，在那里，除了一些湿咸的黏液，我没有找到任何东西，包括灵魂。

莫非大海与孔雀群中的孔雀有什么不一样吗？若不然，他们怎么能从大海的身上学到虚伪与所谓的荣耀？

这些孔雀，永远钟爱自己的尾屏，它们随时随地都愿意把那银丝绒一般的尾屏展开，哪怕面对的是一只最丑陋的水牛。

水牛的灵魂从来都是亲近自然、亲近大地、亲近丛林、亲近沼泽的，所以，对那炫耀的银色尾屏，它们总是抱有一定的敌意，总是想要去排斥。

对水牛来说，孔雀的尾屏、浅薄的大海、银色的美丽，都毫无意义。这也正是我想向所有的诗人表述的。

没错，他们的精神世界就仿佛是那只孔雀群中虚荣的炫耀着自己尾屏的孔雀！

诗人的精神世界需要旁观的人，哪怕是水牛！

但是，我真的对这种精神感到厌倦了，我也已经看到了它们自我厌弃的一刻，那一刻，已经不远了。

我看到，所有的诗人都转变了视线，他们把目光对准了自己。

我看到了从诗人中诞生的悔罪者，是的，这些精神的悔罪者已经在朝着我们走来。

查拉图斯特拉如是说。

40. 大事件

在查拉图斯特拉所居住的幸福之岛旁边，还有一座岛。这座岛上有一座终年都处于活跃状态的火山，人们总是喜欢谈论火山口冒出的浓烟，尤其是那些上了年纪的女性，她们会告诉你，这座火山就是挡在阴间门户之前的一块硬石，穿越火山，一直向下走，就能看到一条狭窄的小路，这条小路的尽头就是阴间的门户所在。

查拉图斯特拉在幸福之岛驻留的时候，发生了一件大事：那一天，在那座有着活火山的岛屿旁边，有一只途经此地的大船抛锚了。于是，船员们登上了岛屿，他们要去打兔子。中午的时候，他们重新聚集在一起，突然从虚空中传来一阵奇怪的声音："时间到了，到了迈向至高之地的时候了！"循着声音，他们看到了一个凭空而立的人，这个人仿佛幽灵一般从他们的头顶飞过，飞向那座终年浓烟滚滚的活火山。船员们害怕极了，因为他们认出了那个“幽灵”。事实上，除了船长，所有的人都认识他，并曾经亲眼见过他，他就是查拉图斯特拉！和其他的许多普通人一样，船员们也热爱查拉图斯特拉，但是，也正因为他们热爱查拉图斯特拉，他们才怕他。爱与恐惧从来都是相互伴生的。

“快看，那是地狱，查拉图斯特拉在朝着地狱之门狂奔！”一个富有经验的、苍老的舵手高呼。

于是，伴随着水手们在火山岛登陆的，还有一则“查拉图斯特拉失踪了”的谣言。人们找到查拉图斯特拉的伙伴们，向他们求证，得到的答案是：一个夜色深沉的晚上，查拉图斯特拉独自坐着船离开了，没有人知道他究竟去了哪里，因为，他走的时候并没有对此言明。

就这样，一股不安的情绪在岛上蔓延，三天之后，所有的人都听说并在讲述船员们的故事，这种恐慌就越加的深重了，人们都说查拉图斯特拉已经落入了魔鬼的手中。对此，查拉图斯特拉的伙伴和弟子们嗤之以鼻，甚至，有一个弟子还骄傲地宣称：“如果魔鬼与查拉图斯特拉之间真的发生了争斗，我宁可相信是魔鬼落入了查拉图斯特拉的手中。”但是，强硬的话语并不能掩饰他们内心的焦虑与担忧。因此，当第五天黎明，查拉图斯特拉重新站在他们面前时，他们的欣喜与激动可想而知。

下面是一次对话的摘录，对话的双方是查拉图斯特拉与火犬：

查拉图斯特拉说，地球生病了，它的皮肤上长满了各种各样的癣疥，其中一种，名字叫“人类”。

还有一种叫“火犬”：在人类之中，关于火犬的传说有很多，但这些都是谎言，人类自己编造的谎言，类似的谎言有许多许多。

为了追寻这一隐秘，我横渡海洋，我追寻着，于是，我找到了真理，赤裸裸的，没错，就是赤裸裸的。

现在，我终于明白了不是只有上了年纪的女人才会害怕的魔鬼是怎么回事，我也弄明白了火山的喷发、火犬的来由。

火犬，赶紧从深渊之中出来吧。查拉图斯特拉大声呼喊。火犬，坦诚一些，告诉我，你所处的深渊深有几何，你又把什么东西从深渊的底部吹到了上面？

你的口才非常棒，不过对一只来自深渊的火犬来说，你饮的海水太多了，或许你只是饱了，但我必须得说，你真不应该在海滩上猎取如此多的食物。

在我眼中，你顶多就是一个表演者，表演着大地的腹语：我曾经听到过火山喷发的巨响，我曾经听到过那个意图颠覆一切的魔鬼的低语，我觉得，你和他们太相似了，同样的浅薄，同样的欺骗，同样带着满嘴的湿咸！

你们精通沸腾的艺术，泥沼在你们的手中变成了沸腾的山，没有人比你们更明白大言不惭的意义，你们在不断地嘶吼，不断地尖叫，你们明白掩饰的必要性，哪怕用来做掩饰的不过是灰尘。

你们出现在哪里，哪里必定会变成泥沼，而且，在泥沼周围还会有大群希冀自由、被压迫的、目光无神的、肥胖的东西在蠕动。

是的，你们都希冀自由，也常常把自由挂在嘴边，可一旦有重大的变故发生，一旦有烟雾和吼声在“大事”的周围出现，我对它们的仰慕之心便变得一丝不剩。

像魔鬼一般吵吵闹闹的，我的伙伴们啊，相信我吧，所有的大事都发生在最寂寥的时刻，扰攘中是不会有大事发生的。

这个世界的旋转本就是无声的，被整个世界当作旋转轴心的也从来都不是一群新的扰攘者，而是一群新的创造者。他们创造的是新的价值，而不是新的噪音。

而且，你必须得承认，当噪声与迷雾消散，呈现在人们面前的往往只是一些微不足道的小场面。一座石头雕像掉进了泥沼，一座城市成了一个僵硬的木乃伊，这些，全都无关紧要。

而且，我还要告诉那些推倒石像的人，世界上再也没有比把石像扔进泥沼、把盐巴撒进大海更愚蠢的事情了。

没错，石像是掉进了用你们的不屑所积聚的泥沼中，但那又如何呢？在泥沼中涅槃，重新绽放生命的光辉与美好，这本就是石像的生存准则。

现在，它又站起来了，以更加神圣、更加惹人怜爱的形象站起来了，这千真万确，颠覆者们啊，它该感谢你们，对，就是如此，它要对你们说谢谢，谢谢你们把它推倒！

我要以此为鉴，我要用这个故事来对国王和宗教进行劝诫，我要告诉那些苍老、弱小且德性在不断衰败的人——让颠覆者得逞吧，让自己被推倒吧——被推倒之后，你们才能获得新生，才能拥有新的、年轻的、属于自己的德性！

在火犬面前，我滔滔不绝，我说了上面这些话，于是，它满脸不开心地问我："你说宗教？那是一种怎样的存在？"

宗教，是一种类似国家的组织，我这样回答，你这只伪善的狗，你怎么可能不了解自己的同类，你在装傻，就和宗教一样，最善于欺骗！

宗教是国家，它和你一样，你们是同类，一样的虚伪，一样喜欢用嘶吼与烟雾来造势，一样喜欢愚弄人类，一样想要让人们相信你们在传达万物之声，相信你们是在用大地的胸腹开口！

从本质上来讲，宗教的缔造者们希望宗教成为这个世界上最强大的动物，人们也愿意信任它，信任它的伪善，信任它的强大。

“什么？世界上最强大的动物？人类也愿意相信？”我的话音刚落，火犬就开始嘶吼，无数烟雾从它的嘴中喷出，它的声音沉郁而可怖，以至于我错误地认为它不是因为忌妒而捣乱，而是因为忌妒和愤怒而无法呼吸了！

好在，没过多久，它的喘息声开始变弱，它的情绪也得到了平复。

等它真正平静下来，我笑着对它说：“火犬，你得承认，我说的都是对的，都很有道理，因为，你在我面前发怒了！

“别着急，我要和你讲讲另一只火犬的故事，听了这个故事，你就会继续认同我的正确。

“它在大地的心脏中，它是用心脏来开口的。它的气息磅礴，这磅礴的气息都化作了金色的雨。对它来说，所有的烟雾、尘埃、黏液都是小事，它不在乎，因为，它秉承着它心脏的意志，那大地之心的意志！

“它对你的呕吐、心绞痛、口水都充满了厌恶，在它的身边，欢声笑语永远都如彩色的云霓般绚烂不朽。它从大地之心中得到了黄金，得到了欢乐，因为，让你知道这些也没关系——大地之心本就是由黄金铸造！”

听了查拉图斯特拉的话，火犬再也无法忍受，它感到羞耻，感到惭愧，它夹着尾巴逃回了它的洞穴，在那之前，它还轻轻地叫喊了两声：“汪！汪！”

查拉图斯特拉认真地讲述着他和火犬的故事，但他的伙伴和他的弟子们却全都心不在焉，他们想听的是船员、被捕猎的兔子和会飞的幽灵。

“关于这些，我该有什么想法呢？我该怎样述说？莫非，我真的变成了幽灵？”查拉图斯特拉说：

“或许，那不是幽灵，而是属于我的阴影，对，就是阴影，漫游的人和阴影的典故你们肯定都知道！

“但是，有一点却是一定的，那就是我一定要赶紧把这个阴影抓回来，要不然，我的名声就会被它彻底地败坏。

“可是，对于这件事，我该有什么想法呢？”

查拉图斯特拉哑然而笑，他感到讶异。

“那个幽灵为什么会说：‘时间到了，到了迈向至高之地的时候了！’”

查拉图斯特拉如是说。

41. 预言家

“我能看到，人类正在被一种巨大的哀伤侵袭，所有的事业都处在荒芜状态，无人问津，哪怕最出色的人也对工作与事业产生了嫌恶。

“在某一种学说流行之后，必然有一种信仰会风行：‘一切皆空虚，一切皆相同，一切皆过往。’

“无数的山丘间，有回音在不断响彻：‘一切皆空虚，一切皆相同，一切皆过往。’

“是的，没错，我们的确有所收获，我们收获了一堆褐色的果实，可是，这些果实因何会腐坏变质？昨天晚上又有什么从凶煞的月光中掉落？

"不管去做什么工作，都是没有用处的，我们曾经畅饮的美酒早就已经变成了毒药，我们的心田已经荒芜，我们的灵魂也在凶煞的目光注视下变得焦灼。

"是的，我们全部，都已经枯萎；当我们的身体触碰到火光必然烟消云散，化作虚无，满地飞散，就像是那一地的尘埃——没错，连火焰都已经开始把我们嫌恶。

"因为我们，所有的井水、泉水都干涸了，就连浩渺的大海也渐渐枯萎后退，大地在崩裂，一道道伤口出现在地底，要融入深渊，可深渊都不愿意把它接受、将它吞噬。

"'啊，人类需要一片将自己淹没的海洋，哪怕被溺死也无所谓，可是，海洋在什么地方？'迈着沉重的脚步，跨过浅浅的、称不上泥泞的泥沼，我们这样哀叹。

"是的，死亡早已经成为我们嫌恶的对象，现在，我们还活着，我们活在墓室里，清醒地活在墓室里！"

这是查拉图斯特拉从一个预言家那里听到的预言，他对这个预言深信不疑，正因为如此，他的心动摇了，他变得和从前不一样，他颓然地四处闲逛，他的内心充满了悲哀，他觉得很累很累；他的形象渐渐向着预言家预言中的人类靠拢。

没错，他告诉所有信奉他的人，漫长而幽暗的黄昏再过片刻就要降临大地，而查拉图斯特拉还不知道应该如何将光明留住！留住了光明，他就不会哀伤，更不会因为哀伤而忘记了呼吸！它该是光明的，查拉图斯特拉这样想，他的目光注视着远方，像是在注视一片遥远的土地，更像是注视那远天的黑夜，但是，它该是光明的，哪怕在黑暗中。

查拉图斯特拉心里想着，灵魂深处的哀伤久久不散，他到处闲逛，整整三天没有吃饭、没有喝水、没有说话、没有睡觉，到最后，他精疲力竭，陷入了沉睡。他的弟子、他的信奉者们彻夜不眠地守候在他身旁，等待着他醒来，等待着他从哀伤中振作，等待着他重新开口。

查拉图斯特拉醒来之后，的确开口了，他说了很多，但对他的信奉者们而言，他的声音却是那样缥缈不定，就仿佛来自一个非常遥远的地方。

我亲爱的伙伴们，我做了一个梦，现在，我把这个梦讲给你们听，希望你们能帮我破解梦的内涵。

对我而言，这个梦有些含糊，它蕴含着深意，但我不知道这深意是什么，它就仿佛是一个谜团，它就藏在梦里，可是，它没有飞翔的双翅，还不能自由地挣脱已身在人前显现。

我梦到，我登上了死神之山，来到死神的城堡，为城堡的主人守候黑夜，没错，我成了守夜的人，我还把一切生命都拒之门外，因为，我所守候的其实是一块墓地。

城堡中有棺椁，属于死神的棺椁，那就是我正在守护的。天空晦暗而阴沉，许许多多的胜利者矗立在苍穹之下，它们是死亡，是墓碑，而在用玻璃打造的棺椁外面，我看到了战败的生命对我投来的凝重目光。

我的灵魂被尘封，我无法把它从尘封中解救，我感到压抑，感到沉郁，我呼吸着属于不朽的气息，但是，我却感到窒息，因为，空气中充满了尘埃。

在我身旁总有午夜的光明环绕，在它身边，静静蹲坐的那个，名字为孤独，孤独旁边，死一般的寂静睡得正香，它也是我的伙伴，却是我所有伙伴中最糟糕的一个，瞧，它现在还在打着呼噜。

我的手中有一把钥匙，锈迹斑驳，没有哪把钥匙比它更陈旧，而这把陈旧的钥匙能够打开的也只有所有大门中最古旧、最腐朽的那一扇。

大门开启的刹那，长长的过道中骤然响起了一阵聒噪的鸦鸣，尖锐刺耳，含着满满的恶意，很显然，被吵醒的鸦鸟动怒了，它的声音听上去很凶狠。

可是，当我周围的一切归于静寂，我孤独地坐在那里，内心更加的忐忑，寂静的险恶让我整个心都揪了起来。

假如在梦中还有时间的存在，那么，我与寂静相伴的时间必然是极漫长的。对此我知道什么啊！终于发生了一件大事，将我唤醒。

大门被叩响，叩了三次——响声如雷，隆隆的回声在天际回荡，于是，我朝着门口走去。

啊？我大声呼喊。谁把他的灰搬到了山上？啊？啊？我大声呼喊。谁把他的灰搬到了山上？

我转动钥匙，用力地推门，推了很久，门开了一条缝，但还不到一指宽。

突然，门被凶狠地拉扯开，一阵急促的、尖锐的、凛冽的、刺骨的飓风从门外刮进来，在飓风中，还有一具黑色的棺木。

蓦地，黑色的棺木在飓风的怒吼之中炸裂，成千上万种不同的、恣肆的大笑声在我的耳边响起。

我看到了那些大笑的、恣肆的面孔，它们嘲笑我、讥讽我，对着我咆哮，啊，我看清了，那些面孔，有孩子的、有猫头鹰的、有天使的、有蠢货的、有蝴蝶的，尤其是那只蝴蝶，它的脸和初生的婴孩一样大。

我吓坏了，恐惧让我不由自主地摔倒在地，我大叫大嚷，我从没有如此的恐惧过，也正因为恐惧，我大声地叫嚷。

于是，我醒了——被自己的惊叫声吵醒了，或者说吓醒了。

说完这些，查拉图斯特拉沉默了，因为他还不知道要怎样解释自己的梦境。就在这时，平日里备受他喜爱的一个弟子拉住了他的手，对他说：

“查拉图斯特拉，你的存在，你的生活不就是对梦境最好的解说吗？

“你就是那阵凛冽的、尖锐的、不断在咆哮的飓风，是你，亲手撕开了死神城堡的门扉，不是吗？

“难道你还不确定，那充满了生命绚烂的黑棺、那装载着生命恶意与天使面孔的黑棺正是你自己啊？

“是的，没错，你走进墓室，你嘲讽那些守护着黑夜与墓碑的人，你像千百个孩童那样纯真而恣肆地大笑，你所嘲笑的不正是那拿着斑驳的旧钥去开启嘎嘎作响的旧门的人吗？

“你的大笑是对他们最好的恐吓，你对他们具有支配的权力，无论是昏庸的，还是明智的，你都要把他们推翻、颠覆。

“而且，哪怕漫长的黄昏真的会在不久之后到来，哪怕疲倦让生命岌岌可危，但你却是永恒的，因为，你本就是生命的象征与代言人啊！

“你让我们看到了那新的、充满了生命的星球，你让我们看到了未来之夜的华美壮丽，是的，你把你的笑容铺展，铺展成了绚烂的帐篷，为我们遮风挡雨。

“现在，棺椁中仍旧不断有孩童的笑声荡漾；现在，危及生命的疲倦依旧在不断被克服，凛冽的飓风无数次凯旋：而以我们之见，你就是对这一切做出预言和担保的那个人！

“是的，没错，你做了一个艰辛的噩梦，你梦到了你的仇敌们本身。

“但是，你还是回到了自己身边，你从仇敌的环绕之中苏醒了，而他们最终也会醒悟自身，并朝着你走来。”

这位弟子如是说，其他的弟子也走过来，围绕在查拉图斯特拉身边，拉着他的手，想让他远离悲哀，回到他们的身边。但是，查拉图斯特拉的精神还有些恍惚，他用异样的目光审视着自己的弟子与信奉者们。他身体僵直，就那样直挺挺地坐在床上，似乎他出了一趟远门，刚刚才从那遥远的地方风尘仆仆地归来，似乎，因为长久不见，他已经忘记了身边所有的人，不认识他们了。直到他们将他从床上扶起来，直到他的双腿接触到大地，他的目光才重新变得清亮。他醒悟了，于是，他抚弄着自己的胡须，大声说：

“时间刚刚好，我的信奉者们，来吧，快点儿，让我们一起准备一顿丰盛的美餐吧！我想，只有这样，才能让我从噩梦中得到救赎！

“但是，我想，我们还应该把那些预言家们全都邀请来，让他们和我们同席，这样，我就能告诉他们，那能够把他们溺死的海洋究竟在哪里了。”

查拉图斯特拉如是说。之后，他盯着那为他解梦的弟子的脸看了好久，一边看还一边摇头。

42. 救赎

那一天，当查拉图斯特拉途经一座大桥的时候，一群乞丐和残疾人把他围住了。一个驼背的人这样对他说：

“查拉图斯特拉，瞧瞧吧，所有的民众都把你当成了学习的对象，民众们推崇你的学说，把你当作信仰，但是，要让民众们彻底地信服你、信仰你，你还需要做一件事，那就是说服包括我在内的所有残疾人。现在，就在这里，你就能做出选择，这个选择是美好的，而且，它还能被多次把握。你可以把盲人的眼睛治好，你可以让瘸子健步如飞，你还可以为那些不堪重负的人减轻一下身上的负担。如果你这样做了，你就能得到所有残疾人的信仰，我想，要获得信仰，没有什么方式比这样的方式更好！”

查拉图斯特拉给出了这样的答案，他说：“对一个驼背的人来说，把他驼着的背拿走就等于剥夺了他的精神——民众们一直如此认为。假如一个盲人被赠予了双眼，他用这双眼睛看到了世间太多的罪与恶，他就会对医治好他的人充满怨恨，他会诅咒那个送给他眼睛的人。同样地，对一个瘸子来说，让他健步如飞恰恰是对他最大的伤害，因为，当他难以遏制自己的恶劣习惯时，他将举步维艰——民众们一直如此认为。并且，在民众们把查拉图斯特拉当作学习对象的同时，他们又何尝不是查拉图斯特拉的学习对象呢？

“但是，对我来说，这些根本就无足轻重，从我下山行走人间以来，我看过太多的残疾者，这个人缺了一只眼睛，那个人少了条腿，另一个人少了鼻子、耳朵或者脑袋，还有人没有舌头。

“我经历过许多事情，看到过许多罪恶，我目睹的恶行五花八门。对此，我不想保持沉默，我无法一言不发，但我也不想述说所有的事情，是的，我不想说太多。实际上，人们有什么呢？什么都没有！除了那件多余的东西——一只大眼睛、一个大肚子、一张大嘴或者其他任何一件能够被冠以‘大’的标签的东西——我称他们为畸形的、颠倒的残疾人。

“并且，当我从自己的孤独中漫步而出，初次走上这座桥的时候，我对自己的双眼就充满了不信任。我一次次地观望，最后，我告诉自己：‘这就是一只耳朵、一只大耳朵，很大，和人一样大！’。我再次看过去，我确定了，这就是一只巨大的耳朵，在耳朵下面，还有一根仿佛杆子一般瘦弱的、渺小的、卑微的、贫乏的、弱小的让人怜悯的东西，那就是人！若是谁愿意在自己的眼睛上架一副眼镜，他肯定能看出那在杆子上摇晃的虚浮、肿胀、弱小的灵魂，和那张充满了忌妒的、狭小的面孔。可是，现在，我却从民众们那里听说，这只大耳朵不仅是一个人，还是一个出色的人，一个天才，一个伟大的人。但是，我对这些所谓的伟人一点都不信任，即便民众们一直都在谈论他们，但是，我还是不信任他们，因为我只相信自己。在我看来，所谓的伟人其实就是一个残疾人，他的器官是不健全的，对整体而言，他拥有的太少，但对局部而言，他却又拥有的太多。”

对驼背的人和他所代表的群体说完这番话之后，查拉图斯特拉转过身来，一脸愤怒地看着自己的信奉者们，然后说：

“没错，就是这样，我亲爱的伙伴们啊，我行走在人群中，就像是行走在一片残肢断体当中。

“在我的眼前，就仿佛是一片战场，或者说是屠宰场，对看到这一切的，我的双眼而言，这实在是一件极端恐怖的事情。我看到了人类的毁灭，人类已经变得零落。

“并且，更可怕的是，我带着我的双眼从当代穿梭到过去，看到的依旧是残肢断体，是零落的器官，是恐怖的偶然性，但却没有人类的身影。

“哦，这个世界的过去与现在——我亲爱的伙伴们啊——我对它们已经忍无可忍；假如我无法预见未来必然会出现的一些事物，假如我还做不到先知先觉，那么，我根本就不知道生活还要怎样继续。

“查拉图斯特拉就是一个创造者，一个希望创造的人，一个预言者，是通向未来的桥梁，或者，就是未来本身。当然，查拉图斯特拉看上去也还是一个残疾人，一个站在未来之桥上的残疾人！

“和我一样，你们也经常这样诘问自己：‘我们该如何称呼查拉图斯特拉呢？查拉图斯特拉对我们来说究竟意味着什么呢？’无数的答案被你们说出，形形色色，就像我曾经做的那样。

“查拉图斯特拉是一个作出承诺的人吗？是一个秋天吗？是一个医生吗？是一个统治者吗？或者，他是一个执行者？他继承了什么？他是继承者吗？又或者他其实就是一个刚刚痊愈的病人，是一把犁铧？

“查拉图斯特拉是一个好人吗？是一个真挚诚实的人吗？他是挣脱束缚的人还是被束缚的人？抑或，他就是一个坏蛋？是一个诗人？

“我行走在人间，就像是行走在我所观察到的、我曾经瞭望过的未来的残片里。

“而我倾尽心力、竭尽所能追求的就是要把这些残片、这些恐怖的偶然，这些谜团重新聚合起来，然后以诗意的方式重新编织，使之成为一个整体。

“另外，若是人类不是诗人，不愿意解开谜团，又或者不是将自身从那恐怖的偶然之中救赎的人，那么，我对人类也将忍无可忍。

“对我而言，救赎就是把生活在曾经的人们解救出来，是把所有‘它过去’变成‘它过去曾经希望这样’。

“我亲爱的伙伴们啊，我曾这样教导你们：所有令人愉悦欢欣的、所有能够让人重获自由的事物，都能称为意志。但现在，我必须得告诉你们，此时此刻，意志还身陷囹圄，是个囚徒！

“意志本身是渴望自由的，但那个将镣铐戴在救赎者身上的事物又该如何称呼？

“‘它过去’是一种最寂静的忧伤，它让意志咬牙切齿地仇恨。对所有已经过去的事物而言，它就是一个凶狠的、冷漠的看客，它见证着那些曾经的昏庸，曾经的软弱。

“意志最寂静的忧伤是什么？是它不能盼望回到过去，也无法回到过去，它无法冲破时间的束缚，也无法满足时间的祈望。

“意志本身也想得到解脱，它想要自由，可是，意志为什么想要抛撇自己的忧伤？又为什么把囚禁自己的囹圄嘲笑？

“每一个深陷牢狱的囚徒都变得愚蠢，意志也一样，它要救赎自己，用最愚蠢的方式。

“时光无法倒流，过去也仿佛一块永远都撼动不了的顽石，这一切，都让意志感到愤怒。

“于是，意志开始报复那些和它不同的人，那些没有不满，也并不为此感到愤怒的人，它用自己的愤怒与不满把顽石推动。

“于是，本应该给人们带来自由的意志却把苦痛带了过来，于是，它把所有能够承受苦难的人当成了报复的对象，只因为，它自己也无法回到过去。

“没错，这就是仇恨本身的根源，是意志对时间的嫌恶，也是意志对‘它过去’的厌恶。

“是的，就是如此，在我们的意志之中始终都隐藏着一种莫大的愚蠢，而且，某些精神还在这种愚蠢中诞生，哦，这可真是一种诅咒，对人性的强烈的诅咒！

“我亲爱的伙伴们啊，对人类而言，报复的精神恰恰是对其本身最美好的思索。有苦痛存在的地方，自然也需要有惩戒。

“惩戒，是的，就是惩戒，报复总是用这样的谎言来伪装自己，仿佛它真的有一颗良善之心。

“并且，因为希望意志出现的人无法希望意志能回归过去的本身，这本就是一种苦痛，所以，包括意志在内的所有生命与事物都应该被惩戒。

“但现在，一层浓厚的阴云已经盖压在人类的精神之上，终有一天，它们会狂躁地宣称：‘一切都消失了，所以，一切都是应该消失的。’

“而且，那野性的狂躁还说：‘时间的法则规定时间一定要把自己的孩子吞噬，这本就是一种公平与正义。’

“‘所有的事物在诞生之初就已经依据道德、正义与惩戒的标准进行了固定的排序，既然如此，那么所谓的万物，所谓的‘此在’又怎么可能得到救赎？’狂躁还说。

“‘假如真的有一种正义长存不朽，那这算不算是一种救赎？没有人能够推动‘它过去’这块顽石，所以，所有的惩戒也理所应当永恒不朽。

“任何一种行为都不可能被抹除，更不会因为惩戒而被搁置与磨灭。所以，‘此在’一定会成为罪恶，成为某种行为，因此，‘此在’是不朽的，因此，基于‘此在’的惩戒也是不朽的。除非，意志变成了非意志，希望变成了不希望，除非意志已经自我救赎。’狂躁的叫嚣依旧在继续。

“可是，我亲爱的伙伴们呢，我们都知道，这不过是狂躁编织的虚幻，是狂躁低吟的虚无之歌！

“我过去一直在引导你们远离这份虚幻，远离狂躁的歌声，那个时候，我就告诉过你们，意志本身就具有创造性，它是一个创造者。

“所有的‘它过去’都是恐怖的偶然，都是谜团与残片——直到有着缔造本能的意志开口，它说‘它过去曾经希望这样’——直到有着缔造本能的意志开口，它说：‘它过去曾经希望这样！’‘我会希望它这样！’

“可是，意志开口了吗？它什么时候说过这样的话？难道意志已经把套在它身上的愚蠢的束缚脱掉了吗？

“意志已经完成了自我救赎吗？意志成了那个让自己欢欣的人了吗？意志已经放弃了报复吗？意志已经让那切齿的仇恨变得荒芜了吗？

“另外，它是怎样学会与时间和解的，谁教导了它，又是谁让他明白了所有比与时间和解更高深、更玄奥的事物？

“以权力的形态出现的意志，必然对那些比和解还要高深、玄奥的东西充满祈盼，可是，这一切到底是如何发生的？是什么人又把那种希望回到过去的想法赋予了它？”

查拉图斯特拉的话到此戛然而止，他站在那里，神色惊惧，他用讶异而又惊惧的眼神看着他的信奉者们，他的目光仿佛是利箭，完全穿透了他们。过了一会儿，极度惊惧的表情却又从他的脸上消失了，他的眼神也重新变得柔和，他神色平静，微微一笑，继续说：

“保持沉默、不言不语是一件非常困难的事情，所以，和人类生活在一起真的很困难，尤其是对一个喜欢说话的人而言。”

查拉图斯特拉如是说。他的这些话，驼背的人都听到了，原本，他已经用手捂住了自己的脸，但当查拉图斯特拉微笑的时候，他还是饶有兴趣地把头抬了起来，缓慢地、满是讶异地询问：

“为什么查拉图斯特拉对我们说的话和对他的信奉者们说的话不一样呢？”

查拉图斯特拉回答：“这很正常，没有什么可讶异的，人们当然要用驼背的人说话的方式来同驼背的人说话。”

“好吧，大概人们真的能够用在学校教导学生的方式来和听讲的人胡说八道。

可是，查拉图斯特拉对他的学生说的话和对他自己说的话迥然不同，这又是为什么呢？”驼背的人说。

43. 人类的智慧

高处并不可怕，可怕的是倾斜的陡坡！

在倾斜的陡坡上，视线始终是朝下的，但双手却又一直向上攀爬。如此一来，在这双重的、相互矛盾的意志面前，灵魂就会变得晕眩！

啊，我亲爱的伙伴们啊，你们肯定也能猜到存在于我的内心深处、相互矛盾的两种意志吧？

对，没错，我正站在倾斜的陡坡上，我的处境岌岌可危：我的视线总是不由自主地望向高处，但我的双手却又渴望将最深处支撑与守护。

我的一种意志在人类之中，它是人类的附庸，它拉着我不断向上飞翔，直到达到超人的高度，但是，在我与人类之间，仍旧有一条锁链绑缚着，那是我自己绑上去的。此外，我还有一种意志，成为超人的意志！

为此，我在人群中迷茫地生活着，我的双手在挣扎，但我却又不想彻底失去对这些坚硬事物的信仰，但是，我认识人类吗？似乎是不认识。

是的，在我身旁总环绕着一种黑暗，一种与人类对面不相识的黑暗，但对我而言，这种黑暗又何尝不是一种慰藉？

我坐在大门前，看着那长长的道路，那是专门为流氓和痞子准备的道路，我不断地询问："是谁对我撒了谎？"

这是我学会的第一种人类的智慧：为了不必时刻提防被骗，先对自己撒个谎。

啊，若是我对人类时刻提防，人类怎么能变成一根向上拉扯的绳索，轻易地就将我从地上拽起，并带着我的气球不断向高处飞去。

我应该是毫不设防的，我不应该谨慎，这是我的命运，也是天意。

并且，如果有谁不愿意在人群中饱受折磨，那么，他就应该学着用不同的器皿饮水；当一个人学会用污浊的水来清洁自身的时候，他便能真正地保持洁净。

“好吧，都过来吧，没有霉运会降临到你身上，你这衰颓苍老的灵魂！学会享受吧，对，就是这样，把不幸当作幸运来享受！”我常常这样安慰我自己，同时，这也是我学会的第二种人类的智慧：要爱虚荣甚于骄傲！

所有的悲剧难道不都源于虚荣的被伤害？可是，当骄傲受损，在它曾经受伤的地方，总是会长出一种比它更美好的事物。

它必须将人生这场戏继续好好地表演下去，为的只不过是让生命看上去更美好，而要达到这一目的，一个好演员必不可少。

我觉得所有虚荣的人都是最好的演员，对他们来说，所有的精神，所有的意志都在为一个目标服务，那就是不断地表演，并让观众喜欢上这种表演。

我非常喜欢就近观看他们的演出，因为，这样做我的忧郁症会被治愈。他们的表演很精彩，不仅在诠释自己，还发明了另一个自己。

所以，我喜欢虚荣的人，正是他们让被人类羁绊的我就仿佛正在被一场大戏羁绊，而且，他们还是好医生，他们治好了我的忧郁症。

并且，虚荣的人也是谦逊的，没有人能够测出他们的谦逊究竟有多深、多广。所以，我怜悯他们，愿意友好地对待他们，因为，他们懂得谦逊，哪怕是伪装的。

我希望能够从你们身上学到一些东西，比如，信仰自己。这种信仰因为你们的视线存在而存在，并以你们手中的赞美为食。

假如你们欺骗它，用虚伪的谎言来赞颂它，它仍然愿意相信你们的谎言与欺骗，因为，它本就不知道自己到底是什么，是应该被赞扬还是被贬斥。

并且，假如不了解自己就是真正的德性，那么，所有爱慕虚荣的人肯定是不知道自己身上还有谦逊这种东西存在的。

而这，就是我学会的第三种人类的智慧：永远保存对恶形恶相的兴致，绝不会因为你们的惊恐而扫兴。

我很开心，我看到了猛虎，看到了响尾蛇，看到了棕榈树，它们是奇迹，它们从炽烈的阳光中应运而生。

哪怕是在人潮中，太阳也会降下一些美好的事物，哪怕是恶人，他们身上也总有一些令人讶异之处。

当然，我所感受到的罪恶在你们而言可能根本就不存在，就像在我眼中你们所赞颂的、具有大智慧的人实际上就是个傻瓜。

我经常一边摇头，一边诘问："你们为什么还在不停地发出声响，你们这些响尾蛇！"

的确，哪怕是罪恶，同样也对应着一个属于自己的未来，对人类而言，许多地方还不曾被发现，比如南方，那被炽热所充斥的南方！

在当代，有太多的事情被冠以罪不可恕之名，那是道德的最大败坏，但事实上，它们并不宽阔，只有十二尺，它们也不漫长，只有三个月。当然，终有一天，世界会迎来一条龙，一条最伟岸的巨龙。

超人必然需要龙的陪伴，那不是普通的龙族，而是超龙。因此，潮湿晦暗的原始森林上空还需要阳光的照耀与燃烧，是的，需要十分炙热的阳光。

一个出色的猎人必然要有一群出色的猎物相衬，因此，你们必须先把野猫变成老虎，先把有毒的癞蛤蟆变成巨鳄。

而且，你们这些自忖善良与正义的人啊，你们身上有太多太多滑稽荒诞的地方，而最滑稽的莫过于你们对所谓的魔鬼的恐惧！

你们的灵魂早已经与伟大的人疏远，在你们眼中，伟大就是一种怪异，以至于即便善良如超人也无法让你们不恐惧。

另外，你们这些所谓的智者和有识者，你们为什么要躲避那智慧所化的最炽热的阳光呢，看看超人吧，他们享受着阳光，他们赤裸着身体经受阳光的洗礼，快乐无比。

你们，对，就是你们，你们是迄今为止我所见过的等级最高的人类，可我依旧要偷偷地嘲笑你们，我依旧对你们充满质疑，我猜，在你们的眼中，我所说的超人或许还有一个名字——魔鬼！

啊，真的，你们让我感到无比的厌恶，我倦了，我累了，我不想再和你们这些所谓最高等、最优秀的人待在一起，我要离开你们，我要走出你们所站的高度，我要向上，向上，直到到达超人的身边。

当我目睹最出色的人的裸体时，我忍不住发抖，于是，我的背后出现了一双翅膀，我扇动翅膀，向着未来飞去，哪怕它无比的遥远。

是的，我要飞向未来，遥远的、不可见的未来，那是南方，它比任何艺术家所向往的地方还要更靠南，在那里，所有的神明都会为自己的盛装感到羞耻。

但是，我仍然希望你们以善良与正义的形象出现，我仍然希望你们修饰一下自己，希望你们把自己伪装得虚荣、坚强且严肃，并且，我也愿意在你们之中端坐，我也愿修饰一下自己，以便我不再认识你们，也对我自己感到陌生，而这，也是我学会的最后一种人类的智慧。

查拉图斯特拉如是说。

44. 最寂静的时刻

我亲爱的伙伴们啊，在我身上出了什么变故？如你们所见，我被流放了，被驱逐了，我的精神变得错乱，我没想过驯服，我要走了，是的，我要和你们分开！

没错，查拉图斯特拉就仿佛是一头山野中的熊，它要回到自己的洞穴里，回到自己孤独的山上，可是，这一次，他不愿意走。

我究竟是怎么了？我的身上出了什么变故？我是在响应谁的请求？没错，是她，是我的女主人，我那恼怒的女主人。哦，我曾向你们提起过她和她的姓名吗？真的，是真的，我真的曾经和她说过话。

昨日黄昏，我听到了我最寂静的时刻在我耳边的低语，它告诉我，这个名字正是属于我那恼怒的、可怖的女主人的。

这就是事实，我得把它和你们说清楚，否则，你们会用灵魂深处最冷漠最残酷的那一面来对待突然决定离开的我！

我亲爱的伙伴们，你们明白一个已经陷入沉睡中的人内心的畏怯吗？

他真的害怕极了，他不得不害怕，因为，他又要开始做梦了，因为他生命的地基正在不断地陷落、坍塌。

是的，我得用比喻的方式和你们说，昨日黄昏，我生命的地基陷落了、崩塌了，于是，我又开始做梦了。

我害怕极了，我在喘息，即使我生命的时钟仍然在一分一秒的转动，但是，那无边的寂静，那缠绕在我身边的无边的寂静仍旧让我恐惧。

那之后，我的耳边响起一阵无声的呢喃，有一个声音在问我："查拉图斯特拉，对这些你都了解吗?"

它的声音很轻，但我却忍不住因它而惊叫失声，我没有说话，我保持沉默，并且，血色已经慢慢从我脸上褪去。

于是，我的耳边再次响起了一阵无声的呢喃，我听到那个声音再次对我说："查拉图斯特拉，你对这些了解得很深，但是你不愿意开口。"

"是的，我对这些了解得很深，但我就是不愿意开口。"我认可了它的话，我回答，就像一个固执的孩子。

之后，我的耳边又一次响起了它无声的低语，它说："查拉图斯特拉，你真的不愿意吗？你说的是实话吗？不要藏了，你不能把自己隐藏在固执里!"

于是，我失声痛哭，我浑身颤抖，我对它说："没错，我是愿意的，我以前的确是愿意的，可是，不要逼问我了，不要让我再做这些事了，我做不到，我力不从心，我没有那么大的力量。"

之后，我的耳边又响起了那无声的话语，它说："查拉图斯特拉，把你想要说的话都说出来吧，哪怕粉身碎骨也在所不惜，你本就不是什么紧要的人物。"

"是的，没错，可是我说过这些话吗？我到底是什么人？即便是要为一个人粉身碎骨，那我也要等待，等待一个值得令我粉身碎骨的人，现在，我还没等到。"查拉图斯特拉这样回答。

"你有什么可令人在乎的呢？以我之见，你还太桀骜，你的恭顺还不够！你的恭顺总是被包裹在一层最坚硬的皮毛里。"那个声音继续在我耳边低语。

"我的皮毛，我那包裹着恭顺的皮毛经历的事情实在是太多太多了。我就住在那里，那是一座高山的山脚，我不知道高山的顶峰有多高，因为，没有人对我说过，但我却很了解我的山谷。”我说。

于是，我的耳边再次响起它无声的低语，它说：“查拉图斯特拉，每一个意图把山搬走的人，都会把山谷和山坳搬走！”

我回答：“我说过很多话，可是，我的话语还没有被赋予移山的伟力。诚然，我过去曾经向着人群走去，但至今我都没有走到人群中间，人类也都还没有听到过我所说的话。”

于是，我的耳边再次响起它无声的低语，它说：“在这里，你有没有认识到一些什么？你知道吗，只有夜晚最寂静的时刻，草叶上才会有清亮的露珠滴落。”

我回答：“没错，当我发现属于我的那条路并毅然决然地走上去的时候，我的双腿在不断地颤抖，而且，我的确被他们嘲笑了。他们告诉我，你的行为让道路荒芜，你的行为让行走本身被浪费。”

于是，我的耳边再次响起它无声的低语，它说：“对你而言，被讥笑其实无关紧要，你本就是一个不驯服的人，你让服从荒芜，所以，你应该去指挥、去命令！莫非你还不了解人类最需要、最渴求的是什么呢？人类最需要、最渴求的就是一个下命令的人，一个能够命令他们成就伟业的人！

“成就伟业无比艰难，但成为一个命令人类成就伟业的人更艰难。

“你就是这样一个人，你拥有无上的权力，可你却没有支配的欲望，这样的行为让人无法原谅！”

“我不能将所有的指令都如期发出，因为我的声音不若狮子般洪亮。”我说。

于是，我的耳边再次响起它无声的低语，它说：“能够激起狂风暴雨的恰恰是最沉静、最孤独的言语；控制整个世界的思想从来都像用鸽子的脚走路一般轻盈且无声。查拉图斯特拉，你应该向前走，你应该以马上就要到来的超人的阴影的身份发号施令，你应该在发出命令的同时不断往前走。”

我回答：“我正不好意思呢。”

于是，我的耳边再次响起它无声的低语，它说：“你不应该不好意思，你应该克服自己的青春，让自己重新化作孩童。是的，你该变成一个不懂得不好意思的孩子，哪怕，你变得年轻了，哪怕你的身上还带着青春独有的矜持与自傲。”

我思考了很久，还是忍不住发抖，可是，到最后，我还是给出了我曾经给过的答案：“不愿意！”

在我给出答案的时候，一阵阵嘲谑的大笑从我周围响起，那恣肆的笑声仿佛尖刀剖开了我的灵魂，撕扯着我的脏腑。

我的耳边最后一次响起它无声的低语，它说：“查拉图斯特拉，虽然你所孕育的果实已经成熟，但是你本人却还没有成熟。

“所以，你必须回到山上，用孤独来让自己变得柔软。”

嘲谑的大笑声再次响起，之后，笑声消失。

“就这样，我又陷入了最可怕的寂静中，我躺在地上，两种不同的寂静在我身上叠加，冷汗顺着我的手脚不断地流淌。

“现在，我亲爱的伙伴们啊，你们已经了解了一切，我把所有的事情都告诉了你们，正是因为这件事，我才不得不离开你们，不得不回归孤独。

“而且，我还必须要告诉你们一点，你们也已经听到了这一点，是谁愿意回到孤独里，是谁依旧愿意成为人群中最沉默、最寂静的哪一个。

“我亲爱的伙伴们啊，本来，我还要对你们说一些话，本来，我还要赠予你们一些东西，但是，我缘何没有这样做呢？莫非是因为查拉图斯特拉生性悭吝？”

说完，查拉图斯特拉突然失声痛哭，他感到无比痛苦，他为不久之后和伙伴们的离别悲伤不已。他的伙伴们都不知道应该用什么方式、什么言语来安慰他。也就是在那天晚上，查拉图斯特拉从他的伙伴身边远离，趁着夜色，他不告而别。

第三部

| 查 | 拉 | 图 | 斯 | 特 | 拉 | 如 | 是 | 说 |

“当你们要求进步的时候，你们需要仰首，而我要做的则是低头，因为，我已经站在了高处。

“你们之中有谁能畅快地大笑着进步呢？

“谁要是能够登顶最高的那座山峰，它就有资格嘲笑所有的悲哀的游戏与凄凉的庄重。”

——《查拉图斯特拉如是说·第一部·读与写》

45. 漫游者

深夜十二点钟左右，查拉图斯特拉顺着岛屿的山脊前行，他希望自己在清晨的时候能到达山的另一边，那里是一个优良的海港，环境非常有利于抛锚，所以，备受外来船只的喜爱，查拉图斯特拉就是想在那里登船。上了船，他就能顺利地漂洋过海，离开幸福之岛了。走在山路上，查拉图斯特拉情不自禁地回忆起了自己年轻时到处漫游的那段时光，回忆起了自己曾经走过的诸多高山与险峰。

于是，他对自己的灵魂低语：我就是一个登山者，是一个习惯了漫游的人，久坐并不适合我，平原也不被我钟爱。

不管我今后的命运如何，我将遭遇什么，我能体悟什么，我要经历什么，在这些体验之中，必然会有漫游之路的存在，也必然会存在登山者的影子，因为，归根结底，人类能够经历与体悟的其实只有自身。

或许，在曾经的那个时代，我能与无数的偶然邂逅，但可惜的是，那个时代早已远去。现在，我还能得到什么东西呢，过去，我就不曾拥有过它们。

它重新归来了，它回到了我的身边，带着它自己，还有它曾经失落在异乡与偶然之中的物品。

现在，矗立在我面前的是一座巅峰，最后的巅峰，我知道，这件物品已经为我保存了很久。啊，我必须要前进，我要走上那条最艰难、充满了险阻的路。我要重新成为一个漫游者，我知道，自己将继续在孤独中前行。

但是，假如我的同伴们在此，他们肯定不会把它错过，那是一瞬间，那个瞬间会告诉他们："你脚下走过的是一条坦途，它的终点就是伟岸。深渊不见了，巅峰也不见了，因为，它们已经合二为一，融成一体。

"现在，朝着那条通往伟岸的道路迈进吧，那个你曾经视之为最后的危巢的地方将在最后一刻为你提供庇护。

"现在，朝着那条通往伟岸的道路迈进吧，鼓舞你前进的勇气来自于一个事实，那就是，你的身后已经没有任何其他的道路了。

"现在，朝着那条通往伟岸的道路迈进吧，你双脚踏过的地方，道路会随之消失，所以，没有任何人能够在背后将你窥视，而你所走的这条路，早就被冠上了'不可能'之名。

"并且，即便所有的梯子都消失不见了，你也要知道如何才能爬到自己的头顶，要不然，你准备如何朝上攀登呢？

"现在，你必须将自己身上最柔和温淳的事物变成最冷酷残暴的事物，你要超越自己，你要踩在自己的头顶。

"每一个对自己太体贴的人都会因为这种体贴而罹患疾病，所有能够让人变得坚强的事物都值得赞美，除了那满是蜂蜜与奶油的国家！

"每一个登山者都应该学会抛撇自身，这是一种必需的坚强，只有这样，才能看到山上无数（的风景）。

"但如果有一个人顶着有识者的身份还为自己所看到的事物而纠缠不休，那么，除了万物最浅显的表层，他的眼中就再也看不到其他东西。

“可是，查拉图斯特拉啊，你野心勃勃，你不仅想要看到表象，还想要看到万事万物的根本与凭依，既然如此，你就必须攀登，不断地向上攀登，直到星辰都被你踩在脚下！

“是啊，就是这样，站在山巅，垂首睥睨属于我的星辰，低头俯瞰自身，这才是我所追求的巅峰，这才是它一直以来替我贮藏的、最后的巅峰！”

行走在山路上，不断攀登的查拉图斯特拉如是说，他用格言来抚慰自己那受到空前伤害的心灵，哪怕这些格言很庄重、很严肃。当他越过山脊，来到山顶的最高处，他看到了一片大海，一片完全不同的大海，他久久地站立着，没有说话，在这山的至高处，夜色清冷、空气澄澈，繁星点点。

好吧，他一脸哀伤地低语，我已经明白了自己的命运轨迹，我早就做好了准备，我选择了，我的孤独，那最后的孤独，不过才刚刚开始弥漫！

瞧，瞧瞧我脚下这片暗夜中的海洋，它满载着哀伤；瞧，怒火充满了暗夜的眸，它还在妊娠期！现在，我必须向着大海降落了，哦，还有，还有命运，那也是我需要降落的方向。

啊，在我面前的是我那至高的山峦；啊，在我面前的是我曾经走过的最漫长的游历之路！

所以，我要降落，降落到我过去曾经到达过的更深沉的苦痛之中；降落到我过去曾经到达过的最幽邃的暗潮之中。这就是我的命，既然如此，我早就准备妥当，我已然有了选择。

那至高的山峦是从哪里来的？它是从海洋中来的。那个时候，我就已经知晓了答案。

在那至高山峦的岩石上镌刻着我的证词，对，就是那里，巅峰的峭壁上，峭壁的岩石上。站在至高处的人必然是从最底层、最深处走出的，因为，只有那底层、那深处，才能成全至高者的高度。

说这些话的时候，查拉图斯特拉正站在山巅的巉岩之上，凛冽的风吹拂着他的身体，夜色很凉，他慢慢地朝着大海走近，他离它已经不远，走在路上的时候，倦意便已经向他袭来，但他眼中的热切却更甚以往。

现在，万物都陷入了沉睡，查拉图斯特拉说，大海正一脸讶异地望着我，它睁着蒙眬的睡眼，实际上，它也已经陷入了沉睡。

可是，我能感觉到，它在我的身边呼吸，它的气息是温暖的、醇和的，它蜷缩着身体，它的枕头有些坚硬，它已经陷入梦乡，是的，它在做梦了！

快来听听吧，它正在低声哭诉！快来听听吧，它正在默默呜咽！是什么让它如此？是那凶残且恶劣的回忆吗？还是那裹挟着凶恶的希冀？

啊，你这隐匿在暗夜中的怪兽，你的哀伤已经传染了我，我和你一起哀哭，甚至，为了你，我对自己都产生了怨憎！

啊，我双手的力量还如此孱弱，是的，我的力气还不够大，否则，我非常愿意解救你，我非常愿意将你拉出你的噩梦！

说这番话的时候，查拉图斯特拉忍不住开始自我嘲谑，他说：

“查拉图斯特拉，你在干什么？你还要唱一首歌来慰藉你的大海吗？

“查拉图斯特拉，你这愚蠢的家伙！你总是因为太过热忱而变得痴傻，你总是因为信任而安享快乐，你也总是满脸亲和地朝着恐怖的事物靠近！

“你愿意去抚摸所有的怪兽，你愿意去感受它们温暖的呼吸，你因它们利爪上柔软的绒毛而沾沾自喜。是的，你早就已经做好了准备，你准备对它们付出你的爱，是的，你立即就进入了状态，你要用你的爱去诱惑它们。

“对一个沉浸在极致的孤独中的人来说，这种对所有活着的生命的博爱其实是一种非常危险的举动，但是，我依旧爱着。在爱的过程中，我变得谦卑，变得痴傻，这一切，多么的滑稽，是的，多么的滑稽！”

查拉图斯特拉如是说。说着说着，他开始大笑，笑着笑着，他想起了他的伙伴们，那些已经被他抛撇下的伙伴们。并且，似乎觉得自己的思念是对伙伴的亵渎，他为自己的思念感到恼怒。于是，这个大笑的人开始恸哭，是的，查拉图斯特拉开始恸哭，为自己的恼怒，也为自己的希冀！

46. 幻觉与谜团

一

查拉图斯特拉登上了一艘航船，一个幸福之岛的居民和他一同登船，这个人认出了查拉图斯特拉。于是，船员们都知道了一个消息——查拉图斯特拉出现在了船上。大家对他都很好奇，但整整两天的时间过去了，查拉图斯特拉一句话都没有说过，他还沉浸在自己的哀伤中，冰冷而漠然。直到第二天黄昏，他才开始聆听，但还是不说话。查拉图斯特拉是一个喜欢冒险、喜欢到处游历的人，在船上，聚集着天南海北的来客，能够听到许多稀奇古怪的故事和各种各样的冒险传奇。聆听着这些故事，查拉图斯特拉灵魂深处的寒冰慢慢地开始融化，他也终于开口了，他说：

冒险者们，你们很勇敢，你们总是在大海中探求，你们坐着伶俐的帆船，大海的恐怖在你们的面前展开，而我，要向你们讲述。

你们这些人啊，你们为傍晚的暮色欣喜，你们被笛声牵引，你们一步步朝着谜团走去，并乐于沉醉其中，你们啊，我要向你们讲述。

你们这些人，你们不愿意去触摸那条牵引的线，你们的双手在颤抖，你们胆怯了，你们对推测判断充满了仇视，你们宁愿深陷谜团，你们不想去猜想，不愿去解密，即使，你们有猜解的能力。

你们这些人啊，我要向你们讲述，讲述一个沉浸在极致孤独中的人的幻觉，讲述那些我曾经目睹的谜团。

近几日，我紧紧抿着自己的唇，穿行在阴冷、残酷、泛着死尸般暗黄色泽的黄昏，我面色阴沉，我心情沉闷，对我而言，太阳已经在天边坠落，而且，坠落的不只有一个。

我顽强地向前走，我走上了一条荒凉的小路。这条小路蜿蜒着，它在乱石之间穿过，这条小路陡峭艰险，每走一步，总有咔咔的响声与我的脚步声应和，这条山间的小路，再也不会有灌木与野草生长与陪伴。

我要向上走，这是我的双足对我的强迫，砾石在我身后发出叮叮当当的响声，仿佛在对我进行嘲谑，我沉默着，我一直向前走，没有说话，在我脚下，一块块拼组成山路的光滑砾石被不断跨越。

我要向上走，毋庸顾忌那些不断将我向下拉扯的精灵，我知道，它和我的仇敌们一样，崇尚重力的精神，是魔鬼，它要拉扯着我坠向深渊。

我要向上走，即使那个矮个子的精灵已经骑坐在了我身上，这个既像侏儒又像鼹鼠的小东西冰冷而麻木，他往我的耳朵中灌入铅汞。

他凝视着我，一字一顿地开始说话，话语中充满了讥诮与嘲讽：

“啊，查拉图斯特拉，你就像是一块具有了智慧的石头，总是把自己抛得很高很高，但最后，你依旧要——向下坠落！无论哪块石头都一样。

“啊，查拉图斯特拉，就是你，你这拥有了智慧的顽石，你这毁灭星球的罪人，你就像石头做的弹珠，你总把自己抛得很高很高，但石头抛得再高，也最终会坠落，无论哪一块石头都一样。

“啊，查拉图斯特拉，你的石头的确被你抛得很高、抛得很远，但最后，它还是会向下坠落，落到你的身上。查拉图斯特拉，你会被自己抛出的石头砸死，这是注定的，就像你肯定会成为你一样。”

说完这些话，他没再开口，我们之间陷入了长久的沉默中，但正是这种沉默让我感到沉重的压力与无比的煎熬。现在，我们是两人同行，但在我看来，这样的同行却比一个人独行还要寂寥与孤单。

我不断地向上攀登，我不断地梦想着，但是，就仿佛一个生病的人一般，我身上承受了太多的压迫与重担。他拙劣却恶毒的折腾让人无比的疲累，而一个又一个糟糕且恶劣的梦想也总是令人从梦中惊醒。

可是，我还没有输，我身上还有一种被我称为“勇气”的东西存在，从过去到现在，在勇气的帮助下，许多愤懑与烦恼都被我无声地扼杀了。今天，受到勇气的鼓舞，我终于停下了脚步，对它大喊：“侏儒，你我之间只能存在一个！”

没错，勇气具有强烈的攻击性，没有什么比它更适合杀伐，而且，无论勇气什么时候攻击，总会有昂扬的军乐声相伴响起。

在军乐声中，最勇敢的人类不断地克服着，克服了其他所有的动物，克服了诞生于自身的各种苦痛——人类所经历的苦痛永远都是最幽深、最令人铭记的。

人类随时随地都行走在深渊边，人类每时每刻都要面对深渊，因为，人类本身其实就是一座深渊，观摩自己就仿佛是在观摩深渊，而勇气，恰恰可以帮助人类杀死面向深渊时不自觉间产生的晕眩！

人对生命的观察有多么深刻，对苦痛的认知就有多么深刻，对人类而言，最幽深的深渊永远都是怜悯，而没有什么比勇气更适合杀伐，勇气会帮助我们将怜悯灭杀。

但是，在杀死怜悯的同时，勇气也会杀死死亡，没有什么比勇气更适合杀伐，它具有很强的攻击性，在戮杀死亡的时候，它说："生命就是如此吗？那好，来吧，来吧，重新来一次！"

所有拥有耳朵的人都来听听吧，勇气就是这样说的，在它说话时，雄浑厚重的军乐经久不绝。

二

"你这侏儒，赶紧停下来，我们之间必定只能存在一个！"我对着身上的侏儒叫喊，"我幽邃深刻的思想你永远都无法理解，你无法接受这一点，但事实上，侏儒，和我相比，你从来都是弱小的！"

听了我的话，那充满了强烈好奇心的侏儒跳下了我的肩膀，接着，跳到了我对面的岩石上，他蹲坐在那里，静静地看着我，目光中仍有好奇，但我还是如释重负地松了一口气。与此同时，一个出入口出现在了我们驻足的地方。

看着这个出入口，我对侏儒说：

“侏儒，快来看，有两条不同的道路在这个出入口交汇，它有两面，迄今为止，还没有谁能顺利到达这条路的终点。

“这是一条漫长的道路，顺着它，向前走，能够达到不朽，逆着它，折返回来，能见证另一种不朽。

“同样是不朽，但却需背道而驰，它们是完全不同的两条道路，却在这里，在这个名为‘瞬间’的出入口彼此交汇，相互融合。

“但若是某个人选择两条路中的一条，继续不断地前行，不断地前行，越走越远——侏儒，你猜结果会怎样？你相不相信这两条道路会永远相背、从不交汇？”

侏儒轻蔑地撇撇嘴，小声嘀咕：“笔直就是一个谎言，时间本就是一个首尾相接的圆，曲折也是真理的特点。”

“你这瘸子，你这矮子，你这重力的精灵，别把一切都说得那么轻松！不然，我就把你丢在这里，你这家伙，这个地方已经很高了，我要把你丢在这里，丢在你坐的那块石头上！”我愤怒地呵斥它，之后，我继续说：

“瞧瞧这个出入口，侏儒，从这里出发，一条通向不朽的漫长道路在不断地延展，甚至，有一种不朽就在我们的背后藏匿。

“所有能够奔跑的生灵都已经从‘瞬间’走入，走过了我们面前的这条道路，而且，世界上所有能够发生的事情，其实不都已经发生过、出现过了吗？

“但是，若是一切都已经出现过、存在过、奔跑过，那瞬间的意义又何在？这个‘瞬间’的出入口不是也应该早就在此了吗？

“侏儒，说说你的看法吧。

“还有，侏儒，你看，万事万物都在这里彼此缠结，顽固地不想分开，也因此，瞬间对万物都充满了诱惑，可是，它能诱惑自己吗？

“显而易见，所有从这个出入口出发的、能够奔跑的生灵，必然也将从这个出入口走出，然后，继续跑向这条漫长的不朽之路！

“还有，站在出入口前的你我，清冷幽寂的月光，沐浴着月光缓缓爬行的蜘蛛，以及和我们一样在轻声呢喃着不朽的所有生物——难道不应该在此之前就已经在此出现过、存在过了吗？

“再者，我们肯定是要重新走回这里的吧？我们跑向另一条道路，另一条可怖的、漫长的道路，跑到现在的我们前方——可是，我们肯定是要重新回到这里的吧，不断地奔跑，不断地返回？”

我的声音越来越低，终于低到了无声，因为我为自己的思想感到恐惧，为自己那隐秘的猜想感到恐惧。就在这个时候，不远处响起了一阵犬吠。

我浮想联翩，陷入了某种回忆之中。我曾经听到过犬吠，那个时候，我还是一个懵懂的孩童，那个时候，我还处在童年。

那时，犬吠声就在我的耳边响起，很清晰，而且，我还看到了它，那只发出吠叫之声的狗。在那个最寂静、最幽深的午夜，它昂着头、浑身的毛发炸起，不停地吠叫，它也相信午夜会有魔鬼与妖怪出现吧。的确，哪个时代，所有的生灵都相信这一点，也包括狗，要不然它也不会在吠叫的同时浑身颤抖。

我对它产生了一丝同情。那个午夜，夜色深沉，但还有月光存在，一轮满月静静地悬挂在空中，沉静、死寂，幽冷的月光洒在寥落的屋顶上，有些僵硬，就仿佛是落入了他人的金钱堆里。

所以，那只狗是真的被这一切吓住了，它也相信鬼怪的存在，它也相信窃贼不是虚妄，所以，它不断地吠叫，而听着这声声惊恐的吠叫，我再次对这只狗产生了同情。

咦？那个出入口呢？侏儒呢？月光下爬行的蜘蛛呢？所有轻声呢喃着的不朽的事物呢？怎么了？我这是怎么了？是陷入了梦中？还是已经从迷梦中清醒？我陡然起身，孤独地站立着在山巅的巉岩之上，站在清冷幽寂的月光之中，孤独与荒凉将我重重包围。

但是，我看到了什么？那里，就在那里，有一个人静静地躺着，一只狗在他的身边，焦急地走动着，哀伤地呜咽着，浑身的毛发根根倒竖，哦，它看到我了。它又开始叫了，大声地叫着。难道我过去也听到过如此大声而急切的吠叫吗？难道，我是听到了一只狗的请求吗？它在请求我的帮助！

是的，它就是在向我求救，而且，我也看到了那个人，那个静静地躺在地上的牧人。他蜷缩着身体，发出模糊的呜咽声，因为痛苦，这张脸已经变形，在他的唇边，有一条黝黑的蛇！

在这张脸上，还有着太多的苍白，太多的惊恐。或许，这条蛇趁着它熟睡的时候从他的嘴里爬了进去，然后，深深地、死死地咬住了他的咽喉。

我走过去，使劲地拽那条蛇，但是，我做的只是无用功，我拉不出它来。于是，我对它喊："咬吧，咬吧！"

"把头咬下来，咬吧！"我在大喊，我所有的仇恨，我所有的嫌恶，我内心所有的恐惧，还有我全部的善与恶都随着这一声大喊宣泄了出来。

你们这些人啊，你们这些勇敢的冒险者，你们这些喜欢坐在狡猾的帆船航行海上的人，你们这些沉醉在谜团里的人，你们这些不断对未知海域进行探索的人啊。

帮我解惑吧，帮我解开我的谜团，帮我阐释这极致孤独者的幻觉！

对，这是幻觉，但同时也是一种对未来的预见——我陷入了比喻之中，谁知道，那个时候我到底看到了怎样的情景？还有，那个一定会到来的人又是谁？

那个被最晦暗、最狠毒的大蛇爬进了咽喉的人是谁？那个牧人，被黑蛇咬住了咽喉的牧人又是谁？

哦，这个被咬住的牧人，他真的做了，他接受了我的建议，他张开嘴狠狠地咬住了蛇头！蛇头被他咬了下来，他把它扔得远远地，然后，他站起身来。

那一刻，他的样子改变了，变成了一个浑身闪耀着光芒的人，哦，不，他不再是人，更不是牧人。他畅快地大笑着，世界上没有哪个人曾经像他一样如此畅快地笑过！

哦，我亲爱的兄弟们啊，我听到了他的笑声，那畅快的笑声，它并不属于人类。现在，我的内心充满了希冀，我被吞噬了，是的，一种迫切的希冀吞噬了我。

我是多么渴望那畅快的大笑啊！哦，现在，我对自己的生活已经忍无可忍！哦，现在，我还如何朝着死亡前行？

查拉图斯特拉如是说。

47. 与愿望相悖的幸福

离开幸福之岛的时候，查拉图斯特拉内心充满了迷惑，他为远离自己的伙伴哀伤，他的内心充满了彷徨，他带着他的迷惑与哀伤横渡了海洋。但是，最终，他克服了自己，他又重新站在了命运的头顶，脚步坚定，胸有成竹。那是他离开之后的第四日，那一天，他对自己充满了愉悦的良心如是说。

又一个午后来临了，我再次变得孤独，我的身边只有明澈的、自由的大海以及纯真的、洁净的天空，但这种孤独，恰恰是我希望得到的。

在过去的一个午后，我与我的伙伴们初次邂逅，在另一个午后，我感觉到了宁静，一种绝对的宁静，仿佛所有的光线都静止了。

现在，我要为自己寻找一个能够寄居的灵魂，那是一个被光明洗礼过，并被光明充斥的灵魂，我知道，幸福还在天地之间慢慢地行走，我还知道，所有的光明都因为幸福的缘故而变得无比宁静。

啊，看，这个山谷，我的幸福曾经降临此处，为的是在生命的午后为自己找一个灵魂寄宿。事实上，我也找到了，这些灵魂，都是热情的、豪放的、好客的。

我的生命已迎来了它的午后，我拿不出任何东西来换取另一件东西。我的思想在生命中被无声地栽培，我看到了晨曦的光辉，那里，有着最高的希望。

创造者们曾经寻找过许多人，他的伙伴，他寄予无限希望想要创造的婴孩，但是，在他把他们创造出来之前，他永远都不可能将他们找到。

因此，我在工作的同时，还在不断地完善着自己，我从我的孩子们中间走出，正如我曾经走进他们中间，就算是为了他们，我也要把自己完善。

很早之前，我就发现，爱恋本身就预示着孕育，但凡有一种对自身的爱变得伟岸，孕育就会发生，因为，从根本上来讲，人其实只有两种爱，一种是对事业的爱，一种是对子女的爱。

当孩子们人生的第一个春天来临，在我庭院最肥沃的土壤中，他们相互偎依、彼此依靠，一起享受着春风的抚慰，一起生根、发芽，一起用绿色将自己渲染。是的，那是我的孩子，是我的庭院中最葱茏的林木。

他们无限葱茏，他们并肩而立，而他们所矗立的地方，正是我的庭院，我的幸福之岛！

可是，最后，我还是会在某一天掘出所有的树木，我会将它们重新一一栽种，重新单独栽种。无论是哪一棵树都不会再有伙伴，我要让它们学会谨慎、学会坚强，学会适应孤独。

然后，当它们变得虬曲强劲的时候，我会把它们移栽到海边，让它们替我矗立着，以最柔软的坚强倔强地矗立，如一座灯塔般为那些不愿意驯服的生命指引方向。

狂野的风暴会向着大海俯冲，海水会汹涌地灌入群山的巨口，在海边，每一棵树都要经受必要的考验，都要接受鉴别，都要在白天与黑夜值守，最少一次。

是的，它们应该被考验，我想知道，它们与我是否同根同源？是的，它们需要被鉴别，我想看看，它们是否能够驾驭那漫长的、久远的意志，哪怕在有声处无声，它们总是如此的谦卑与恭敬，以至于在赠予的同时，它们也得到了——

以至于终有一天，它们会成为查拉图斯特拉的伙伴；以至于终有一天，它们能和查拉图斯特拉一起庆祝、一起创造。是的，这就是它，它的存在是为了让世界万物更好地被完成，它的存在是为了在我的金榜上将我的意志镌刻。

我必须去完善自己，为了它，也为了和它一样的我的孩子们，所以，我选择了逃避，所以，我离开了我的幸福，所以，我把自己献祭给不幸，只有这样，我才能够经受最后的考验与鉴识。

没错，就是这样，我该走了，我要离开了，“最崇高的时刻就要到来！”最寂静的时刻，最漫长的光阴，到处游历的漫游者的影子都这样对我说，所有的其他一切事物也这样对我说。

“快点儿过来！”凛冽的风透过钥匙的孔洞对我发出召唤。蓦地，大门被开启，它看着我，一脸狡黠，说：“去吧，你该走了。”

可是，我被羁绊住了，我爱我的孩子们，我对爱充满了渴望，这种渴望就像是一个陷阱将我牢牢地拘束，这种渴望让我被我的孩子们捕获，是的，为了我的孩子，因为渴望爱，我把我自己给弄丢了。

我的孩子们，我爱你们，我拥有了你们，拥抱着你们，就等于拥抱所有的安然，但在这份安然中却没有渴望，因为，对我而言，渴望就意味着自我的丧失。

查拉图斯特拉被自己爱的烈日炙烤着，他受到了自己的津液的折磨，也就是这个时候，怀疑与阴影选择了从我身边离去。

对于酷寒与严冬，我早就充满了希冀，我无声地喟叹，“让我在酷寒中破碎，让我在严冬中战栗吧！”于是，一层冰雾从我的身体中升腾，并将我萦绕。

我那已经沉睡多时的过去终于打碎了属于它的墓碑，包裹住它的寿衣随之零落，所有曾经被埋葬的苦痛也渐渐苏醒。

“时间到了！”所有的预兆都那么明显，我应该听到它们的呼唤，可是，我没听到，或者，我不愿意听到，直到，我被自己的思想啃啮，直到我内心的深渊出现躁动。

是的，就是你，我的思想，你如渊如狱，什么时候我才能变得强大而有力，什么时候我才能不在你的挖掘声中瑟瑟发抖？

你这如渊如狱的家伙，你这个深渊里的无声者，我的心因为你的挖掘而跳到了嗓子眼，我自己也因为你的无声而差点忘记了该如何呼吸。

我的思想啊，你来自深渊，你就是深渊，我没有胆量将你呼唤，我还做不到像最后的雄狮那般饱含恶意，我不狂妄，因为我还不够强大与健壮，所以，我不会呼唤你，我只要带着你就好，我只要带着你，这就足够了。

我对你的沉重充满了恐惧，但是，终有一天，我会把来自深渊的你呼唤，那个时候，我早已获得强大的力量，那个时候，我的声音便若雄狮。

我定然能够征服与克制自己，在更重要、更关键的事情上，假如，在这方面，我能将自己克制，而且，我的自我完善总需要一个烙印，一个胜利的烙印！

在这段时间里，我还在大海上逡巡、漂浮、游移不定、向前看、向后看，但除了满脸谄媚、不断对我殷勤迎合的偶然性，我没有看到其他，更没有看到大海的尽头。

波涛汹涌的大海和其他生命都在关注我，他们审视我，用一种危险且恶劣的审美观。最后的时刻还不曾到来，我还不需要去战斗？又或者，其实战斗的时刻正要到来？

啊，我对你们全都充满了怀疑，我生命的午后，那隐匿在黄昏暗色之中的福乐，那动荡中的稳定，那不坚固的和平，还有，那个港口，海上的港口。

是的，我不信任你们，我怀疑你们展现的美好充满了危险与恶毒，我怀疑你们，就像怀疑我那笑得太过温柔与妩媚的情人！

心怀妒忌的人总是会温柔且疾言厉色地把自己最爱的人推开——我也一样，我推开了我的幸福。

哦，走吧，我那幸福的时光，和你在一起，我得到了快乐，我享受了幸福，但这种幸福却与我的愿望相违背。我静静地站立着，如渊如狱的深刻苦痛才是我所希望的。我的幸福啊，你在错误的时间来到了我身旁。

所以，走吧，我那幸福的时光，与其和你相伴，我宁可寄宿在我的孩子家中。走吧，我的幸福，在我生命的傍晚来临之前，我会为我的孩子们送上自己的祝福，就凭，我的幸福！

太阳已经落山了，傍晚就要来临，所以，走吧，快点儿走吧，我的幸福！

查拉图斯特拉如是说。在这个寂静的夜晚，他一直都在默默地等待，但是，他所等待的不幸却始终都没有来，相反，幸福倒是距离他越来越近、越来越近。夜色如水，澄明且洁净，查拉图斯特拉一直等待着，直到曙光微露。终于，查拉图斯特拉放弃了徒劳的等待，他的嘴角勾勒出一抹讽刺的笑，他告诉自己的心灵："女子从来都不是我追求的目标，但幸福恰恰就是一个女子，所以，不是我在追求她，而是她把我当作了追求的目标。"

48. 日出之前

啊，你这纯真的家伙，你这深邃的家伙，你就是集聚了所有光芒的深渊，望着你——我头顶湛蓝的天空，我颤抖了，因为我那神性的欲望。

把我抛到空中吧，让我与你等高，那才是我的深邃应该到达的地方。庇护我吧，让我在你的纯真与洁净中隐藏，因为，那本就是我的纯真、我的无瑕。

上帝总是会遮掩自己的美好，天空也甘愿将星辰藏匿，你沉默无声，对，就是这样，你用你的沉默向我把你的智慧彰显。

今日，为了我，你在大海之上升腾，这波涛汹涌的大海啊，你给了我启示，你提醒了我澎湃的灵魂，用你的挚爱，用你的愧悔。

你正朝着我走来，你的曼妙被你的美好遮掩，你与我交谈，无声胜有声，你沉默着，你用沉默向我彰显，向我把你的智慧彰显。

啊，为什么我猜不到你隐藏在灵魂中的愧悔！为什么？在日出之前，你就已经走向了我，一个沉浸在极致孤独中的人。

我们有太多共同的东西：哀伤、基础、恐惧，甚至是太阳。是的，太阳本就被我们一同拥有，我们本就是伙伴，从来都是。

我们同样渊博，我们懂得的太多，所以，我们相对无言，我们沉默，在知识的面前，我们一起沉默，一起微笑。

难道你与我那渊博的灵魂不是同胞姐妹？难道你不是我的光芒？不是我知识的烈焰散发的光芒？

过去，我们一直在一起，一起学习飞翔，一起学习超越，一起学习怎样超脱己身，一起学习怎样到达另一个新的自己，我们一起学习，学习所有，包括微笑，璀璨的微笑。

我们微笑，灿烂的眼眸凝视着那最遥远的地方，我们笑着，向着下方，假如，一切的蛮横、罪愆、目标都仿佛即将到来的雷雨一般压抑——我们仍旧向着下方微笑——微笑的璀璨。

我独自一人行走在暗夜中，我游历在迷途，我的灵魂充满了希冀，它在希冀什么？我登上山峦，我不断地找寻，难道我找寻的不是你吗？

另外，我攀登山峦，我四处游历，那不过只是一种应急，是一个笨拙的人无奈之下的权宜——我渴望高飞，我希冀能够以我意志的全部来独自高飞，高飞，飞进你的世界，飞到你的身旁！

另外，相比于亵渎你的所有事物，相比于那轻浮动荡的云朵，你最憎恨的是什么？我憎恨我自己，憎恨我的恨，因为，正是我的憎恨亵渎了你！

我憎恨那些将我们所有的共有之物夺走的家伙——那轻浮动荡的云朵——它就像是一只野猫，偷偷地隐藏在暗处，抢走我们的一切——抢走我们强烈的、无限的彼此认同。

我憎恨那些轻浮动荡的云，我知道，你也憎恨它们，这些卑劣的插足者，这些半吊子的货色，它们一直在中间捣乱，它们还没学会去诅咒，更没学会去祝福。

与其看到光辉圣洁的天空被轻浮动荡的云朵亵渎，我宁可面对一片幽锁的天空，我宁可蹲在深渊底部的桶里仰望那黯淡无光的天穹。

而且，我还常常渴望能够用金色的闪电把那些云朵拴住，对，就是那些锯齿状的闪电，这样一来，我就能像打雷一样在它们的锅釜上击鼓。

对，我就是一个击鼓的人，对，我的心中充满了怒火，因为，他们抢走了本属于我的你的肯定与认同！你这纯真的家伙，你这深邃的家伙，你就是集聚了所有光芒的深渊，我头顶湛蓝的天空啊！因为他们抢走了本属于你的我的肯定与认同！

相比于野猫一般小心翼翼地、充满了质疑的宁静，我宁可选择狂风、暴雨和喧嚣。哪怕是行走在人群中，我也更憎恨那些谨小慎微、唯唯诺诺、踌躇不前、充满怀疑、轻浮动荡如云朵般的人。

而且，那湛然而明朗的天空曾经明确地教导我，“若是无法学会祝福，那就把诅咒学会！”那个星球，永远都悬于我的头顶，哪怕在最深沉的夜色中。

但是，我不是一个诅咒者，我乐于去认同，我学会了祝福，假如，我成为你旋转的唯一中心。你这纯真的家伙，你这深邃的家伙，你就是集聚了所有光芒的深渊！就这样，全部深渊都得到了我的认同，也得到了我的祝福。

是的，我学会了祝福，我也乐于认同：为此，我曾经以奋斗者的身份长期地、不懈地努力着、奋斗着，只为了，我能够腾出手来祝福。

没错，这就是我的祝福，凌驾于万物之上的永恒的祝福，我要成为万物的穹顶，成为那不朽的安然，成为万物头上的圆形屋顶，成为那座天蓝色的钟，这样，祝福别人的人也能够得到福乐！

不朽的源泉对万事万物进行过洗礼，彼岸的善与恶似乎也达到了永恒，但事实上，无论是善还是恶，都倏忽即逝，就仿佛那轻浮动荡的云，那哀伤潮湿的云，那转瞬即逝的阴影。

“万物的头顶有一片天，那是偶然的天空，纯真的天空，恣肆的天空，或然的天空。”我要如是说，这本就是在祝福，而不是在诅咒。

这个世界上，没有比“或然”更古老、更尊荣的贵族了，所以，我要把它还给万物。我要把万物从被奴役的命运中救赎，我知道，奴役它们是目的。

“无论是在万物之中，还是万物之上都没有一种意志想要去做什么，这种所谓在希望、在意愿的不朽意志实际上是不存在的。”我向世界宣称并传扬着我的观点，与此同时，那湛蓝的、明朗的天空也被我放在了万物之上，就像一个钟表、天蓝色的钟表。

我告诉万物，“万事万物中从来都不存在合理性”，这样，我就把那种愚蠢与恣肆推向了意志的高位。

没错，在多个星球之间，总有一些理性散落，那是智慧的火种，因为愚蠢的存在，他们被掺进了万物中，就像是发酵剂。

啊，我头顶这片湛蓝的天空，你这纯真的家伙啊，现在，对我而言，你就是纯真的，不朽的理性从来都不存在，理性的蜘蛛与它的罗网更无法永恒。

以我之见，你就是一个舞池，一个供神性跳舞的场所，你就是一张圆桌，一张供赌博的人用来掷骰子的圆桌，当然，你也是骰子，那用来游戏的骰子，那充满了神性的骰子！

但是，你面红耳赤了吗？你感到羞耻了吗？是不是我说了什么你羞于启齿的事情？是不是我对你的祝福其实本就是一种诅咒？

又或者，你是在害羞，因为，我们已经在一起？莫非你想要我无声？莫非你想让我离去，只因为，白天来了！

世界是深刻的，是幽邃的——并且，它比白天想象的更幽邃，它比白天所憧憬的更深刻——在白天，有一些话语是无法言明的，但现在，恰好是白天，所以，亲爱的，分手吧，我们应该相互告别了！

啊，我头顶湛蓝的天空，啊，你这个羞涩的家伙，你这个热烈的家伙。在太阳没有出现之前，我们相拥在一起，我们享受着幸福，但现在，我们分手吧，我们该告别了，因为，白天已经到来！

查拉图斯特拉如是说。

49. 凋零的德性

一

终于，查拉图斯特拉再次踏上了大陆，他并没有直接回到那孤独的山林，也没有前往自己曾经居住的洞穴，相反，他东奔西走，他问东问西，他走过很多路，也经历过很多事情，连他自己说起自己的时候都满是嘲谑，他说："瞧，我就是一条河，一条向着起源之地奔流的河，但我奔流的路线却是蜿蜒的、曲折的。"查拉图斯特拉想要知道，在自己离开的这段时间，人类发生了什么变化，是变得伟岸了，还是变得愈发的卑微。有一天，他看到了一排崭新的房舍，讶异极了，他说：

任何一个伟岸的灵魂都不会用这些崭新的房舍来比喻自己，所以，这些房舍又有什么意义？

也许是一个呆傻的孩童把它从玩具盒里拿出来的，另一个拿着玩具盒的孩子会来到这里，把这件玩具收走。

而且，我很怀疑，人们真的能够走进这些房舍吗？在我看来，这些房舍，房舍中所有的一切都是为那些或许也会与别人一起分享自己偷来的美味的野猫或者洋娃娃准备的。

站在房舍前，查拉图斯特拉思忖良久，终于开口说："所有的一切都变得渺小了。"他的声音中充满了哀伤。

查拉图斯特拉看到了那些房舍的门扉，像他一样的人也不是不能进入，但前提是他必须弯下自己的腰，因为，那些门实在是太低太矮了。

遥望着远方，查拉图斯特拉发出一声叹息——什么时候我才能重回我的故乡——在故乡我不需要向任何人弯腰。

也就是在那一天，查拉图斯特拉作了一次演讲，一次和凋零的德性有关的演讲。

二

我行走在人群中，睁大了我的眼眸，人们不愿意原谅我，因为他们没有看到我对他们的德性的妒忌。

我告诉他们，渺小卑微的人与渺小卑微的德性相互匹配；我告诉他们，我不相信渺小卑微的人是这个世界必需的存在。所以，他们扑上来噬咬我！

我就像是一只雄鸡，在一座陌生的农庄中茕茕孑立；我从来都不曾因为母鸡的行为而愤怒，即使我被它们啄过。

在一些小麻烦面前，我总是保持谦和，所以，我对它们也是谦和的。以我之见，命运的彼此相对不过是一种针锋的智慧，一种属于刺猬的智慧。

深夜，他们围坐在一起，炉火熊熊，他们谈论的对象只有一个，那就是我，可是，他们之中却没有一个人思念过我。

在我周围，满满的都是他们嘈杂的声响，就仿佛一件噪音织成的衣裳，我把它展开，把我的思想藏在里面，于是，我又学会了一种全新的孤独与宁静。

他们相互说着话，他们说："这浓厚阴郁的乌云想要我们做什么呢？小心点儿，否则，它会把瘟疫传给我们，我们的幸福，它永远都无法体会！"

就在前几天，一个想要靠近我的孩子被一个女子拽走了，她拉住孩子的手，一边将他带离，一边大声地呼喊："赶紧过来，把孩子们拉走，否则，他们的灵魂会被那个人的双眸灼伤！"

在我开口的时候，他们总是干咳不断，似乎在他们眼中，只要不断地咳嗽就能够与强劲的风相抗衡，但是，他们却不知道，也无法猜想，我的幸福早已经无限澎湃与汹涌。

"我们没有多余的时间让查拉图斯特拉浪费。"他们说。但是，这样一个时代，这样一个"没有时间让查拉图斯特拉浪费"的时代，对查拉图斯特拉来说，又有什么好紧张、好在乎的呢？

并且，若是有一天他们竟然学会了赞美查拉图斯特拉，那这种赞美对我而言也是一种刺痛，就像是身上扎着一条带有倒刺的腰带，哪怕早已经解下，但躺在这些赞美中，我依旧疼得彻夜难眠。

并且，从他们的身上我学到了许多，其中就包括这一点：赞美你的人赞美你的目的是想得到更多的馈赠，即使，他看上去仿佛是要把某些东西还给你。

我喜不喜欢那赞美的节拍？我喜不喜欢那滴滴答答、充满了诱惑的曲调？问问我的双脚就知道了！在这样的旋律中，我的双脚陷入了两难，因为，它不愿意静止在原地，但它也不愿意在这样的旋律中起舞。

他们卖力地赞美我，他们想要诱惑我挪动自己的脚步，他们希望我靠近那卑微且渺小的德性，他们想让我应和那他们自以为快乐的滴滴答答的旋律。

我行走在人群中，睁大我的眼眸，我看到，在他们卑微渺小的德性的影响下，他们在不断地变小；我看到在他们那卑微而渺小的幸福面前，他们越变越小，越变越小。

他们是谦卑的、驯顺的，哪怕是在德性上——他们追求一种愉悦、一种惬意，而与这种惬意相伴而生的永远都是驯顺的、谦卑的德性。

的确，他们也在学着向前走，他们也在学着用自己独特的方式一瘸一拐地向前走，但是，对所有脚步匆忙的人而言，一瘸一拐地朝前行走的他们，其存在本身就是一种障碍。

并且，现在，在人群中，有很大一部分人，他们的脚的确是朝着前方行进的，哪怕一瘸一拐，但他们的眼睛却不是朝前看的，他们的头永远都向着身后，而我，则非常愿意和他们的身体发生碰撞。

无论是双脚还是双眼都不懂得欺骗，更不会揭穿彼此的谎言，但事实上，在渺小而卑微的人群之中欺骗已经司空见惯。

人群之中，总有一部分人希望着什么，但绝大部分的人却都活在被希望中。他们中的大多数都是表演者，而且演技拙劣，但总还有少数人是真挚的、诚实的。

在他们中间，大多数的表演者都悖逆了知识、悖逆了某种正确的意志，但是，总还有一部分人是真诚的，对，他们也是表演者，但很真挚、很诚恳，即便，这样的人很少、很少。

在这里，男子气概是一种很稀缺的东西，因此，女性总希望自己能够英气十足，只有这样，她们才能从女人堆中将那个女人拯救！

并且，我还发现，他们身上存在一种极端恶劣的伪善，即便是发布命令的人，也愿意用属于被命令者的驯顺的德性来伪装自己。

“我服役，你服役，我们服役！”发号施令的主宰者们这样祷告，真是不幸啊，第一个统治的人也是第一个被统治的人。①

噢，我讶异的眸光也可能在他们虚伪的善良之中失落；我已经看透了他们所谓的幸福；我已经看透了在洒满阳光的玻璃边嗡嗡乱叫的、作为苍蝇存在的他们，所谓的幸福！

我目睹了太多的善，我也看到了太多的虚伪柔弱；我目睹了如此多的怜悯与公正，我也目睹了如此多的柔弱与虚伪。

他们就像是一粒粒的沙子，彼此之间充满了善良、正义、圆融，但这些善良、正义、圆融也不过是沙子与沙子之间的善良、正义、圆融。

他们谦逊卑微的拥抱着那被称为“驯顺”的幸福，与此同时，他们还谦逊卑微地凝望着另外一种幸福，一种同样渺小，但全新的幸福。

从本质上来讲，他们都是天真的，他们天真的祈望不会受到任何人的伤害，因此，他们善待每一个人，对每一个人都献殷勤。但实际上，这种被他们称为德性的善待与殷勤，就是一种胆怯，就是一种懦弱！

这些胆小的、渺小的人啊，他们从不高声说话，哪怕是他们言辞最粗鲁最暴烈的时候，在我耳边响起的也不过是一声声的嘶哑，是的，他们的声音是模糊的，是嘶哑的，而让他们嘶哑的则是风，每一阵风。

伶俐是他们的本能，他们的德性同样具有这种本能，但是，即便他们德性的手指再伶俐，却依旧不懂得应该将自己藏匿在拳头的背后，而且，对他们而言，拳头也是不存在的。

---

① 弗德里希大帝说：“君主是国家的第一仆人和第一大臣。”

从他们的角度来看，德性其实就是一种物品，让人变得驯顺、卑微、谦虚、恭敬。也正是因为如此，人类成了自己所饲养的最好的牲畜，也正因为如此，桀骜的狼让他们变成了摇尾乞怜的狗。

“我们已经在奄奄一息的角斗士与知足常乐的猪之间摆好了自己的椅子，是的，我们把椅子放在了正中间，这样，两者和我们的距离就一样近了。”他们的眼眸中写满了自得，而我，从他们的自得中读出了这样的话语。

可这是什么，虽然，它有一个好听的名字叫作节制，但实际上它就是平庸。

三

我行走在人群中，说了许多话，也遗落了许多言论，但却没有人懂得去拾取，更没有人懂得去铭记。

我没有斥责恶劣的习惯，我没有批判肮脏的淫欲，这让他们感到无比的讶异；并且，我来到这里也不是要告诉他们应该如何提防盗窃者，是的，我来不是做这些的！

我并没有刺激他们，我也没有对他们的伶俐推波助澜，这让他们感到无比的讶异，但实际上，在人群之中，伶俐聪慧的人真的还不够多，对我而言，这些伶俐的人发出的嚓嚓声就像是石头做的笔尖划过纸张的声音。

“你们这些喜欢双手合十、不断祷告的人啊，你们这些对悲泣情有独钟的人啊，我要诅咒，诅咒你们身上的魔鬼，诅咒你们的胆怯，诅咒你们身上那胆怯的魔鬼！”当我这样疾呼的时候，他们给出了自己的回应，他们也在高喊，他们在喊：“查拉图斯特拉，你这个无神论者，你这个不信仰神明的人！”

他们这样喊，是的，他们那被称为德性的“驯顺”的导师教导他们这样喊，但我不一样。我要凑到他们的耳朵边，我要对着他们的耳朵大叫：对，查拉图斯特拉就是一个不信仰神明的人！没错，我就是一个无神论者！

你们这些一直在宣扬驯顺的教师啊，你们就像是一个个的虱子，你们爬过的地方，会溃烂，会生病，会变得卑微，会长满脓包，而我，之所以不愿意扼杀你们，只不过是因为你们让我太过厌恶！

没错，我就是要这样劝导他们，我就是要对着他们的耳朵如此大声地说教，我要告诉他们，我是查拉图斯特拉，一个不信仰神明的人，一个纯粹的无神论者，而且，我还要告诉你们：“我会乐于接受某个人的指点，如果他能比我更不信仰神明。”

是的，这就是我，查拉图斯特拉，一个不信仰神明的纯粹无神论者。和我一样的人在哪里？我要如何去寻找他们？是的，在这里，所有摒弃了驯顺的人，所有树立了自己独立意志的人，都是我要寻找的人，都是和我一样的人，是我的同类、我的伙伴。

是的，这就是我，查拉图斯特拉，一个不信仰神明的纯粹无神论者。我在我的锅里烹煮着偶然，全部的偶然。我要将它们彻底地煮熟，只有这样，我才能将它们视作食物。

是的，大部分的偶然都是霸道的，它们蛮横地朝我靠近，但相比于它们，我的意志更加的蛮横，于是，它们服软了，它们跪在我的脚边，向我发出请求——

它们恳求我将自己的心灵赠予它们，它们恳求我让它们在此借住，它们在我耳边殷勤地低语：“为什么只有伙伴之间才能相互靠近呢？瞧啊，快来瞧，查拉图斯特拉！”

但是，我要怎么回应呢？我能怎么回应呢？我只能对着所有凛冽的、强烈的风呼喊，在其他人拥有和我一样的双耳之前。我喊道：

你们这些卑微的人啊，你们这些追求惬意的人啊，你们这些渺小的人啊，你们会不断地改变，变得更卑微，更渺小。

你们会支离破碎，你们将被摧毁——被你们那海量的、渺小的德性摧毁！被你们那海量的、不经意间的疏漏摧毁！被你们那海量的、微小的驯顺摧毁！

在你们生存和繁衍的大地上，有着太多的驯顺、太多的关怀、太多的屈服、太多的服从，但是，如果无法把根深扎在坚硬的岩石中，就没有任何一棵树能够挺拔地成长。

哪怕是那些被你们疏漏的事物，其实也被巧手编织过了，它就在那张罗网里，那张属于人类的，未来的罗网里，而且，哪怕自身的虚无也被你们编织成了罗网，但那也是蛛网，有一只渴求未来血液的蜘蛛静静地趴在罗网中。

并且，你们这些拥有卑微的、渺小的德性的人啊，哪怕在你们收获的时候，看上去也鬼头鬼脑，仿佛是在行窃。可那是一种荣誉感吧，一种“行窃胜过劫掠”的荣誉感，所以，在无法劫掠的地方，你们选择了窃取，哪怕你们是流氓、是无赖。

和驯顺相关的理论有很多，“自给”就是其中一种，但我必须得告诉你们，这不是自给，而是自取，而且，你们这些追求愉悦与惬意的人啊，（随着时间的推移），你们身上被自动取走的东西会不断增加、越来越多。

啊，所有不成熟的希望都会被你们摒弃，你们早已下定决心要偷懒，就像你们曾经下定决心地选择要行动一样。

啊，你们应该明白我在说什么："只有先成为能够希望什么的人，你们才能去做自己希望去做的事。"

"只有先学会真爱自己，你们才能像珍爱自己一样珍爱你们的邻居——用最大的不屑去表达自己的爱恋，用最大的热情去爱自己！"查拉图斯特拉，这个从不信仰神明的人，如是说。

但是，我要怎么回应呢？我能怎么回应呢？在其他人拥有和我一样的双耳之前。对我而言，现在还是太早了，太早了，早了足足六十分钟！

在人群中，我就是自己的先锋，我就是那只穿透阴暗的小巷、对着自己啼鸣的雄鸡！

但是，时间已经到了，无论是我的时间，还是他们的时间。用不了多长时间，他们就会改变，变得更穷困、更渺小、更一无所得，哦，这片值得怜悯的土地，哦，这些让人同情的杂草！

并且，用不了多长时间，他们就会像荒芜的草原与枯草一般出现在我眼前，并且，那个时候，他们对火焰的希冀将超过对雨水的希冀，因为，他们已经对自己充满了嫌恶。

啊，终有一天，我会在正午之前到来，我会把那受到祝福的金色雷霆化作雷火，并且，我要把它们变成那个宣布的人，在神秘的雷火中骄傲地宣布：

终有一天，它们会裹挟着雷火，骄傲地宣布：伟大的正午已经来临，它已经来临！

查拉图斯特拉如是说。

50. 橄榄山上

寒冬就仿佛一个恶劣的客人般不期而至，我们一起端坐在屋中，他友善地向我伸出双手，于是，我的手因为和他握手变得青紫而肿胀。

对这个恶劣的客人，我充满了尊敬，但我却不想留在他身边，他还是独自一人端坐比较好，所以，我要逃离，我要巧妙地从他身边跑开。

于是，我跑了，用我温暖的脚掌，带着我同样温暖的思绪。我跑到了橄榄山，那里，风和日丽，那个角落，充满了阳光。

躲在橄榄山的阳光中，我偷偷地嘲笑我的客人，他太严厉了。可是，我还是要感谢他，要好好地款待他，因为，他帮我赶走了总是在屋里乱叫的苍蝇，还帮我消弭了不少噪音。

他对蚊子在耳边的嗡叫忍无可忍，一只不行，两只更不行。而且，所有的胡同、所有的街巷都因为他的到来而变得寂静而寥落，以至于当深夜来临，当清冷的月光独自漫洒小巷，月光也会不寒而栗。

我尊敬我的客人，即使他冷漠无情，我不是一个娇惯的人，我更不会崇拜火神，不会崇拜那大多数人都在崇拜的大腹便便的偶像。

我的天性决定了我的行为：绝不崇拜烈焰中的偶像，哪怕在寒冬被冻得牙齿发颤。我憎恨所有烈焰中的火神，那些所谓的偶像，无论是潮湿发霉的、散发着淫欲的，还是头顶蒸腾着雾气的。

在寒冬，我会比在盛夏更爱我所挚爱的事物；现在，我能更肆意、更畅快地对我的敌人进行嘲讽了，因为，寒冬正在我的家中安坐。

是的，没错，就是畅快的、肆意的嘲笑，随时随地，哪怕是我爬上自己的床铺的时候——在那里，我可以尽情地嘲讽，用我悄悄藏匿的快乐去嘲笑，用我充满了欺骗的梦想去讥讽。

我是一个卑躬屈膝的人吗？我会在地上匍匐前行吗？我这一辈子，从来都不曾在权势面前低头，更不曾因为权势而匍匐；假如我曾经欺骗过，那么，我的谎言也是善意的，是因为我的挚爱。所以，我很开心，哪怕是躺在寒冬的铁床上。

在寒冬，对我最死心塌地的永远都是我的穷困，是的，那让我忍不住去自我忌妒的穷困，所以，对我来说，一张舒适的大床远没有一张简陋寒酸的小床来得温暖。

每天，在我家中长住的那位客人都会因为我恶劣的行为而小声嘀咕，因为，每天一早，我都会对用一次寒冬冷水浴进行嘲谑。

我还喜欢逗弄我的房客，是的，我非常喜欢用一支蜡烛逗弄他，这样，他就会让天空慢慢显露，它就会让晴朗脱离那灰色的阴霾。

因为，我的恶念总是在早晨的晨曦中最为旺盛；熹微的晨光中，水井中传来吊桶格格的歌声，灰色的小巷里一匹骏马在嘶鸣，温暖的、带着热气在嘶鸣。

在我因为等待而觉得厌烦的时候，晨光微露，晴朗而明亮的天空缓缓地在我面前铺展，它是在为我铺展，为我开启，是的，这冬日的天空，这仿佛雪髯一般的寒冬，这白色的头发，这长着白须的老者。

这无声的天空，这寒冬的天空，太阳被它藏起来了，它经常这么干！

或许，是他教会了我在漫长的光明中保持缄默，不言不语；又或者，是我教会了他这种缄默；抑或，这种沉默，本就不是学得到的，而是我们自己为自己创造的？

所有美好的事物都是多源的，所有最佳的、可以用来恶作剧的事物也带着欢欣跃然于此，他们不会这样，他们不会仅仅做一次，仅仅缄默一次！

漫长的无声就仿佛是寒冬的天空，透过那明亮的、浑圆的眼眸观看着外界的一切，它，其实也是最佳的、可以用来恶作剧的事物啊！

是的，漫长的缄默就仿佛是寒冬的天空，太阳被它藏了起来，同时被藏起来的还有那不屈不挠的、属于太阳的意志。没错，我学会了其中的技巧，是的，我学会了恶作剧，即使，这恶作剧只属于寒冬。

我喜欢这种技巧，我喜欢这样的恶作剧，因为，学会了它，我懂得了应该怎样以不缄默的方式来彰显我的无声。

我的意志应该逃离监控者的实现，我的目的是蒙蔽守候在那里的、面色凝重的人，是的，我逃离了，我成功地蒙蔽住了，用我的话语，和啪啪的声响——那是投掷骰子的声音！

为了隐藏我的根脚，我为自己创造了漫长的光明；为了藏匿我最后的意志，我为自己发明了长久的缄默。

有许多伶俐聪敏的人被我找到了，为了不让别人窥探自己的深度，为了防止别人窥探他们池水中的秘密，他们宁可自己把自己的池水搅弄得浑浊不堪，他们宁可自己把自己的脸庞遮掩。

但是，即便是隐藏得再好的鱼，也终会被钓起，实际上，人类已经做到了。一些更聪敏伶俐的人正逐渐靠近他们，那是充满了怀疑的人，那是打破了自身蛋壳的人！

以我之见，那些向往光明的人，那些真挚诚实的人，那些襟怀坦白、没有秘密的人，恰恰就是那些更加聪敏的人，他们一直都保持着缄默，缄默是他们的智慧。他们的根基无比深厚，他们的内涵无比幽深，以至于没有谁能真正地看透他们，也没有什么能让他们显露，即使，那水是如此的澄明、如此的清澈！

你这缄默的、无声的、长着白须的天空啊，你从来都属于寒冬！你这有一双圆圆的眼睛的无声者啊，你永远都站在我的头顶！你就是一种比喻、一种象征，是我的灵魂在天空中的象征，是我的恶作剧在天空中的比喻！

我已经吞噬了金子，莫非我不应该因为要提防人类将我的灵魂剖开而把自己藏匿吗？

莫非我不应该用踩高跷的方式来隐藏我修长的双腿，难道我不应该想方设法让围绕在我身边的、忌妒我的人、想要伤害我的人对我熟视无睹吗？

他们无法包容与容忍我的幸福，这些灵魂啊，他们是忌妒的！这些已经受损的、发霉的、充满苦恼的、被烟火熏染的、沉闷的灵魂！

所以，我只把我的寒冬和我山巅的冰雪告诉他们，所以，我不愿意让他们知道，在我的山上，还有一处永远被阳光眷顾的地方。

他们聆听着，却只听到了寒风的呼啸，他们不知道，我也像一股南风，深沉的、温暖的、充满希冀的南风，在大海之上穿行，那温暖的、热烈的大海啊！

他们怜悯我，因为我所经历的各种偶然与灾难，但我想说：

“让偶然莅临我身吧，它是那样的纯真，那样的懵懂，就像一个无邪的孩童。”

假如我不是把自己的幸福包裹在灾祸中，假如我不是把自己的幸福藏在冰天雪地里，假如我不是把自己的幸福藏在厚重的外套和熊皮帽子里，假如我不曾用寒冬的困顿与厄难来为自己的幸福遮掩，他们又怎么可能包容与容忍我的幸福呢？

假如我并不曾因为这些忌妒者与伤害者的怜悯而怜悯！

假如我不曾把自己包裹起来，隐藏在他们的怜悯中，假如，我不曾当着他们的面颤抖与叹息！

我的灵魂充满了善意，我的灵魂聪敏而伶俐，哪怕它在恶作剧，因为，它从不将寒冬隐藏，因为它从不把冰雪遮掩，更因为它无所顾忌地将自己的冻疮展露在人前。

有一部分人感到孤独，是因为他们生病了，他们想要逃离；还有一部分人，他们选择孤独，是因为他们想要逃离，从那些生病的人身边逃离。

让围绕在我身边的人都听到我的叹息吧，我对寒冬的叹息，这些流氓、这些无赖，这些自以为睥睨的可怜虫！让他们听到吧，让他们目睹吧，听到我的叹息，看到我的战栗！可我还是逃离了，从温暖的室内远远地逃离了！

“他一定会把自己冻死在知识的冰雪中！”我似乎听到了他们的哀叹，让他们哀叹吧，因为我的冻疮而充满怜悯的哀叹。

这个时候，我还在橄榄山上东奔西走，我用我温暖的双脚来回地跑动，在橄榄山上，在那个被阳光眷恋的地方，我纵情歌唱，我对所有的怜悯进行嘲谑。

查拉图斯特拉这样歌唱。

51. 路过

查拉图斯特拉缓缓地在人群中行走着，他的目的地是他的山林和他的洞穴，但他没有走捷径，他选择了一条蜿蜒的路，他绕道而行。于是，他走过了许多城市，于是，他见到了很多人，于是，不知不觉间，他在城门口驻足，这是一座大城！在城门口，他碰到了一个愚蠢的人，他从对面跑来，他迎着查拉图斯特拉跑来，他张开了双臂，为的却不是拥抱，而是拦路。这个愚蠢的人嘴边全是唾沫，他从查拉图斯特拉身上学到了许多，查拉图斯特拉的智慧宝藏被他不停地借走，他熟悉查拉图斯特拉的言论与格调，他被人们称为“查拉图斯特拉的猿猴”。现在，他站在查拉图斯特拉的面前，张开双臂，拦住他的去路，对他说：

“查拉图斯特拉，这是一座庞大的城市，你无法从这里得到任何东西，甚至，你还会失去你所拥有的一切。

“查拉图斯特拉，对你的双脚多一些关爱与怜悯吧！你因何不懈地在泥沼中前行？你该对这城门充满唾弃，然后，转身、回头、默默地离开。

“在这里，所有伟大的思想都会被烹煮，被烹煮成无数支离的碎片，对所有源于隐逸者的思想来说，这座城市就是炼狱。

“在这里，所有伟大的情怀都将面临同样的结果——糜烂变质：只有瘦骨嶙峋的情感才会在这里格格作响！

“你难道没有闻到那属于厨房的独特气息？对，没错，这里就是一个屠宰场，专门对伟大的思想和精神进行杀戮！你难道没有闻到那腐败恶臭的气味吗？那正是已遭屠戮的精神散发的。

“你难道没有看到挂在那里的那些肮脏的、破烂的布条吗？那就是这个城市的灵魂，对，一种叫报纸的东西就是这些枯萎干瘪的烂布条发明的。

“你难道没有看到那些污浊的、用文字积聚的泥潭？那是精神的呕吐物！你难道没有看到那些拙劣的、以文字为道具的游戏？那都是精神变幻而来的，在这里，精神被强迫成为一种游戏，污浊的文字泥潭也成了灵魂们制造报纸的原料！

“灵魂们相互追逐，不断地奔跑，却不知道自己要到什么地方去。灵魂们相互刺激，为了彼此而欢欣，却不知道原因是什么。它们咣啷咣啷地捶打着属于自己的铁皮，与此同时，还叮叮当当地抚摸着自己的金子。

“滚烫的开水是他们所追寻的温暖的源泉，他们追寻，因为他们寒冷；冰冷的精神是他们所追寻的清凉的源泉，他们追寻，因为他们灼热。他们像是染上毒瘾一般喜欢上了倾听民意，是的，这就是他们，全都病入膏肓、孱弱不已。

“这里是所有淫荡的欲望的驻留之地，这里是所有恶劣的习惯的长久家园；当然，这里也有一些被指定的、聪明机敏的德性，当然，这里也有一部分有德性的人。

“是的，那被指定的、聪明机敏的德性，那强烈的忍耐，那用于书写的伶俐的手指，那坚定的静坐的功夫，那悬挂在胸前的、侥幸得到的、用于装饰的星星，还有那些女子，那些到处充塞的、不凸不翘的女子！

“在这里，流着涎水献媚的、虔诚的信徒大有人在；在这里，在军队之神的面前，一切的阿谀都在虔诚的烈焰中被烘烤。

“没错，从高空坠落的的确是一颗颗的星星，和满溢着慈悲的唾液，而那些胸前没有星星作为装饰的人，一直都在虔诚的向着高空仰望。

“月光有属于自己的清冷余晕，月光的余晕中也还存在着属于自己的畸形，是的，那就是一个畸形的怪胎，但所有虔诚的民众，所有愿意祈求的、伶俐的德性都在祷告，对着月光余晕中的怪胎祷告。

“‘我服役，你服役，我们服役，’那些伶俐的德性，这样虔诚地向王侯祈求、祷告，于是，他们的胸前终于有了作为装饰的星星，哪怕，这星星原本就该属于他们，哪怕他们的胸膛一如往昔瘦弱尖削！

“但是，所有的凡俗事物依旧是月亮旋转的轴心。但是，商人们手中的金子——那最最凡俗的事物，依旧还是王侯们旋转的轴心。

“王侯们一直在思考，但真正在幕后操控的却不是他们，而是商人。毕竟，军队的神明并不是坐拥黄金的神明。

“查拉图斯特拉，唾弃这些商人吧，唾弃这座被商人掌控的城市吧，用你身上所有的温良、善意、光明和健壮来唾弃他们吧。唾弃之后，请转身，远离它。

“这里，这座巨大的城市，不过是一堆浮华的垃圾的聚集地，在这里，这座巨大的城市，血液是冷的，虽然仍在流动，但却是在因腐败而蒸腾的泡沫中流动！所以，查拉图斯特拉，唾弃这座城市吧，唾弃这座充满了受压迫的灵魂的城市，唾弃这个胸膛尖削、眼睛尖细、手指上沾满黏液的城市吧！

“唾弃这座巨大的城市吧，这座城市已经被虚荣的人、无耻的人、吵闹的人、发烧的人、爱舞文弄墨的人、纠缠不休的人所占据。

“唾弃这座巨大的城市吧，在这里，集聚着所有腐坏的、阴郁的、淫荡的、名声败坏的、谋逆的、溃烂的东西，并且，这些东西全都在这里化了脓！

“唾弃这座巨大的城市，转身离去吧！”

“闭嘴吧！你厌恶你所说的话，更厌恶你这个人！”查拉图斯特拉忍无可忍，对着那个满口唾沫的演讲者大喊：

“你变成了蟾蜍和癞蛤蟆，莫非一定是因为你一直居住在肮脏的泥沼里吗？

“现在，你的血管中流淌的是什么？是泥沼污浊的血液？是那腐败的、冒着泡的血液？是它让你如此的喋喋不休？是它令你呱呱叫着不断诽谤与诋毁吗？

“你可以到山林中去，你可以到田野中去，你可以去耕种，你为什么不去？你不去的理由是什么？难道你不知道，有许许多多葱绿的岛屿在大海之上漂浮？

“我对你的轻蔑充满不屑，我想知道，是什么原因让你在对我发出警示之前不先对你自己发出警示？

“我不屑的鸟儿应该高飞，我的警示之鸟应该远离泥沼，是的，它们应该在爱的天空中高飞。

“你这满口唾沫的家伙！你这愚蠢的人！人们把你叫作‘查拉图斯特拉的猿猴’，但我更愿意称你为‘查拉图斯特拉的咕咕猪’——因为你，我的赞美被糟蹋，是的，你的咕咕糟蹋了我的赞扬，哪怕，我赞扬的对象是愚蠢。

“你咕咕的理由是什么？莫非，是向你献殷勤的人不够多？你不断地咕咕，你喋喋不休，莫非是因为你正端坐于垃圾堆里？

“我早就把你看透了，你这个愚蠢的、爱慕虚荣的家伙！满口的唾沫就是你报复的手段，而你，也的确有足够多的理由去报复！

“但是，哪怕你有千万种理由，你愚蠢的言语对我也是一种伤害！而且，假如我也有着千万种比我的话更充实的理由，你是不是要对我公正一些，你是不是要对我的话公正一些！”

查拉图斯特拉如是说。站在这座大城市前，他沉思良久，他无奈地叹息，最后，他说：

“我也对这座巨大的城市充满了厌恶，它不需要改变，它的每一处都拒绝改变，它的情况也不会恶化，我厌恶它，不仅仅因为我厌恶那个愚蠢的家伙。

“真是悲哀啊，这座巨大的城市，我真想看到它被绑缚在柱子上，我真想看到它被烈焰焚烧！这烈焰与火主必然会在伟大的正午来临之前出现，这就是命定，是我们自己的时间与命定，但是，我没有意愿把所有的面纱与谜团都一一揭开，所以，我将离去。

“但是，临走之前，我还是要教导一些你这个愚蠢的家伙，人们应该从他再也无法去爱的城市旁边绕过！”

查拉图斯特拉如是说。他绕过了这座城市，也绕过了那个愚蠢的人！

52. 背叛者

一

这片草地已经枯萎、灰白，即使，不久之前，它还绿草如茵、光鲜亮丽；并且，我在这里得到了不少蜂蜜，我把它带进了我的蜂房，我究竟带走了多少呢？那寓意着希望的蜂蜜！

是的，这些灵魂已经苍老了，即使，他们的身体还年轻。苍老了吗？没有！只是变得倦怠了、庸碌了、懒惰了：而他们把这种转变，向着苍老、倦怠、庸碌、懒惰的转变，称作虔诚，他们的虔诚。

前不久，我还看到过他们出去跑步，那是晨光熹微的时候，他们的身姿很矫健、很勇猛，但是，现在，他们却在大肆地诽谤着自己的矫健与勇猛，而他们那行走在知识中的双脚也已经裹足不前。

事实上，他们中的一部分人曾经抬起了自己的腿，他们要跳舞，于是，我用我智慧的轻笑给了这部分人一些暗示，他们也开始思考自身。刚才，我又瞧见他们了，他们正匍匐着爬向那神圣的十字架。

他们曾经在自由的身边翩翩起舞，像是一位年轻的吟游诗人；他们曾经在光明身边振翅，像一只向往光明的蚊子，但是，随着他们的苍老，他们变得冷漠，并且，苍老的他们早已经变得怯懦，他们只会躲在黑暗中秘密地商讨！

或许，他们早已懊丧，因为自己的灵魂；或许，我早已经被我的孤独吞噬，它就像是一头巨鲸；或许，他们早已懊丧，因为曾经竖起耳朵，在很漫长的一段时间聆听着我的话语，但却徒劳无功。他们听到了我的声音吗？那号角的声音，那作为先驱者的冲锋号！

他们之中绝大部分的人都缺乏一种长久的属于心灵的勇猛与自矜，他们的精神没有耐心，不愿意长久地等待，他们都是胆怯的、懦弱的；只有很少的一部分人，才是有耐心的、勇猛的、自矜的。

是的，绝大部分的人，他们都是胆怯的、懦弱的，他们是被那很少的一部分人所剩余的绝大多数，他们是庸碌的、平凡的、多余的，而且，他们的数量实在是太多太多了！

每一个与我一样的人都能体会到我所体会的这一切，也因此，他们宁可先把已逝者和丑角当作自己的伙伴。

可和我一样的他，还有着另外一群排在第二位的伙伴，他们人数不少，“他的信奉者”他们这样称呼自己，他们有的满怀挚爱，有的还很痴傻，有的怀着年轻人的尊敬与仰慕，他们找到他，是因为他们还没有找到自己。

隐藏在人群中的和我一样的人，最应该拒绝的事情就是把心思浪费在这些信奉者身上；这个信奉者的族群形成得很匆忙，里面的人大多是胆小的、怯懦的，所有对这个族群有所了解的人，都不该在相信三月阳春的明媚和如茵草地的绚美。

假如他们有其他的能力，那么，他们肯定有其他的希冀，整体会被这种半吊子的不伦不类所败坏，树叶要凋落，就让它凋落吧，这并不是一件值得哀伤的事情！

啊，查拉图斯特拉，你没有必要为了它们的凋落而哀伤，让它们凋落吧，让它们离开，与其为之哀伤，倒不如化身为瑟瑟秋风将它们从地上全部都卷起。

啊，查拉图斯特拉，将这些已经枯萎的叶子吹走吧，你应该让它们远离你，尽早远离你！

二

背叛之后，那些胆小的、怯懦的人如是说：“我变了，我变得更加虔诚，我的信仰更加坚定。”是的，他们如是说，很直白，甚至，他们之中还有一部分人胆怯到连说出这样的话都不敢。

我凝视着他们的双眼，我看着他们羞红的面颊，我说，哦，原来就是你们啊，那些再次投入身上怀抱的人，那些重新开始祷告的人！

祷告并不是一件值得惭愧的事情，是的，对部分人来说，祷告并不值得惭愧，但对你、对我，对所有有知识、有良知的人来说，祷告就是一件值得惭愧的事。没错，对你而言，祷告就是一件值得惭愧的事情。

你很清楚这一点：你的灵魂中隐藏着一个魔鬼，这个魔鬼很胆小、很懦弱，双手合十是他的爱好，他不愿意去做什么，他觉得这样无所事事才最惬意——是的，就是这个胆小的、懦弱的魔鬼，他告诉你："上帝是存在的。"

可恰恰因为这样，你开始害怕光明，无论任何时候，你都必须将自己的头颅藏匿在漆黑的暗夜与幽深的迷雾之中，藏得越深越好，因为，光明会让你，让所有和你一样的人永无宁日！

并且，你对时间的选择恰到好处，在黑夜活动的鸟儿刚刚振翅离去，所有恐惧光明的人就已经聚集，对他们来说，时间刚刚好，这个时候，正好可以欢呼与庆祝，即使，那个时候并没有什么可欢呼、可庆祝的。

我听到了一个消息，我也闻到了一种气味，他们要开始狩猎了，他们搬家的日子就在今天，当然，这种狩猎一点儿都不狂放，也不粗野，它是那些虔诚的信徒的狩猎，是所有鬼鬼祟祟的人的狩猎，它是一种谦卑的、驯顺的、一瘸一拐的、被监控的狩猎。

那些胆小、懦弱却又满怀热切的家伙就是他们要猎取的猎物：瞧，那是捕鼠夹，专门捕猎猎物灵魂的捕鼠夹，它已经被安放好了！并且，一只在夜里活动的飞蛾正朝着我的窗户猛冲，因为，前一刻，我拉开了我的窗帘。

或许，它刚刚躲在某个地方，是的，和另一只飞蛾一起，躲在某个地方？我闻到了一种气味，它飞过的地方都有这种气味，而这种气味是属于那些隐秘的、私密的小组织的；只要有小组织，只要有一个狭小的房间，就会有热衷于祷告的人，和热衷于祷告的人制造的烟雾在房间中出现。

他们经常在深夜聚会，在漫长的黑夜，他们围坐在一起，相互谈论。他们会说："让我们回到童年吧，回到那虔诚地说'亲爱的上帝'的日子，是的，上帝，让我们变回孩童吧！"他们的嘴巴、他们的肠胃已经被虔诚的糕点败坏，那个制作糕点的师傅是那样的虔诚啊！

或者，他们不曾聚坐，而是在漫长的黑夜里长久地凝视着一只狡黠的十字蜘蛛，然后告诉它："去十字架下面编织你的蛛网吧，在那里结网最容易。"对他们而言，这番教导就是对自身智慧最好的宣扬。

或者，他们会坐在泥泞的沼泽边，拿着鱼竿静静地垂钓一整天，对他们而言，自己是深刻的、有内涵的，可在我看来，一个坚持在不可能有鱼的地方垂钓的人连肤浅这样的词汇都配不上。

或者，他们会虔诚地围绕在一位会弹奏、会歌唱的吟游诗人身边，高高兴兴地请他教自己弹竖琴。这位吟游诗人早已经对那些上了年纪的女性和她们的赞美产生了厌倦，现在，他弹竖琴，为的是吸引年轻的女子，是为了俘虏她们的心。

或许，他们会乐于听从一个博学的人的教导，但这个博学的人已经半疯癫了，他们从他那里只能学到恐惧，可谁又能说这不是他们所希望学到的呢。这些半疯癫的博学者总是在深夜躲在漆黑的房间里等待着上帝的降临，但实际上，所有的神明都已经被他吓得急急逃窜了。

或者，他们会静静地坐在一位苍老的吹笛人身边听他吹奏那哀婉的笛曲，这个嗡嗡唧唧的流浪者，他的凄婉学自悲凉的风，现在，他则在呼唤悲风，希望以那哀婉的笛曲来把自己的哀伤宣讲。

并且，现在，他们中的一部分人已经学会了吹奏号角，也学会了在黑夜中逡巡，他们成了守护黑夜的人，他们想要把那些古老的事物唤醒，哪怕它们已经沉睡了很久很久。

昨天晚上，我听到了两个上了年纪的、枯萎的、满怀哀怨的守夜人之间的谈话，就在花园的一隅。他们说了五句话，而他们谈论的对象，正是那些古老的事物。

“从一个父亲的角度来说，他对自己的子女还缺乏关爱与照顾，还要努力呀，还要做得更好，还要照顾的更仔细，人类的父亲啊！”

“他的年纪太大了，在照顾子女这方面，早已经力不从心。”另一个守夜人给出了自己的答案。

“他真的有子女吗？除了他自己，其他所有人都无法替他证明这一点，而我，很早之前就在想一件事，那就是让他拿出证据，证明自己的确是有子女的。”

“嘿嘿，你说证明？对这个将信仰看得无比重要的人来说，证明实在是太困难、太艰险了！”

“没错，没错，就是这样！上了年纪的人都这样，我们也没什么区别，我们就这样信仰着他，这信仰让他快乐！”

昨天晚上，在花园的一隅，两个上了年纪的守夜人这样交谈，之后，他们把号角吹响，号角声无限的苍凉与哀伤。

但是，我的心却快要支离了，不是因为哀伤，而是因为大笑，我的心笑得痉挛了，它沉到了横膈膜中，而我，已经不知道自己该要到哪里去做些什么了。

真的，这真是一件致命的事情，我在大笑，我忍俊不禁，我笑得差点喘不上气。我看到了什么？我听到了什么？我看到了一头喝得烂醉的驴，我听到两个上了年纪的守夜人在质疑他们的上帝。

难道，这些不是早已经过时了吗？难道这些不是早已经发生过了吗？是的，就是这些，包括对上帝的质疑。现在，已经没有人有胆量去把那些古老的、陷入沉睡的、恐惧光明的事物唤醒了。

是的，诸神的黄昏已经来临，属于神明的时代已经终结。是的，而且，诸神的时代是在愉快之中终结的！

他们的消亡并不是谜团，所谓谜团不过是人类对自身赤裸裸的欺骗！与之相反，他们知道自己是怎样消亡的，他们大笑着走上末路！

在诸神的黄昏，在这些事情一件一件接连发生的时候，有一位上帝说出了这样一句对神明最不敬、最值得质疑的话，他说："其他的上帝都是不值得信仰的，你们也不应该去信仰，因为，这个世界上只有我一个上帝！"

是的，这个蓄满白须的上帝、这个恼怒不已的上帝、这个充满了妒忌的上帝，就这样把自己给遗忘了：

听到他的话，神明们都忍不住大笑起来，他们叫嚣："这个世界上从来都没有上帝，而只有众多的神明，什么是神性，这就是神性！"叫嚣着、大笑着，神明们的身体也在自己的宝座上不断地摇晃、不断地摇晃。

已经长了耳朵的人，不妨去听听看吧。

在这座被命名为"彩牛"的小城，在这个他一直都非常钟爱的地方，查拉图斯特拉如是说。从彩牛城出发，只要再走两天，查拉图斯特拉就能回到自己的山林，回到自己的洞穴，他的灵魂已经嗅到了故乡的气息，并为此雀跃不已。是的，他就要到家了，就要重新和他的动物们在一起了。

53. 回乡

啊，我的故乡，我孤独的故乡，我的故乡孤独！我在那荒凉野蛮的异乡生活的时间太长了，正因为如此，当我回到你身旁，我已经忘了应该用泪水洗涤自己的面颊。

现在，你来吓唬我吧，像慈爱的母亲一般用你的手指来吓唬我；现在，对我微笑吧，给我一个属于慈母的温暖的微笑；现在，你随意吧，你疑问吧，你尽管对我说“这是什么人，这是狂暴的风吗？这是从我这里刮走的狂暴的风吗？”

临别的时候，那个人曾经高喊：我已经把沉默遗忘了，因为我长久地和孤独生活在一起，现在，我问你，你学会了吗？你肯定你懂了吗？

查拉图斯特拉啊，所有的事情我都知道，你这个孤独的家伙，你行走在人群中的时候，比待在我身边更孤独、更沉寂、更落寞！

落寞与孤独是完全不同的两回事，现在你明白了！并且，行走在人群中，你从来都是陌生的、狂放的、不羁的。

即便他们对你充满了挚爱，但是，对他们而言，你还是狂放的、陌生的、野蛮的，因为，在爱你之前，他们更需要被庇护、被珍爱！

但是，当你回到这里，当你来到自己的家，你可以尽情地倾吐一切，你可以说所有你想说的话，你也无须羞怯，哪怕是在袒露自己那固执的、被深深隐藏的感情的时候。

当你回到这里，万物都会和你的话语保持亲密，他们会殷勤地应和你、对你阿谀，因为他们想要坐到你的脊背上。当你回到这里，每一个真理都不会拒绝你，你可以骑着任何比喻接近它们。

当你回到这里，你可以和万物对话，无须隐藏，你可以是公正的、直爽的、坦率的、有什么说什么。而且，说实话，对它们而言，人与自然、与万物的直接沟通本就是一种赞美，它们也很乐意耳边响起这样的赞美。

但是，查拉图斯特拉，和孤独不同，落寞又是另一种状况。你还记得吗？那一天，你踌躇地站在森林中，为该去哪里而犹豫，那个时候，你的身边放着一具尸体，你的头顶还回响着你的鹰发出的啼鸣。

那个时候，你对自己说，在人群中生活比在动物之中生活危险多了，所以，让我的动物为我指引方向吧——这是什么？落寞！真真正正地落寞！

查拉图斯特拉啊，你肯定不曾遗忘，那一天，你在自己的岛屿中端坐，在你空空的酒桶中间有一汪酒泉，你为那些饥渴的人斟酒，你把酒泉中的酒赠送给他们。

最后，你自己一个人干渴地、焦灼地在一群醉酒的人之间端坐，你对着深沉的暗夜发出孤独的叹息："相比于赠予，获取不是更幸福吗？相比于获取，盗窃不是更幸福吗？"——这是什么？落寞！真真正正的落寞！

查拉图斯特拉啊，你肯定不会忘记，那一天，当最寂静的时刻来临，你被迫远离了你自己，那时，你的耳边响起了它充满恶念的低语："呼喊吧，说话吧，敲打它，让它破碎吧！"

那个时候，你因为它而对自己的无声和希冀感到嫌恶，那个时候，因为它，你感到无比的沮丧，为自己那诞生于屈服与顺从中的勇气！这是什么？落寞！真真正正的落寞！

啊，我孤独的故乡，我的故乡孤独，你和我说话了，你的声音是如此的柔和，如此的幸福！

我们，从不责难和诘问对方；我们，从不报复和埋怨对方；我们，一起走进彼此敞开的心门；我们，对对方从来都是直白的、坦然的。

在你那里，所有的一切都是敞亮的、光明的、对我开放的；在你那里，一直在奔跑得时光脚步都变得轻快起来。是啊，就是这样，在光明中，人们要背负的东西总会比在黑暗中要背负的少。

当我回到故乡，所有的语言都为我开放，哪怕是圣坛中的言语；当我回到故乡，回到这里，所有的一切都将成为我的语言，所有诞生的事物都要听从我的教诲，向我学习语言，学习该如何表达。

但是，在那里，在山底下，不管是什么语言都不会有作用，在那里，最美好的智慧就是背叛与遗忘，是的，就是这样，现在，我已经懂得了、学会了！

只有把所有的东西都抓在手里，才能明白人类的所有，但是，我的手太洁净了，我做不到这一点。

现在，我对他们呼出的气体感到无比厌恶，啊，我居然在他们那嘈杂的、罪恶的、烂俗的气体中驻留了如此漫长的时间！

啊，围绕在我身边的寂静啊，你充满了幸福！啊，围绕在我身边的气息啊，你是如此的纯洁！啊，我要怎样舒展我那寂静的、深邃的、幸福的胸膛来呼吸这同样寂静但纯洁的空气！啊，我的寂静，你充满了幸福，我要聆听，我要用什么方式来聆听？

但是，在那里，在底下，一切都在发声，但所有的声音却又都不被理睬。钟声是彰显智慧的方式，人们钟爱这种方式，但智慧的钟声最后总是被淹没、最压下，当铜钱叮当作响的时候，摇动铜钱的，正是那些市场上忙碌的商贩。

在那里，一切都在发声，所以，再也没有谁学着去理解，也再也没有谁知道如何去理解。一切都掉进了池水里，幽暗深邃的井泉中则再也不会有任何东西落入。

在那里，一切都在发声，所以，能够到达终点的人再也不可能出现。一切都在发声，发出咯咯咯咯的叫声，但是，却没有人愿意安静地蹲在窝中把蛋孵化。

在那里，一切都在发声，所以，一切都被揭露了、说明白了！而且，对时间和它的牙齿来说，昨天实在是过于坚硬了，它咀嚼了好久，直到今天，才彻底地将它嚼烂，所以，你看，昨天一直都悬挂在今天的嘴边，悬挂在当代人的嘴边。

在那里，在他们那里，一切都在发声，一切也都被泄露。过去，有一些事物被冠上了“神秘灵魂的秘密，深邃灵魂的隐秘”等标签，但是，现在，这些事物无外就是街头吹响喇叭的人，和一些轻佻的花蝴蝶。

啊，人类，你真奇怪，你真令人讶异！你这嘈杂！你这藏匿在昏黄的街道、阴暗的小巷中的嘈杂！你在做什么？现在，你又站到了我的背后——哦，我的背后，已经有巨大的危机在潜藏、在埋伏！

是的，对我而言，最大的危机永远都潜藏在怜悯与珍爱之中，并且，没有哪一个人类不希望被珍爱、被怜悯。

真理被我藏匿在怀中，它受到了压抑。我伸出我的手，像一个呆瓜，带着痴傻迷乱的灵魂；我撒了谎，这是基于小小的怜悯的欺骗——是的，是的，就是这样，我就是以这样的方式在人群中生活。

我坐在他们之中，我对自己进行了伪装，我已经做好了自己认错的准备，只有这样，我才能包容他们，我才能用“你是个呆瓜，你对人类一点儿都不了解”这样的话来劝导我自己。

假如人们总是和人类一起生活，那么，他就永远都不可能彻底地认知人类，因为，太多的表象充斥着他的思维，哪怕是最高远的目光，在这个时候，也无法看到任何东西。

并且，假如他们对我产生了错误的认知，我是个呆瓜，我对自己的爱远远比不上对他们的爱，我总是对自己非常严苛，这几乎成了习惯，甚至，我还经常对自己进行报复，只因为我爱他们。

我仍旧端坐在他们中间，即使已经被剧毒的苍蝇蜇伤，即使磐石般的自我已经被罪恶的水滴穿凿、掏空，我还这样规劝自己：“所有渺小的事物都是无辜的，因为他们渺小。”

我发现，最剧毒的苍蝇就是那些把自己称作善人的人，他们在人们感觉不到任何恶意的情况下把人蜇伤；他们在人们感觉不到任何恶意的情况下对人进行欺骗。这样的他们，又怎么可能用公平正义的态度来对待我。

居住在善人之中，就会因为怜悯而学会欺骗。自由的灵魂在怜悯制造的沉重空气中郁闷地生活着。要知道，善人的愚蠢从来都是不可测的，恍如深渊。

在那底下，我学会了隐藏，隐藏我所有的财富，隐藏我自己，因为，我明白了一个事实，在底下，所有人的精神都是穷困的。我说，我了解所有的人，实际上，那不过是谎言，是出于怜悯而进行的欺骗。

我知道，对底下的所有人而言，精神饱满的定义是什么，精神过溢的标准又是什么？是的，我知道，我目睹过，我也自己闻到过。

他们所谓具有大智慧的人，其实是呆板的，但我从来都不用呆板来形容他们，我愿意说他们是具有大智慧的，就这样，我学会了糊弄，学会了模糊不清的表达。他们之中有掘墓人，我给他们冠上考古者、研究员的标签，就这样，我学会了附和。

掘墓者在荒古陈旧的废墟中不断地挖掘，废墟下有恶臭在积聚，在那里，他们挖出了疾病，并感染了自己！高山才是人类理想的生活之地，人，不该和泥泞的深潭有任何的接触。

终于，我的鼻子自由了，它又呼吸到了属于高山的气息，它被解放了，它的周围再不会有人类的气味。是的，我的鼻子解放了，它幸福地在高高的山峦上呼吸。

我的灵魂在雀跃，在欢呼，它对自己发出了健康的祝愿，即使，它还在打喷嚏。是的，它打喷嚏了，因为被凛冽的山风吹拂着，对，就是这种吹拂，仿佛饱饮美酒，那些泛着泡沫的美酒！

查拉图斯特拉如是说。

54. 三种罪恶

一

今天，晨光熹微的时候，我做了一个梦，最后一个梦，在梦中，我手中拿着一杆能够称量整个世界的秤静静地站在大海的岬角上称量。

但是，在熹微的晨光中，我醒了，晨光照着我的面颊，这个爱妒忌的家伙，它总是对我那抹晕红妒忌不已，那抹晨光中最后一梦所带来的红晕。

我的梦发现了一个秘密，原来，这个世界是可以被一杆秤称量的；原来，这个世界是可以被有闲暇的人测量的；原来，所有羽翼丰满且健壮的人都能够飞翔，飞到这里；原来，那些破解了神性之谜团的人也是可以被揣度、被猜测的。

我的梦很沉静，默默无声，就像是蝴蝶；我的梦很迫切，急不可耐，就像是雄鹰；我的梦很果敢，风暴半之，帆船半之，可是今天，它为何竟然如此富有耐性，为何今天，它竟有兴致与时间一起把世界测量？

或许，是我那一直都对“世界无限”发出嘲讽的智慧对它说了什么；或许，是我那幸福的、理智的、来自白日的智慧对它说了什么？是的，它对它说：“只要是力量存在的地方，统治者就永远都是数字，因为，数字拥有的力量更多、更巨大。”

这个被界定的世界被我那稳稳的梦窥视着、观察着，我的梦很满足，它对新鲜的事物并不钟爱，它对古旧的事物也不偏好，它不害怕什么，也不会祈祷和恳求什么。

世界就像一个成熟丰满的金苹果一般呈现在我的面前，我用手握住了它，它的果皮很细腻，就如丝绒；它的果皮也很柔软，带着丝丝清凉。

世界就如一棵繁茂的、坚定的大树静静地站在属于我的海之岬角上向我颔首示意。它那葱茏的枝叶已经被弯成了足凳、折成了靠背，用来供因为长途跋涉而疲惫不堪的人休憩。

世界就仿佛一只神圣的壁龛一般把自己在我面前展现，这只神圣的壁龛被一双柔软纤美的手捧来；这只神圣的壁龛会为那双眼眸洞开，为那双充满欢欣、崇敬及羞涩的眼眸。

今天，那一直被人类恶意地诋毁着的世界用一种美好的方式在我的面前呈现，它不是一个能够将人类的爱护驱逐出去的谜团；它也不是一种能够让人类的智慧陷入沉睡的答案！

我对我晨曦之中的最后一梦充满了感激，是它，在今日清晨，帮我把整个世界称量。世界是人间很美好的一种事物，它给我的心灵以慰藉，给我的梦想以慰藉，是的，它让我安然，它给我慰藉，它已经来到了我的身边。

并且，我能够如它一般，在白天把这件事完成，我还可以对它进行模仿，我还可以从它身上学会一些东西，一些最美好的东西。现在，我要用我的天平称量三种事物，对，我要称量它们，哪怕它们是人世间再没有其他事物比它们三个更恶毒。

人们总是能从教导自己学会祝福的人那里学到诅咒：我想用我的天平将世界上最恶毒、最该遭受诅咒的三样东西称量，这三样东西究竟是何物？

是的，就是它们，对权力的欲望、淫邪的欲望以及自私自利！它们一向声名狼藉，它们是最应该遭受诅咒的，我要用我的天平称量它们。

好吧，好吧，大海在那里，这里是岬角，我的海之岬角。那毛发蓬乱、神色谄媚、长着一千个脑袋的怪物，不正是我无限钟爱的，对我忠心耿耿的、苍老的狗吗。它正朝着我跑来，它正翻滚着向我靠近！

好吧，好吧，海浪在翻滚，波涛在汹涌，我要站在海面上，手持我的天平站在海面上，而且，我已经找到了合适的鉴证者，对，就是你，就是这棵我钟爱的、枝叶繁茂、芳香四溢的大树，这棵属于隐逸者的大树。哦，大树，我的鉴证着，请集中注意力，静静地观看吧！

哪座桥连接着现在与未来？怎样的力量让高大的人像低矮的人俯首？还有，那促使最高大的人继续向着上方生长的事物又是什么？

现在，我手中的天平是平衡的，它很宁静、很安然。我在天平的一侧放上了三个问题，问题很沉重；天平的另一端将承载三个答案，答案也很沉重。

二

对蔑视肉体、穿着粗布麻衣、不断忏悔的人来说，淫邪的欲望就是一根剧毒的尖刺；对向往着另一个世界的所有彼世论者而言，淫邪的欲望就是一种世俗，是被诅咒的东西。所有将纷乱与迷惑教导给人们的人都是它嘲谑与戏弄的对象。

对流氓和痞子来说，淫邪的欲望就是一把自焚之火，它燃烧着，缓慢地燃烧着；对于所有已经被虫子蛀蚀的木料和所有已经破碎且散发着恶臭的布匹来说，淫邪的欲望就是熔炉，一个早就准备好的、不断沸腾的、炽热的熔炉！

对自由且被解放的灵魂来说，淫邪的欲望就是失乐园中的快乐，是充盈到满溢的当下所收到的来自未来的热忱与谢意，是的，它是自由的，同样，也是无辜的。

对于那些已经萎谢的人，淫邪的欲望就是一种味道甜腻的毒药；对于意志如雄狮般磅礴和坚定的人来说，淫邪的欲望则是一管效果良好的强心剂，是藏匿在美酒之中的美酒，是一直都被满怀敬意贮藏的存在。

对伟大的比喻来说，淫邪的欲望是一种幸福，它是最高希望的象征，它预示着高质量的欢愉。这种希望与欢愉，对群众而言，就是一种走进婚姻殿堂的征兆，甚至，这种希望与欢愉，还远远地超过了婚姻。

群众相互之间总是陌生的，就如男性与女性——男性和女性对彼此而言是如此的陌生，这一点，又有谁能透彻地、彻底地知悉。

噢，淫邪的欲望啊——我要用篱笆把我的思想围住，我也要用篱笆把我的话语保护！是的，我的花园从来都不欢迎猪豚和浪荡的人进入！

对心肠如铁石般冷硬的人而言，对权力的欲望就是一根灼热的长鞭；它是一种残酷的、暴烈的折磨，这种折磨是为最残酷、最暴烈的那个人预备的；它就是一朵火焰，黯淡的火焰，一朵在火刑堆上跳动的鲜活的火焰。

对最爱慕虚荣的群众来说，对权力的欲望就是落在他们身上的牛虻，最恶劣、最狠毒的牛虻！它嘲笑着所有拥有模糊的、动荡的德性的人！任何一匹带着鞍鞯的骏马都会被它骑乘；任何一种受限制的骄傲都会被它盖压！

对权力的欲望就像是一场地震，所有目光空洞的人，所有腐败朽烂的人都会在地震中破碎；它是一个破坏者，它在滚动，它轰隆有声，它惩戒着，它破坏着，所有重新被粉刷的坟墓都是它破坏的目标；它是一个问号，在那被过早给出的答案旁边散发着光芒。

对很多人来说，在权欲的注视下，比猪和蛇更谦卑的匍匐、爬动、屈从、被役使都是理所当然的事情。这种卑微一直都在持续，直到人类的灵魂中生出一种最后的不屑、伟大的不屑，这种不屑在不断地呼喊。

对权力的欲望就是一个令人望而生畏的教导者，他教会了人们那伟大的不屑，它对着城邦，对着整个国度高呼：“滚开！你赶紧滚开！”——直到，“我滚！我马上就滚！”的声音从他们身上响起。

哪怕是生活在孤独中的人，哪怕是天真纯洁的人，也抵御不住权欲的诱惑。它真的非常诱人，它已经升高，高到能够自我满足的地步，它恍如爱情，灼灼的、充满热度，它就是一种诱惑，一种紫色的幸福、尊贵的快乐，它被描绘，被在凡俗的天国之中动情地描绘。

呵，对权力的欲望？假如站在高处的上位者低下头对权力发出呼唤，又有谁会用欲望来描述它？没错，对于这样一种呼唤、要求，对于这样的低头、垂首，欲望是无法描述的，是，它的确是一种癖好，但却全然没有生病的模样。

高高的山峦可以俯首低就谷地，高高山峦上的凉风也可以朝着低洼的地方吹拂，高处是孤独的，但站在高处却不可能永远自我满足，也不会永远孤独。

啊，有没有人能够用一个名字来表述这种美好的渴望。这不可被命名的美好渴望啊，查拉图斯特拉给它取了一个名字——被馈赠的德性。

并且，那个时候，还有一件事情发生了。他第一次用他那强健的灵魂赞美了这种自私自利，他说这种自私自利是健康的，是美好的，是已经被完成了的，所以，它也是福乐的。

是的，这种赞美源自他那强健的灵魂，这种灵魂连身体都囊括了，是的，他的身体，他那美丽的、强健的、高贵的、奋发的身体。它有很多面镜子，事实上，环绕在它身边的所有事物都会被它当作镜子。

这个跳舞的人，这柔和的、坚韧的、令人心动的身体，对它而言，灵魂的幸福都烙印与浓缩其中。这种灵魂的福乐，这种肉体的欢愉，被它赋予了另外一个名字——德性！

它把自己身上所有可能遭到轻蔑的地方都以幸福的名义祛除了，它用一种让自我欢愉的方式将自己保护了起来，用它那用美好的语言和恶劣的语言构筑的神圣丛林。

它也把所有胆小的、懦弱的东西从它自己身上拔除了，它说，所有不好的都是胆小的、懦弱的！从它的角度来看，那些永远都在哀伤、悲叹、忧虑的人都是应该被轻蔑的，甚至，就连那些获得了一些益处，一些非常细微的好处的人，也是应该被轻蔑的。

所有在困苦中寻求欢乐的智慧，在它看来，也是应该被轻蔑的。没错！的确有这种智慧，它们如花朵一般在暗夜中绽放，它们就像深沉暗夜中的一抹阴影，甚至，连它自己，都是这种智慧。也正因为如此，它常常喟叹：“一切都是虚无的，是一种妄言。”

在它的眼中，所有被灵魂用来彰显胆小懦弱的方式都是微不足道的，都是无关紧要的，比如羞怯地提出质疑，比如过度地怀疑，比如为了所谓的誓言而将双手与眼睛丢弃。

在它的眼中，殷勤的人、恭敬顺从的人、奴性深重的人都更加渺小和卑微；在它的眼中，也有这样一种恭敬的、顺从的、殷勤的、奴性的、虔诚的智慧存在。

它甚至开始憎恨，憎恨那些忍气吞声的人，憎恨那些从来都没有想过要保卫自己的人，它憎恨他们，甚至厌恶他们，因为他们活得就像个奴隶，实际上，他们本来就是奴隶。他们太能忍了，他们对所有的一切都逆来顺受，他们非常容易满足，他们已经满足了，他们对充满恶意的目光无限包容，他们将唾沫咽下，那剧毒的唾沫啊！

不管人类在诸神的面前表现得多么谦卑，不管人类在诸神神性的步伐面前看上去多么像是奴隶，也不管人类面对自己的时候表现得何等驯顺，更不管人类对自己那愚蠢的建议多么的卑躬屈膝，但人类对所有和奴隶有关的东西，对奴隶的生活方式，从来都是唾弃的，因为他们自私自利。但是，这种自私自利，又是多么的福乐啊！

所有悭吝的事物，所有充满奴性的事物，所有把腰杆弯曲的事物，被束缚的、不断眨动的双眼，被压抑的、不自由的灵魂，伪善的、驯顺的作风，以及那受到胆小懦弱却宽厚的嘴唇所亲吻的事物，都有一个共同的名字，一个它所赋予的称谓——不好的！

它把被上了年纪的人、奴性深重的人、疲倦的人嘲讽的所有事物都称为虚假的智慧；它也把那些教士恶劣的、可笑的、疯狂的愚蠢称为虚假的智慧。

但是，这些在玩游戏的人——这些有着虚假智慧的人、这些教士，这些灵魂充斥着奴性的人，这些本质上像是女人的人，这些对世界充满厌恶的人——幸福的自私自利被他们的游戏深深伤害了！

并且，人们常常把对幸福的自私自利的伤害称作德性。这些对世界充满厌恶的、胆小懦弱的人，这些背着十字架的蜘蛛，他们有千百种理由来希冀，希冀自己是——无私的！

但是，白天来临了，对于所有这些人来说，这伟大的正午，这一剧烈的转变，就是一把处刑的刀：在这伟大的时刻，当有海量的事物显露，明白的显露！

并且，事实就是这样，若是一个人用完美、神圣来赞美自身，若是一个人把自私自利当成一种福乐，那么他肯定也会是一个预言家，他会把他了解的所有事情都说出来，他会告诉人们：“伟大的正午即将降临，它来了，它来了，它正在靠近！”

查拉图斯特拉如是说。

55. 重力的精神

一

我的嘴是属于群众的：对兔子——那些如丝绒般的兔子而言，我说的话太真诚，也太粗陋；而对笔狐和墨鱼而言，我说的话又那么陌生。

我的手是属一个愚蠢的人的手，他痴傻，他倒霉，那些地方，多么不幸，是的，那些还在为痴傻的人妆点的地方，那些墙壁、那些桌子，那些曾经被傻瓜涂鸦的物件！

我的足是骏马的脚，因为有了它，我才能在田野上驰骋，我才能健步如飞，我才能踢踢踏踏地小跑着将所有的障碍跨越，是的，我喜欢奔跑，尤其喜欢迅速地奔跑，正因为如此，我发疯了！

我的胃是属于鸟类的，是的，是属于一种鸟类的，它非常喜欢吞噬羊羔的嫩肉，所以，我的胃，莫非真的不是属于雄鹰的吗？

现在，我已经具备了部分飞鸟的本性了，我吃一些无辜的血肉，我吃那些迫不及待地要起飞、要飞走的东西，是的，我吃它们，即使它们很少。

特别是，我和飞鸟一样，有着一种仇视重力的精神的本性，并且，那种仇恨，真的是不共戴天！是的，这种仇恨是固定的，是一直都存在的。它飞走了吗？它朝着什么地方飞去？它难道真的迷失在了某处？

我独自一人待在空荡荡的房间里，我想要歌唱，我必须为我的双耳歌唱，而且，因为这些，我也能歌唱了，对，歌唱，唱一首歌。

当然，能够歌唱的人并不只有我一个，当台下聚满了观众，这些歌唱的人目光会变得活泼，眼神会变得丰富，手势会变得伶俐，嗓音也会变得柔和——但我不同，我和其他所有的唱歌的人都不同。

二

如果某一天，有人想要把飞翔的技能传授给人类，那么，他必须得把界石先一一挪走；是的，每一块界石在高空中都会爆裂，当他学会飞翔，就会用一个新名字——轻盈者——来称呼大地。

还没有学会飞翔的人就像是把脑袋深深扎进大地中的鸵鸟，即使，它跑得很快，比跑得最快的骏马还要快。

对他来说，大地是沉重的，生命也是沉重的，这种沉重正是重力的精神希望看到的。我得告诉你们，无论是谁，如果想要变得如飞鸟一般轻盈，想要成为飞鸟，那么，就必须先把“珍爱自己”这一点学会。

这种对自我的珍爱当然和生病的人、染上毒瘾的人所标榜的爱是不同的，事实上，他们身上的爱早就已经腐坏发臭，哪怕是对自己的爱也如此。

我这样告诉人类，你们必须用一种已经完成的、纯净的、健康的爱来珍爱自己，只有这样，你们才不至于迷失，才不会四处奔走，才能够把自我坚守。

很多时候，人们把那四处奔走的迷失的爱称为博爱，因为博爱的缘故，人们一直都在欺骗、在掩饰、在伪装，特别是那些让所有的人都遭受苦痛的人，他们也在欺骗、掩饰、伪装。

并且，爱自己是一种信条，不仅仅属于今天和昨日。毋庸置疑，它还是一种艺术，一种最坚韧、最柔和、最精巧、最极致的艺术。

重力的精神一向如此：在拥有者面前，把他所拥有的一切都隐藏，等待发掘，而且，在发掘的过程中，自我的宝藏永远都被排在最后一位。

当我们还是个婴孩的时候，就已经有了一份嫁妆——表述善与恶的言语以及善与恶背后的价值体系——因为这份嫁妆，我们学会了谅解，谅解我们的生活。

重力的精神一向如此，它让还在摇篮中的生命向它靠近，偶尔，它也会阻挠他们，阻挠他们珍爱自己。

而我们呢，我们用自己坚实刚硬的双肩扛着人类给予我们的所有重担一步一步地在荒莽的山峦之中行走。因为重负，我们汗流浃背，这个时候，我们的耳边就会响起人们的低语：“这就是生命，生命总是这样难以负载!”

不，难以负载的从来都不是生命，而是人类自己。因为，人类往自己的双肩上放了太多太多外来的、和自身迥异的重负。人类把膝盖弯曲，人类在自己的背上驮负满满的重物，就像一只骆驼。

特别是那些内心充满了敬畏，坚韧，善于负载的人，他们把太多外来的价值与言语驮载，所以，生命在他们的眼中，便成了一片荒芜的大漠。

并且，事实的确如此，就连人类身上许多属于自己的东西其实都是难以负载的！这些东西，隐藏在人类身体内部的东西，狡黠而滑顺，极难捕捉，就像牡蛎。

所以，他们需要一个求情的人，一个以珍贵的装饰品的名义来求情的珍贵的外壳。要有华美的外壳，要有美丽的外表，要有一种盲目的聪敏，是的，这也是我们要学习的艺术。

另外，人身上有很大一部分事物其实是极具欺骗性的，比如那些微不足道的、可怜的、太像外壳的外壳！最名贵的佳肴总是找不到懂得品尝的人，许多善良与力量也因为藏得太隐蔽而总无法被揣度、被看透。

最值得珍视的女人都懂得关注那一点点，是的，那一点点，她们让自己少胖一点点，多瘦一点点，因为，那一点点与她们的命运息息相关。

重力的精神一向如此，它让精神对灵魂撒谎，人总是最不容易被发现的，而在所有的人当中，最不容易发现的则是我们自己。

但是，还是有一个人，他发现了他自己，他说我找到了属于自己的善，我也找到了属于自己的恶，他的话语让鼹鼠无声，侏儒们也为此沉默，之后，他们说，无论是善还是恶，都是属于群体的，属于民众的。

是的，我也对那些大量存在的、完全满足的人充满了厌恶，因为，在他们的眼中这个世界就是一个极其善良的世界，世界上没有恶，所有的事物都是善。

普遍的、大量的、完全的满足，能够品尝一切，这并不是最好的品味。事实上，我更敬重那些挑剔的人，敬重那难缠的舌头和倔强的肠胃。因为，他们懂得了什么是我，因为他们已经学会肯定或者拒绝。

只有猪才会本能地吞噬一切、消化一切；只有驴子才会永远肯定，是的，只有驴子和那些具有驴子精神的人，才永远都保持肯定，永远都说，是，是啊。

我的兴趣要求我对火红与深黄充满喜爱——所有的事物都被它掺杂了火红的血液——但是，如果经过粉刷，房子变成了白色，那么，他就会把一个经过粉刷的、白色的灵魂拿给我看。

我钟爱鲜血，但是总有一些人与我的兴趣相悖，他们不喜欢血肉，他们只钟爱木乃伊和鬼魂。

并且，我的兴趣要求我远离那个人人都唾弃的地方，与其在一个被大众当作痰盂的地方生活，还不如和盗窃者、作伪证的人成为邻居。任何人，无论是谁，嘴里都不可能永远含着金子。

所有阿谀奉承、溜须拍马的人都是我厌恶的对象，而且，我还发现了一种生物——寄生虫——没有哪种动物比它更恶劣、更令人憎恶了——它从来都不愿意对他人付出一点爱，却又以其他人对它的爱护为生。

我不会在那些没有第二种选择的不幸之人身边建造我的小屋，是的，这种人，他们没有第二种选择，成为邪恶的野兽，或者成为邪恶的驯兽师，只能选择一种，唯一的一种。

在我看来，所有一直都生活在等待中的人都是不幸的——地主、店主、君主、商人、税务官，所有这些人都是我所厌恶的，他们的存在都与我的兴趣相悖。

没错，我也在等待，我学会了等待，我完全掌握了它，但最重要的是，在那之前，我还学会了跑步，学会了站立，学会了跳跃，学会了舞蹈，学会了攀登。而且，我所等待的对象只有一个，那就是我自己。

这就是我要教给你们的——飞行并不是飞翔的基础——在产生学习飞翔的欲望之前，一定要先学会站立、行走、奔跑、攀登与舞蹈。

借着绳梯，我攀上了大量的窗户；我用我自己伶俐敏捷的双腿爬上了桅杆；那桅杆，那高高的、满是知识的桅杆啊，我端坐其上！在我看来，这种幸福并不是一种微末的、无关紧要的幸福。

就像那微小的、星星点点的火焰，它闪烁着，在桅杆的顶端，晦暗不明的闪烁，它很小，只有一点点，但这微末的光明对漂泊在海上的人，以及遇难船只的幸存者却是一种安慰、一种莫大的安慰！

我找到了属于我自己的真理，通过各种不同的方式，通过条条不同的道路；我到达了足够高的地方，站在这里，我能够极目远眺，并且，很显然，我并不是顺着唯一的一座绳梯爬上来的。

并且，我从来都不向他人问路，这对我而言，是对自身兴趣的一种悖逆。所以，相比于问路，我宁可去自己探寻，自己去探寻道路，自己去对道路本身进行询问。

对我来说，每一次前行都是一次试探，每一次行进都是一次追问，而且，我得说，人类必须要懂得一点，那就是给自己的追问寻找一个答案，而这，恰恰正是我的兴趣所在。

是的，对于这一点，我没必要感到羞耻，也不需要刻意地隐藏，它不是一种美好的兴趣，也不是一种邪恶的兴趣，它只是我的兴趣，对，就是这样，它是属于我的兴趣！

对所有的问路者，我的回答都一样：“现在，对我来说，这——（我的兴趣）——就是我要走的路。你们呢？你们找到属于自己的路了吗？”因为，原本，这条路就是虚无的，它本来就没有存在过。

查拉图斯特拉如是说。

56. 旧的牌与新的牌

一

我坐在牌堆中，静静地等待着属于我的时刻来临。牌堆里，有的牌已经陈旧，有的牌很新，但仅仅被书写了一半。哦，我的时刻啊，究竟什么时候才会来临？

是的，我想要再次走进人群，我想要降落了，哦，我下降的时刻，我没落的时刻，你究竟什么时候才会来临？

是的，我现在在等待，等待雄狮和鸽群，它们都是征兆，在我的时刻到来之前我必须要第一个获得的征兆！

我一直都在和我自己述说，以一个有富余时间的悠闲者的身份，因为，没有人把新事物讲给我听。

二

当我再次走进人群，我看到他们于狂妄之上端坐，他们总以为自己已经知道对人类来说善与恶究竟是什么。

他们总是对和德性有关的理论充满厌倦，对他们来说，德性实在是太陈旧了；每一个人在睡觉之前总会把善恶来探讨，因为，只有这样，他才能安然入睡。

当我走进人群，安睡的他们被吵醒了，因为，我这样对他们说：除了创造者，所有的人都不懂善恶。

可是，能够赋予大地意义，能够为大地创造未来，能够定义某种事物善与恶的创造者正在为所有的人类创造一个目标。

并且，我教会了他们颠覆，颠覆那古老而陈旧的德性讲坛，以及那古老的狂妄端坐的地方；我教会了他们嘲笑，嘲笑圣徒，嘲笑上帝，嘲笑德性的讲师。

我叫他们嘲笑满目阴沉的智者，嘲笑那些对生命之树上的人们发出警示的黝黑的稻草人。

我坐在路边，是的，我就坐在那条属于他们的、宽阔的、通往墓室的道路旁边，我的身边躺着僵硬的尸体，我的头顶有秃鹫盘旋——我嘲笑他们——嘲笑他们的过去，嘲笑他们的荣耀——那注定衰颓的、腐朽的荣耀！

没错，我大声呼喊，我像一个传教士、一个傻瓜那样呼喊，对着他们伟大的怒火呼喊，对着他们渺小的愤懑呼喊，哦，我从来都不劝导人们去忏悔。我笑了，就这样笑了，因为，他们那极致的善良与极致的邪恶竟然都如此的渺小！

是的，我笑了，我那诞生于高高的山峦之上、充满了最原始的野性的智慧笑了，我那伟岸的、时刻准备振翅的伶俐的希冀笑了，它们笑着，并从我的心灵深处发出了呐喊之声。

并且，它常常大笑着带我飞翔，对，它带着我离开，带着我向上飞：于是，我仿佛一直颤抖的利箭飞过了我的欢愉，那在阳光中沉醉的欢愉；

我向上飞，如利箭一般，飞到了那难以想象的未来，我飞到了南方，那个对比所有雕塑家梦想的南方更靠南的地方，在那里，诸神在舞蹈，在那里，诸神羞于自己的盛装。

我要说话，像所有结结巴巴的蹩脚吟游诗人那样说话，没错，我要习惯比喻，没错，我感到羞耻，因为，我必须得成为一个吟游诗人，哪怕我不情不愿！

在那个地方诞生的所有事物，在我看来都不过是神明的舞步与恶作剧，但是，令人欣喜的是，世界自由了，它得到了解放，它回归了自我。

以诸神不朽的自我回归与自我躲避的形式，以诸神永恒的幸福冲突、彼此邂逅、彼此拥有的形式。

在那个地方，以我之见，时间本就是对瞬间的一种嘲弄，一种快乐的嘲弄。在那个地方，自由与必然性是等同的，而必然性，也总喜欢快乐地把玩自由的倒刺。

在那个地方，我还发现了我的旧敌的踪迹，是的，就是它，那个魔鬼，那重力的精神，以及所有被它缔造的事物：善恶、意志、目标、终点、律法、必要、强迫。

莫非为了那轻盈，我们不是必须要跨越重力的精神和它的缔造？莫非为了那轻盈，我们不是必须要在外面舞蹈？莫非为了那最轻盈，我们不是必须要保留鼹鼠？莫非为了那轻盈，我们不是必须要让侏儒变得笨拙？

三

就是在那个地方，我宣称，有一种人类必须要克制、要征服的事物存在，那就是人类自身！也就是在那个地方，我捡到了一个词汇——超人。

人类不是最终的目标，而只是一座通向最终目标的桥梁；是的，人类是一座桥梁，是一条道路，道路的尽头是全新的、熹微的晨光，所以，人类应该庆幸，为自己伟大的正午，为自己没落的黄昏。

查拉图斯特拉对于正午的描述，还有它那些高于人类认知的、悬于人类头顶的言论，就仿佛是晚霞，被绚烂而尊贵的紫色渲染的晚霞。

是的，事实就是如此，我让他们观看了，观看了那全新的暗夜，观看了那暗夜中全新的、闪亮的星辰，并且，我还用我那用畅快的大笑构筑的帐篷笼罩了他们，是的，那个时候，我凌驾昼夜，我高坐云端。

我把我那热烈的追求告诉了他们，我也教会了他们带着诗意去缔造，我教给他们把所有的事物，把那些散落在碎片、谜团和恐怖的偶然相互拼接、重新聚合。

以吟游诗人的身份，我把创造的秘诀传授给了他们；以解谜者的身份，我告诉他们救赎最根本的方法就是创造，以恐怖的偶然的救赎者的身份，我教会了他们救赎，用创造去救赎，救赎所有曾经存在的事物。

救赎人类的曾经，对所有的“它过去”进行改造，直到意志对我们说：“这就是我希望看到的！我过去就希望这样，我现在也希望这样，在未来，我还希望这样——”

是的，这就是我的救赎，也是我教会他们的唯一能够称之为救赎的救赎。

现在，我要再次靠近他们，是的，这也是最后一次，我在渴望，渴望我的救赎。

没错，这就是原因，我渴望的原因，我要再次回到人群中，我要在尘世中走向没落，我要把最珍贵、最丰厚的礼物送给他们，在我走向死亡的时候。

这是我从夕阳这个满盈而溢的家伙那里学到的，是的，夕阳已经西落，但它却把自己那无尽的财富送给了大海，是的，它把自己的金光、自己的余晖送给了大海。

正因为如此，哪怕最穷困的渔民也能够在夕阳中摇动那珍贵的船桨——那金色的船桨！过去，我目睹了这一切，所以，那一刻，我泪流满面。

查拉图斯特拉也希望能够像夕阳一般走向没落。现在，我坐在牌堆中，静静地等待着属于我的时刻来临。牌堆里，有的牌已经陈旧，有的牌很新，但仅仅被书写了一半。

四

瞧，这里有一张牌，崭新崭新的牌，可是，我的兄弟们呢？那些能够帮助我将新牌运送到山谷中、搬到肉心①里的人，我的兄弟们，他们到哪里去了？

我爱那最遥远的事物，因为对它的挚爱，所以，我要求自己不去宽恕我的邻居，我告诉自己，那种需要被克制、被征服的事物，就是人类！

克服人类的方式五花八门、不一而足，来，瞧瞧吧，在这里，认为“人类可以被跳过去”的只有一个人，那个小丑，那个丑角。

就算是和你的邻居聚在一处，你也不能忘记克制，不能忘记征服，克制自己，征服自己！并且，假如你能够自己去获取某种权

① 《圣经》用法。

力，你就不应给等待被赠予，被他人赠予。

没有人能为你重新做一次你已经做过的事情。瞧，报酬和补偿，原本就不存在。

若是一个人无法对自己发号施令，就应该学会服从。但事实上，大部分的人能够指挥自己，能够对自己发号施令，但他们却不愿意服从自己，要让他们学会对自己服从，还有一段漫长的路要走。

五

拥有高贵灵魂的族群从来都不希望平白地占有任何事物，特别是生命。

只有平庸的流氓，才愿意徒劳地活着，才想平白地占有生命。除了流氓，我们其他的人，总是在思考，要用怎样的方式来报答生命，什么样的报答对生命来说才是最美好的——当生命将自己在我们面前铺展的时候。

并且，事实的确如此，“生命对我们作出了承诺，它给予了我们一些东西，因此，我们要坚决的守护这些东西，为生命的缘故！”这真是一种高傲的说辞，真是一种尊贵的看法！

在那个地方，那个人类无法将享受赠予的地方，人类就不应该对享受抱有希冀！是的，人类不应该对享受抱有渴望！

没有什么比幸福与无辜更无耻的事物了，因为，它们都是无法探寻的，都是无法追求的！

对，没错，它们应该被人类占有，但相比于幸福与无辜，人们最应该去探寻的应是罪恶，人们最应该追求的该是苦痛！

六

噢，我亲爱的兄弟们啊，第一个出生的孩子总是会被牺牲，不幸的是，现在的我们就是第一个出生的孩子。

我们的鲜血在最古老、最隐秘的祭台上流淌；我们被烧烤、我们被焚烧，只因为，要祭祀那古老的偶像。

我们仍然保持着青春的精华对那陈旧的口味就是一种刺激，我们的皮毛就是羔羊的皮毛，我们的肉也如羔羊的肉一般鲜嫩——我们为什么不能去那些上了年纪的、信奉着古老偶像的传教士呢！

啊，我亲爱的兄弟们啊，这个上了年纪的、信奉古老偶像的传教士仍然寄居在我们的身体中，我们青春的精华经过烧烤成了他最可口的食物。可是，兄弟们啊，为什么第一个出生的孩子不能被牺牲、被献祭呢？

但是，我们这个群体希望看到的恰恰正是这种牺牲，这种献祭。我用自己生命中全部的爱挚爱着那些没落的人，挚爱着那些不愿意让自己存在的人，因为，没落，本就是一种穿越，是的，他们在穿越。

七

只有极少一部分人才能够做到真诚、实在！并且，所有能够做到真诚、实在的人其实都不愿意去变得真诚！善人们尤其如此！

啊，这些所谓的善人啊，对他们的精神来说，他们的善本就是一种顽疾，而且，他们从来都不信奉真理，更不会宣讲真理。

啊，这些所谓的善人啊，他们选择妥协，他们愿意屈从，他们告诉自己的心灵，我是驯顺的，但驯顺的他们却从来都不愿意服从自己。

有一种真理会在恶中诞生，是的，这种恶，是善人们所宣称的所有恶的集聚！我亲爱的兄弟们啊，在这种真理面前，你的恶分量够吗？

长时间的质疑、残忍的拒绝、疲倦、厌恶、莽撞的冒险、生生地切割——这一切的“恶”想要全部集聚，实在是太难了！但是，真理还是诞生了，从这一颗颗“恶”的种子里。

你们这些有见识的人啊，把那些陈旧的牌通通都撕碎吧，为我撕碎它，因为，直到现在，所有的知识都在“恶”的身边茁壮地成长！

八

假如，平静的河面上有木料浮动，假如，栏杆与木桥在河上架起，那么，“所有的一切都在流动”这样的论调就不会再有人相信了。

是的，任何人都不会相信，因为，就算是一个愚蠢的呆瓜，他也会反问：“所有的一切都在流动？那河面上的木料是怎么回事？那河流上的栏杆与小桥是怎么回事？”

“在河流之上，所有的事物，所有事物本身的价值都是固定的，包括桥，包括一切概念，包括善与恶：是的，所有的一切，所有的价值，都是固定不变的！”

如果那把河流彻底驯服了的凛冽寒冬不期而至，那么，就算是最聪敏伶俐的智者也不得不去质疑。是的，事实就是如此，这个时候，“一切不都应该是静止不动的吗？”这句话就不单单只有愚蠢的呆瓜会说了。

“从本质上来说，一切都是静止不动的。”——对凛冽的寒冬而言，这是一个恰如其分的论断；对冬眠的人和围在火炉边的慵懒的汉子们来说，这种论断也是一种不错的慰藉。另外，在无法收获的季节，这种说法也非常美妙。

“从本质上来说，一切都是静止不动的。”——但能够融化冰冻的风并不这么认为，它传播着另一种与之截然相反的论断。

能够融化冰冻的风，一头不知道耕种、不会犁地的公牛——对，一头公牛，一头正处在狂烈的愤怒中的公牛，一个破坏者，它要带着自己的愤怒，用牛角凿穿冰层，而冰，却能把小桥冻碎！

啊，我亲爱的兄弟们啊，难道所有的一切不都在流动吗？难道那些栏杆、那些小桥最后不曾掉落水中？难道还有人顽固地坚守着所谓的善与恶？

我亲爱的兄弟们啊，当我们行走在街头，当我们穿梭在小巷，我们应该这样说：“被能够融化冰冻的风吹拂，对我们而言，是莫大的幸福，也是莫大的不幸！”

九

善与恶，是一种转轮，是一种古老的幻想，它一直都在转动，围绕着占星师转动，围绕着预言者转动。

过去，人们对占星师和预言者无比的信任，正因为如此，人们相信：“所有的一切都是命运的安排：你应该这样做，因为你一定要这样做。”

现在，人们对占星师和预言者产生了质疑，也正因为如此，人们相信：“所有的一切都是自由的：你能够这样做，是因为你希望这样做。”

啊，我亲爱的兄弟们啊，不管是占星，还是未来，其实都不过是幻想，这种幻想中从来都没有诞生过意识。也正因为如此，善与恶，也不过是长久的幻想，而且，从来都没有诞生过意识！

十

过去，人们对诸如“去当窃贼是你不该做的”“去杀人是你不该做的”之类的神圣信条深信不疑，并脱去鞋履，对之顶礼膜拜。

但是，我有一个问题想要问你们，这个世界上还有比（制定）这些神圣信条（的人）更卓越的窃贼和杀人犯吗？

所有的生命，本质上其实都是盗窃与杀戮，如果这样的信条也可以称之为神圣，那么这不是等同于在扼杀真理吗？

啊，我亲爱的兄弟们啊，粉碎这些死亡的说教吧，粉碎这些陈旧的理论吧，这些神圣信条本身就是对生命的悖逆与阻碍！

十一

我目睹曾经的所有都被抛撇了，是的，我目睹了，所以，对于曾经的所有我都是怜悯的，而我的怜悯，就在这里！

曾经的所有，恩宠也好，疯狂也好，精神也好，灵魂也罢，已经被误认为是通往未来每一代人的桥梁，并因此被委屈、被抛弃。

或许，一个暴力的、拥有伟岸力量的统治者就要来临，它是一个怪兽，非常的精明，它强求曾经的所有，强求它们化身桥梁，它界定一切的标准，就是自己的意志，是曾经的所有得不得它的宠幸，直到，所有都化身桥梁，直到曾经的所有都成为预兆、成为宣告、成为晨曦中雄鸡的啼鸣。

但是，这样，却是另一种危险诞生的根源，这样，我又将产生另一种截然的怜悯了——假如一个人是群氓中的一员，那么他思想的根源必然是来自他的先辈——可在他的先辈那里，时代早就被终结了。

曾经的所有就这样被抛撇、被放弃了，因为，或许在未来的某一日，它们，还有过去所有的时代都将在浅滩之中溺亡，因为，曾经的流氓很可能化身为统治者。

我亲爱的兄弟们啊，正因为如此，我们需要一种贵族，一种全新的贵族，需要它们在崭新的牌面上重新书写高贵，需要他们与流氓及全部暴力的统治者对抗。

要诞生新的贵族，就需要各种各样高贵的人，我亲爱的兄弟们啊，也许，我曾经说过的话，那个比喻是对的。是的，我说过——这个世界上只有神明们，没有上帝，这才是最真实的神性！

十二

啊，我亲爱的兄弟们，我会教导你们，我会引领你们，我会告诉你们，如何才能成为新的贵族。在未来，你们应该是孕育生命的人，是培育生命的人，更是播撒生命和知识的人。

没错，就是这样，你们不会成为那种贵族——那种用金钱交易而来的所谓贵族——那些市侩的商人。因为，所有已经被估价的东西很少会具有真正的价值，真正有价值的东西是无价的。

成就你们日后尊荣的，是你们的双脚对自身的跨越，是你们的意志对自我的超脱；是的，你们日后的荣耀并不取决于你们出身如何，并不取决于你们来自哪里，而取决于你们将来要去哪里，要朝着什么方向前行。

没错，就是如此，成就你们日后荣耀的绝不是你们那曾经为王侯效命的履历，是的，就是如此，说实话，王侯有什么价值呢？——也许，那个时候，你们早就成了矗立在所有站直了腰杆的人背后的城堡，你们，会成为那些挺立的人最有力的后盾！

错，即便你们的家族成了权要，煊赫宫廷，你们也不会成为新的贵族，这不是成为新贵族的路径，并且，你们要学会像一只红鹳一般久久地、挺拔地站立，华美地站立在浅滩之中！

对所有供侍于宫廷的人来说，能够挺直了腰杆站立本就意味着莫大的功勋，并且，所有供侍于宫廷的人都确信，只有在生命逝去之后，才能坐下。

引领着你们的先辈，把他们带入被万众赞美却非我所赞美的国度的绝非那所谓的神圣的精神，因为，在最糟糕的树木生长的地方，赞美本就不存在，而十字架，恰恰就是那最糟糕的树木！

并且，无论神圣的骑士们在被誉为神圣的精神指引下向着哪个方向前行，山羊、雌鹅、怪异的人、奸猾的人总是会奔跑在迁徙大队的最前方。

啊，我亲爱的兄弟们啊，你们这些新的贵族，你们不应该向后看，而应该向前看。成为被放逐的人才应该是你们的使命，离开这个你的先辈们生活的国度！

你们应该挚爱的是那还处于隐匿中的、位于遥遥大海上的、属于你们的子孙的国度，扬起你们的船帆，寻找它、探寻它、靠近它、挚爱它，这才是你们的高贵，你们新的高贵！

因为你们是自己先辈的后代，所以，你们应该对自己的后代——你们的后辈做出应有的补偿。是的，你们应该这样做，你们应该这样对曾经的所有进行救赎！对，救赎！这就是我的崭新的牌，我已经把它放在了你们的高处。

十三

“生活是什么？生活就是在打水，用竹制的篮子打水；生活就是燃烧，燃烧本身，却把火光和温暖赠予他人。”

类似这样的古老箴言一直备受人们推崇，因为它们的古老，因为它们已经腐朽，因为一种潮湿的、霉烂的气味正从它们身上散发，但是，因为古老，腐朽也便成了高贵的代名词，哪怕这些被称为智慧的箴言不过是一些废话。

孩子可以如是说：“我们被火焰灼伤过，所以，我们对火焰充满恐惧！”但是，孩子毕竟是孩子，在那古老的书卷，那被称作智慧之书的书卷中，类似带有浓厚孩子气的话还有很多。

并且，假如一个人一直都在用竹制的篮子打水，那么，他又有什么资格对这种竹篮打水的生活进行诋毁呢？对于这些愚蠢的人，人们最应该做的就是把他们的嘴彻底封住。

这些愚蠢的家伙一直都围坐在桌边，他们一无所有，甚至连饥饿都没有，所以，他们又开口了，他们在诋毁，他们说：“一切都是虚无的。”

可是，我亲爱的兄弟们啊，美美地吃喝并不是虚无，饱餐畅饮更不是一种虚无的艺术，所以，去摧毁吧，摧毁这些陈旧的、属于那些永远都不会幸福的人的牌吧！

十四

大众经常如是说：“对纯真洁净的人来说，一切都是纯真洁净的。”而对你们，我也要说：对一头猪来讲，一切都是猪。

所以，那些沉醉在虚无的幻想中的人，那些已经从灵魂深处俯首放弃的人，会如是说：“这个世界从本质上来讲就是一个怪物，一个肮脏污浊的怪物。”

是的，所有和他们一样的人，精神本身就是不纯净的，特别是那些彼世论者，他们无法安静地休憩，他们的生活也永无宁日，除非，他们观看世界的时候，站在世界的背后。

面对这些人，我从来都直言不讳，或许忠言逆耳，无法令人愉悦，但事实上，这才是最真诚、最实在的。和生活在这个世界中的所有人类一样，这个世界本身也是有屁股的，对，它有屁股，有一个屁股！

世界上存在大量的垃圾与污浊，这是无比确凿的事实，但是，也正因为如此，这个世界从本质上来说才不是一个肮脏污浊的怪物。

当大量污浊的事物存在于世界中，它们本身就会散发令人恶心的臭味，这些臭味令人厌恶，而所谓预感的力量，从根本上来说，就是来自于厌恶，那插上了翅膀的厌恶。这就是智慧，包含在这件事本身中的智慧。

即便是最出色的群体中也不免会有拙劣的事物出现，哪怕是最出色的人，身上也会有某种特质需要被克制！

所以，我亲爱的兄弟们啊，世界上存在着大量的垃圾与污浊，这真是一句充满了无限智慧的话！

十五

以上这番话，是我亲耳听到的，是充满了虔敬的彼世论者们所说的话，说这番话的时候，他们没有丝毫的做作和恶意，即使，我实在想不出还有什么比这样的话更做作、更虚伪、更恶意十足。当然，最后得说一点，这些彼世论者说话的对象是他们自己的良心。

“不要抗拒它，不要反对它，哪怕伸出一根手指都不行。若是这个世界真的要转变成另外一个世界，那么，就让它变吧！

“不要抗拒它，不要反对它，哪怕伸出一根手指去反对也不可以。假如它要掐死人类，要戳刺、切割、剥削人类，那就让他掐、让他刺、让他削、让他割吧。这样，它还能学会抛撇，对，抛撇，将整个世界抛撇。

“另外，还有理性，你的理性，也应该被封杀！是的，封杀它！你的理性，本就是这个世界的理性，封杀它，只有这样，你才能学会抛撇，把这个世界抛撇！”

啊，我亲爱的兄弟们，替我摧毁他们吧，摧毁这些被虔诚的人们紧紧握在手中的、陈旧的牌。我亲爱的兄弟们，替我摧毁吧，摧毁这些诋毁整个世界的言论！

十六

现在，在每一条昏暗的胡同中，都能听到这样的轻语：“假如一个人懂得了许多，学会了不少，那么，他的希冀，他那强烈的希冀，就会被荒废。”

我惊奇地发现，在公共市场上，有一张崭新的牌悬挂着，牌面上有一句话：“你不应该去希冀，所有的一切都不值得，最令人疲累的恰恰就是智慧。”

啊，我亲爱的兄弟们啊，帮我摧毁吧，把这些同样在宣讲奴役的新牌也摧毁吧！肯定是厌恶整个世界的人、死亡说教者，甚至（地狱的）狱卒把它悬挂在这里的！

因为他们学习的效率不高、学得不好，所以，学到的并不是最美好的；因为他们学习的太匆忙、也太早，所以，他们学到的并不是最好的。他们的胃已经受到了伤害，因为他们吃的食物是坏的。

它劝导人们去追求死亡，我亲爱的兄弟们啊，这是因为他们的精神本就是一个胃，而且，还是一个早就被伤害过的胃。

生命是一切欢乐的根源，是幸福之泉，但对那些胃部已经受到伤害的人而言，生命本身就是悲伤，那快乐幸福的泉水早就已经充满了剧毒。

不断地认知本就是一种幸福，但这种幸福，却只有那些意志如狮的人才能够拥有。波涛总是会戏谑那些已经疲累的人，假如他累了，那么，他能做的便只有“被希望”。

在本性的驱使下，虚弱的人们总是迷失在自己的道路上，并且，最后的最后，他们总是会以疲惫的名义发出诘问：“我们为什么要一直行走呢？一切其实并没有什么区别。”

类似“你不应该去希冀，所有的一切都不值得”的说教对这些人而言绝对是悦耳的，但如此说教，本质上还是在宣扬奴役。

噢，亲爱的兄弟们啊，我会化作一阵狂暴的、清新的旋风吹拂每一个已经疲惫的行者，我还要让某些人感冒，对，让他们感冒。

困锁着精神的囚牢也会迎来我的微风，所有的墙壁都会被查拉图斯特拉那自由的呼吸所穿透。

我这样告诉你们，希望本身就是创造，所以，你们应该去学习、去认知，为了创造，为了自由和解放。

甚至，如果真的要去认知、去学习，你们也应该第一个选择查拉图斯特拉，向查拉图斯特拉学习，并天天向上。长着双耳的人们呢，尽情地倾听吧！

十七

有一艘船停泊在这里——或许，那伟岸的虚无就是它的目的地——可是，什么人会登上这艘船呢？可是，什么人会希望被“或许”所承载呢？

这是一艘开往死亡的船，你们所有的人都不愿意登船！既然如此，又是什么原因让你们把成为对整个世界充满厌恶的人当作愿望呢？

对整个世界充满厌恶的人?！事实上，你们还没有转变过，你们连摆脱了大地的人都算不上。你们还贪婪地眷恋着大地，眷恋着你们自己对大地的感情，哪怕这种感情是厌恶。

在你们的嘴唇之上，那微小的、源自大地的悬愿依旧沉静地端坐，你们的唇，还不曾下垂！并且，那朵大地之云，那朵一直被铭记的、充满了欢愉的大地之云，不是正在你们的眼睛中漂浮吗？

大地从来都是可爱的，许许多多好的创造在大地上被孕育，这些创造，有一部分非常实用，还有一部分，委实令人惬意。

并且，大地上还有许多既实用又令人惬意的创造，那些创造是如此的美好，比如，女性的胸部。

但是，你们这些对世界充满厌恶的人啊，你们这些生活在大地上的懒虫，你们应该被鞭打，被用荆条鞭打，只有这样，你们的双腿才会重新变得活跃。

是的，假如你们不是猥琐的侏儒，也不是被大地嫌恶的病号，那么，你们就只能是懒惰的人，或者是一只幸福的野猫，一直在隐藏，还酷爱甜食。并且，你们应该陨灭，是的，假如你们不想重新奔跑，不想重新用双腿幸福的奔跑，你们就应该陨灭，你们就没有必要再存在。

我要这样教导你们，对那些已经无法挽救的人，我们要做的是让他们陨灭，而不是成为医生、为他们医治，因为，他们已经无药可救！

可是，每一位医生，任意一个诗人都明白：相比于作诗一首，自我了断委实需要更多的勇气！

十八

我亲爱的兄弟们，牌堆中有许多的牌，有的是以疲倦为原料制作的，有的是以懒惰、那已经腐朽霉烂的懒惰为原料制作的。这些牌，虽然书写的内容不同，但却宣讲着同样的言论；虽然宣讲的东西相同，被倾听的结果却也迥然而异。

看看这个人吧，这个勇敢的人，这个饱经磨难的人，他固执地躺在地上、沾满灰尘的地上，他太累了，他不愿意起身，即使，他所追求的目标距离他已经很近很近，就在咫尺之间。

这个勇敢的人啊，他再也不想向前走了，哪怕是一步，他也不想走，所以，他打了个大大的哈欠，对着自己的目标、对着大地、对着自己、对着脚下的这条路，打了一个大大的哈欠。

他躺在地上，固执地躺在地上，宁可被烈日曝晒，也不愿意再往前走一步，是的，他就那样躺着，固执地躺着，一群土狗围在他身边，舔着他的汗水。

这个勇敢的人啊，这个英雄！他距离自己的目标已经近在咫尺，可是，他却宁可躺着，躺在那里被烈日煎熬。是的，就是这样，你们必须扯住他的头发，你们必须强行扯住他的头发，把他带走，带到天国！

当然，更好的办法是，让他躺在原地，直到睡眠带着清凉的雨水降临到他的身上，将他柔声抚慰。

对，不要管他，让他躺着吧，躺在原地，直到他身上的疲惫消失，直到他自己苏醒，直到他自己抹去那些疲惫带给他的记忆。

我亲爱的兄弟们啊，你们要做的就是驱赶，把那些偷偷隐藏在他身边的、懈怠的、在暗中潜行的人，把那些舔着他汗水的狗，还有那群剧毒的虫子驱逐，对，驱逐他们，把它们都赶走！

那些剧毒的虫子，那些被“受教育者”驱使着的成群结队的剧毒的虫子，它们一直都在饮着血汗，津津有味、乐此不疲的饮着血汗，那英雄的鲜血，那英雄的汗水！

十九

随着我不断地向高处攀登，能够与我同行的人愈加稀少。于是，我在那愈加神圣的群山之间建起了我自己的山脉；于是，我画了一个圆圈，并以此为边界，把我自己隔离开来。

可是，我亲爱的兄弟们啊，无论你们能够与我同行多久，我都希望你们能够警惕，警惕寄生虫的混入，警惕寄生虫成为你们登山的伙伴！

对，寄生虫就是一种剧毒的虫类，它以爬动的方式行走，它身上有剧毒，而且，它的黏性特别强，会隐藏在你受伤的地方，死死地黏住你，直到把它自己养得白白胖胖。

并且，它还有一种隐秘的技巧，它能够揣度灵魂，能够了解是什么让灵魂疲惫，灵魂又是哪里疲惫了，因此，它能够把自己的巢穴搭建于你们的哀伤与恼怒中，也能把它的巢穴搭建在你们的柔和与羞怯之中。它很恶毒，也很可怕。

对，没错，它就躲在那里，躲在那个小小的创口中，躲在那个伟大的人因为受伤而留下的死角中；对，没错，它的巢穴就在那里，那里，是健壮的人最虚弱的地方，那里，是高贵的人内心最柔软的地方！

世界上存在无数的生命种群，这些种群，哪个最高级？哪个最卑微？寄生虫无疑是最卑微的，但喂养这些寄生虫的，恰恰正是那最高贵的。

灵魂能够不断地向下走，走到最深处，走进深渊，因为它有一架长长的绳梯。最深处藏匿着寄生虫，所以灵魂上总是被寄生虫大量寄生。

最宽广博大的灵魂，总是奔跑向那属于自身的最遥远的地方，总是在不断地游历，总是在自身中迷失。并且，那因为希冀幸福而拥抱偶然的，肯定是那必然的灵魂。

已经存在的灵魂，总是把精力投注在创造中；已经拥有并还在拥有的灵魂，则更热衷于去渴求、去希冀。

从自我之中逃开的灵魂已经追上了自己，在最广博的地域中，愚蠢总是对最智慧的灵魂进行规劝，用它那甜腻的口吻。

在那最珍爱自我的灵魂之中，万物始然；在那最珍爱自我的灵魂的世界中，万物有序，有自己的潮涨潮落，也有自己的顺流逆流。啊，最卑微、最恶劣的寄生虫怎么可能不再位于峰巅的灵魂之中寄生呢？

二十

噢，我亲爱的兄弟们，我真的一点都不残忍，也不暴力。但是，我还是得告诉你们，人们应该颠覆那些从天空中坠落的事物！

现在所有的一切都坍塌了、坠落了，没有人想要保留它，而我，更希望将它彻底地颠覆！

看看这些人吧，这些活在当下的人，他们全部滚落了，落入了我的深渊，从他们身上，你们能够看到幸福，一种落入深渊的岩石的幸福！

我亲爱的兄弟们啊，我就是一个模板、一个样本、一个即将出现的最优秀的演奏者的样本，所以，学习我吧，去做吧，按照我的样本！

并且，教导他们，告诉他们该如何疾速地坠落吧——假如，你们没有教会他们如何飞翔！

二十一

对于勇敢的人，我总是钟爱的，但这并不代表我就认为他们是剑客——人们有必要去了解谁才是自己的剑尖应该指向的人！

并且，很多时候，对一个人来说，现在拔剑并不是最大的勇敢，相反，更勇敢的人总是会在保证自身安全的前提下走出去，然后，找到一个与自己更相衬的敌人。

查拉图斯特拉的敌人不应该被蔑视，只应该被憎恨。我不止一次教导过你们，你们要自豪，为自己的敌人自豪！

我亲爱的兄弟们啊，你们应该留着有用之身去寻找与自己更相衬的敌人，所以，有很多东西，你们都需要宽恕——

特别是要宽恕那些成日在你们耳边聒噪的人，那众多的流氓和痞子！

将你们的目光从他们身上移开吧，无论是他们的颂扬，还是他们的拒绝。在他们那里，有太多的公正与不公正留存，而这些，会让每一个目睹它的人都怒不可遏。

在那里，深入的观察与深入的体验其实是一码事，所以，赶紧离开吧，离开那里，回到山林中，将你们的宝剑归鞘，让它安然地入睡吧！

你们，去走那条路吧，那条属于你们自己的路！让那些在你耳边不断聒噪的人和他们的民族也去走属于他们自己的黑暗的、看不到一点希望之光的路吧！让他们去走吧！

让商人成为那里的主宰者吧。在那里，君王的时代已经终结，在那里，熠熠生辉的永远都是金子，属于商人的金子！是的，对于现在这些自称民众的人，君王完全没有必要再存在了！

瞧啊，瞧瞧这些民众，他们在干什么？他们在不断地捡拾蝇头小利，就像是市侩的商人，哪怕这些利益周围堆满了垃圾！

他们彼此攻伐，他们彼此欺骗，他们把这种彼此的攻伐和欺骗称为邻人之间的友好。啊，在那个相当遥远的、充满了福祉的时代，有一个民族曾经宣称："我要成为统治者，所有民族的统治者！"

为什么？我亲爱的兄弟们啊，这是为什么？因为，统治者本就应该是最卓越的，最卓越的人也希望成为统治者，并且，所有对这一观点保持否定态度的地方，是必然不会有最卓越的人出现的！

二十二

假如他们没有付出任何代价就得到了鲜美的白面包，这对他们而言，该是何其的不幸！他们还会呼喊着讨要何物呢？他们需要维持的只有一样，那就是他们的生计，而且，他们也必须觉得生计维艰。

他们是一种动物，食肉动物。因此，他们总是把抢劫当作劳动的一种；因此，他们总是把欺骗所得当成一种报偿；因此，他们必须觉得生计维艰；因此，他们应该成为更精明、更强干、更伶俐、更像人类的食肉动物。毕竟，所有的食肉动物中，没有哪一种比人类更好更高级！

在动物界，人类总觉得自己生计艰难，而且，是最艰难的，原因就是人类把每一种动物的德性都劫掠了。

现在，面对人类，能够超然的就只有飞翔的鸟儿了！就算非常不幸的，人类也掌握了飞翔的技巧，但是，带着那劫掠的欲望，人又能飞多高呢?!

二十三

男性善于征战，女性善于孕育，男性与女性都善于用脚跳舞、都善于用头跳舞。这就是我对所有男女的希冀。

并且，一次舞也不跳的时光对我们来说早就已经流逝掉了！并且，在我们眼中，一切的真理，如果无法引发畅快的大笑，那么，它就是不存在的，是虚假的！

二十四

小心一点儿吧，你们结合得太仓促了！小心一点儿吧，不要让你们的结合变成一件糟糕的事情！小心一点儿吧，你们所谓的婚姻其实更像是有结果的通奸！

并且，相比于通奸，婚姻的变态程度和欺骗性更甚！一个女人曾经告诉我："没错，我是通奸了，但是，那是因为，婚姻首先摧毁了我！"

我发现：婚姻的另一半不如意实在是一件糟糕的事情，因为一个糟糕的伴侣往往会因为自己不能再独自行走而报复所有的人，他们的报复欲非常强烈，他们想让所有的人对他们作出补偿。

正因为如此，我希望所有相恋的、品行端正的人都能够对彼此说："我们彼此挚爱着对方，那就让我们看看应该如何留住这份真挚的爱吧。或者，我们可以用一次失误来解释它——解释我们对彼此的承诺！"

"赋予我们一段小的临时的'婚姻'吧，并且，给这段'婚姻'加个期限，让我们看看彼此是否适合，让我们看看能不能够一起走进大的、长久的婚姻。毕竟，两个人长久的出双入对是一件很大的事情！"

我这样劝说所有品行端正的人。假如我不如此说，那么，我又将我对未来的爱、对超人的爱置之何地呢？

我亲爱的兄弟们啊，婚姻的苗圃繁华绽放，它能够切实地帮助你们在繁衍的同时不断上升、不断走向高处。

二十五

假如一个人明晰了那古老的本源，那么，他就会去追寻，追寻一种全新的本源，追寻那遥远的未来的本源，是的，瞧，他在追寻。

我亲爱的兄弟们啊，不久之后，崭新的泉流会呼啸而至，汹涌着、咆哮着、奔腾着，奔向深渊，那同样崭新的深渊；与此同时，一个民族，一个崭新的民族也会从所有的族群之中脱颖而出。

大量的清泉与水井在地震中被掩埋，因此，许多人陷入了被炙烤着的、无限饥渴的境地，但是，也正因为地震的到来，那隐秘的、源自于内部的、神奇的力量也慢慢地开始出现。

是的，所有古老陈旧的民族都经历了一场地震，在地震中，旧的泉流被掩埋，新的泉流向世界敞开，并不断地喷涌着、喷涌着。

并且，假如有人站在井泉边高声呼喊："瞧啊，这是一口新的泉眼，为所有焦虑的、饥渴的人们准备的泉眼；这是一颗心，一颗为所有充满期待的人准备的心；这是一种意志，一种对大部分工具而言都很适用的意志。"就这样，在他的身边，汇聚了许许多多的人，而这批人，我称他们为"试验者"。

什么人有资格发号施令，什么人必须选择驯顺服从，这些都需要重新试验。是的，重新试验，在漫长的探索、揣度、学习、试错中开始不断重新试验。

我要这样告诉你们，人类社会本身就是一个庞大的试验场，在这个试验场之中试验一直都在继续——人类一直在试验，用漫长的时间来探求，可他们所探求的，而是谁有资格发号施令！

我亲爱的兄弟们啊，这不是契约，而是一种试验，试验！所以，请替我摧毁吧，摧毁这些好心肠的人、这些并不真心实意的人缔造的诸如此类的"美好"词汇！

二十六

我亲爱的兄弟们啊，在未来，对所有的人最具危害性的人究竟是谁呢？难道不是那些自诩善良的人？难道不是那些自诩正直仗义的人？

对，就是他们，他们是这样一群人。不管是言辞中，还是内心里，他们都坚定地认可一个"事实"——他们是善良的人，是正直仗义的人，他们也懂得何为善良、何为正直仗义，所以，他们自以为是的为那些还不懂得善良、不懂得正直仗义，还在苦苦追求两者的人感到悲叹，认为这些人是不幸的。

并且，不管邪恶的人造成的损失与伤害有多么大，但其危害性却要远远小于善人所造成的损失与伤害。

并且，不管诋毁世界的人造成的损失与伤害有多么大，但其危害性却要远远小于善人所造成的损失与伤害。

我亲爱的兄弟们啊，过去，善人与正义者的本质曾经被人看透，那个人坦言："他们就是法利赛人！"只可惜，没有人相信他的话，也没有人明白他的话，就连善人与正义者本身也是如此。他们的痴傻巧妙地将自我隐藏，他们的好良心在很久之前就给精神戴上了沉重的枷锁，是的，他们的精神被拘束了、早已身陷囹圄。

什么是真理？这就是！善人们没有第二种选择，或者，他们根本没有选择的权力，他们就是法利赛人！

什么是真理？这就是！那个所有德性的创造者，那个善人自我德性的发明人，必须要死，而且是在十字架上被钉死。

善人与正义者有着自己的心灵、自己的疆域、自己的国度，第二个人不经意间找到了这个国度。于是，他发出疑问："谁是他们最憎恨的人呢？"

善人和正义者们最憎恨的当然是罪犯，是摧毁了旧牌与旧有的价值体系的人，对于这些人，他们恨之入骨，称之为罪犯，但事实上，这些罪犯还有另一个名字——创造者！

为什么？因为这些自诩善良的人是不懂得创造的，他们也学不会创造，他们永远都只是一个开始——毁灭的开始！

他们献祭了未来，为了自我的延续；他们用十字架钉死了那个人，那个在崭新的牌面上把新的价值体系书写的人；他们，还用十字架钉死了未来，那属于全体人类的未来！

这些自诩善良的人们啊，他们永远都是开始，毁灭的开始！

二十七

我亲爱的兄弟们啊，我说的这些，你们明白了吗？还有，我关于“末人”的演说，你们领会了多少？

在未来，对所有的人最具危害性的人究竟是谁呢？难道不是那些自诩善良的人？难道不是那些自诩正直仗义的人？

我亲爱的兄弟们啊，替我摧毁吧，摧毁这些自诩善良的人，摧毁这些自诩正直仗义的人！噢，兄弟们啊，我说的话，你们都明白了吗？

二十八

我亲爱的兄弟们啊，你们想要从我身边逃开？你们被我所说的话吓到了？你们在颤抖？你们在恐惧？

兄弟们啊，查拉图斯特拉正坐在船里，航行于大海之上，人类就是此船的乘客——当我对你们发出摧毁那些自诩善良的人以及他们那些陈旧的牌的时候。

并且，这个时候，对，就是现在，这个时候，人类的面前已经出现了大的视野、大的恐惧、大的病痛、对船只大的晕眩和大的嫌恶！

你们从自诩善良的人们那里学到的海岸是虚假的，学到的安全也是虚假的；你们在自诩善良的人的谎言之中诞生，并一直都受着这种谎言的庇护。在这些自诩善良的人们的谎言中一切都被歪曲了。

但是，假如有人发现了一处陆地，人类的陆地，那么，他也一定会发现另一块陆地，人类未来之陆地。现在，我亲爱的兄弟们啊，你们应该成为一种人——航海者，坚强的、隐忍的、勇猛的、果敢的航海者！

我亲爱的兄弟们啊，趁着时间还不晚，去学习行走吧，站直了腰杆行走！是的，去学习吧，趁着时间还不晚！很多人都希望你们能够奋发，很多人都期待着你们再次振作，我亲爱的兄弟们啊，海洋之上，波涛总是汹涌的、澎湃的！

一切都在海洋之中，海洋之上，波涛总是汹涌澎湃的，所以，崛起吧、振作吧，你们这些心灵，这些属于老练的航海者的心灵！

我们的船需要转舵了，转向那里，对，就是那里，那里不是我们父辈所在的城邦，而是我们的后代所在的国度。对，向着那里前进，带着我们那比大海更汹涌、更澎湃的希冀！

二十九

“我们不是亲戚吗？而且是近亲。是什么原因让你这般坚硬？”过去，石墨这样充满疑惑地问金刚石。

我亲爱的兄弟啊，我也很疑惑，我也想要询问，是什么原因让你们这般柔软？莫非，你我不是兄弟？

是什么原因让你们这般柔软，是什么原因让你们这般驯顺与妥协？是什么原因让否定充斥了你们的心灵？是什么原因让你们有这般多的（事物）不愿去认可？是什么原因让命运的光辉几乎远离了你们的眼眸？

并且，假如你们不想掌握命运，假如你们不愿意为了命运百折不屈地去奋斗，那么，你们又怎么可以站在我的身边，你们又如何与我一起分享胜利?

并且，假如你们不愿意让自己的坚强与刚硬散发光辉，假如你们不愿意将自己的坚强与刚硬切割，那么，你们又该如何在未来的某一天站在我的身边，同我一起创造?

每一个创造者都是坚强的、刚硬的，并且，你们的幸福观一定要是，覆压千年的苍凉与沧海桑田，用你们的双手，就仿佛覆压在柔软的蜡上!

你们的幸福观一定要是，就如在铜板上书写一般，将（新的意志、新的价值）书写在那意志上，那千年的意志上。是的，要写在铜板上，还要比铜更加的坚强、刚硬、高洁、尊贵!因为，只有最坚强、最刚硬的人才是最高洁、最尊贵的!

我亲爱的兄弟们啊，我在你们的头顶将这张崭新的牌悬挂，我的兄弟们啊，变得坚强吧，变得刚硬吧!

三十

啊，你，就是你，我的必然啊，我的意志啊，我所有困难与灾厄的转机啊，请把所有细微的成就都帮我剔除掉吧。

你就是我，但你也凌驾在我之上，你是我的命运，是我灵魂注定的命运，所以，请为我贮藏吧，把那伟大的命运贮藏起来!

另外，把那最后的伟岸也贮藏起来吧，我的意志，那是你的伟岸，是你最后也最极致的伟岸!这样，你才能在你的成就中百折不挠!啊，哪个人过去没有在自己的成就面前屈服过呢!

啊，在这令人迷醉的傍晚，哪个人的眼睛不曾变得黯淡?啊，谁能把在成就中挺立的伟岸遗忘，谁又不曾在自己的成就面前脚步踉跄?

终有一日，我会像孕育金色闪电的浓厚阴云一般，像在烈焰中被灼烧的矿石一般，像丰满的、饱含乳汁的乳房一般，为伟大正午的来临而做好准备。是的，我会为它做好准备，我会变得成熟，为了迎接它的到来而变得成熟！

我已经准备好了，为它、为我的意志、也为我自己：是的，我在准备，我在希冀，就像一把弓在希冀它的箭矢，就像一支箭矢在希冀天上的晨星。

在伟大的正午，那颗晨星汹汹地燃烧，光芒穿透了云层，它已经成熟了。哦，真该庆幸啊，庆幸有那支箭矢，那支穿透了太阳的、带着毁灭意志的箭矢！

一轮大日和他那百折不挠的意志都已经做好了准备，做好了为胜利而让自己陨灭的准备！

我的必然啊，我的意志啊，我所有困难和灾厄的转机啊，请把我贮藏起来吧，为了那即将到来的胜利，最伟大的胜利！

查拉图斯特拉如是说。

57. 康复的人

一

某一天清晨，查拉图斯特拉突然从床上跳了起来，他的举止怪异，就像是一个疯疯癫癫的病人，他的床上再没有其他的人了，可他的举动却不由得让人怀疑那里还有另外一个赖床不起的人。在床下，他大叫大嚷，声音很响亮、很可怖。他的动物们都被惊醒了，慌慌张张地跑到他的洞穴中。住在他洞穴旁边的动物们也受到了惊吓，或飞翔，或爬行，或奔跑，或扑腾，或跳跃，各凭本能。就在这时，查拉图斯特拉开口了，他开始演讲，而这件事发生的时候，他才刚刚从人间回到自己的洞穴不久。他说：

快点儿起床！快点儿！逆着睡得迷迷糊糊的蠕虫，你这来自我的深渊的幽邃深沉的思想，快点儿起床！对你而言，我就是一缕晨光；对你而言，我就是一只雄鸡。难道我的啼鸣还不能将你唤醒吗？

起床！快点儿起床！快点儿！我想让你去聆听，也想要聆听你！把那副枷锁打开吧，对，就是戴在你双耳上的那副！这里的声音如此的洪亮，洪亮得仿佛雷声滚滚，哪怕是在墓室里，也同样可以聆听！

并且，你啊，把睡意、模糊、愚昧、昏沉都从自己的眼眸之中驱逐吧！来，起床！快点儿起床来聆听我，对，聆听，用你的双眸来聆听，对很多生病的人来说，我的声音就是良药，哪怕是先天眼盲的人，也能得到救治！

并且，假如你刚刚从睡梦中清醒，那就应该一直清醒着，不要再睡。让刚刚从梦中苏醒的老奶奶继续进入梦乡，可不是查拉图斯特拉会做的事情！

快点儿起床！快点儿起床！你在干什么？你在伸懒腰？在胡乱蹭动？在喘气？你不应该喘气，你应该说话，和查拉图斯特拉说话！查拉图斯特拉正在对你发出呼唤，哦，这个不信仰神明的人啊！

是的，我最幽邃、最深沉的思想啊，我在呼唤你！生命、苦痛、轮回的辩护者——查拉图斯特拉在呼唤你！

为我送上祝福吧，我幽邃的、深沉的思想！我知道你已经来了，我听到了你！我的深渊，我那最后的、终极的深渊已经被我晾晒在了光明中！我还听到了话语声，是的，我的深渊开口了，它正在说话！

我幽邃的、深沉的思想啊，为我送上祝福吧！我幽邃的、深沉的思想啊，请把你的手伸过来！是的，就是这样，起来，把你的手伸过来！哦，太可恨了！太可恨了！太可恨了！我真倒霉！如此的倒霉！

二

但是，演讲还没结束，查拉图斯特拉的声音便戛然而止。他倒下了，就像是一个濒危的人。他就那样直挺挺地躺着，和尸体没什么区别。此后的七天，他一直都躺在那里，醒来之后，他更浑身颤抖、面色惨白，他就那么躺着，躺了七天，不吃饭，也不喝水。在此期间，他的动物们一直都在他的身边陪伴着他，寸步不离，除了他的鹰，他的鹰出去猎食了，它把自己猎取的和劫掠的所有事物都放在了他的床上。于是，查拉图斯特拉的床被各种红色的、黄色的食物占据了，而他，就躺在这些食物中间。除了浆果，床上还有葡萄、松果、香草和红玫瑰苹果。甚至，在他的脚边，还有躺着两只小羊羔，那是他的鹰费了好大的力气才从牧人那里抢到的。

七天的时间转眼就过去了，直挺挺地躺在床上的查拉图斯特拉也终于坐了起来。他拿起一个红玫瑰苹果，轻轻地嗅着，顿觉芳香扑鼻。他的动物认为，这个时候，可以和他交谈了。于是，它们说：

“查拉图斯特拉，莫非你想永远地躺下去吗？你已经躺了整整七天了，连眼皮都难以张开！莫非，你再也不想站起来？

“走吧，查拉图斯特拉，从你的洞穴中走出，外面的世界就仿佛一座繁茂的花园，它一直在等待着你！每一条小溪、每一条河流都乐于跟在你的身后；风也愿意将你吹拂，并为你带来它玩味了许久的清甜香气，那浓郁的、清甜的芬芳！

“在你孤独地躺在床上的这七天，所有的事物都在思念你。所以，查拉图斯特拉，走吧，从你的洞穴中走出来吧，所有的事物都愿意成为医生，将你救治！

“你躺在那里，就像一团正在发酵的面，不断地膨胀，突破了灵魂的边界。查拉图斯特拉，你再次敞开了自己的灵魂。你又有了全新的认知。这种认知是不是非常沉重、非常酸涩？这种认知，是不是让你感到非常辛苦？”

听了动物们的话，查拉图斯特拉回答：

“接着说下去，不要停，我亲爱的动物们啊，我喜欢听你们说话，喜欢你们的喋喋不休。对我来说，只要有你们喋喋不休的述说，整个世界就像一个繁盛的花园了。你们说话的地方，就是花园。你们的话语，让我格外的神清气爽。

“这里有言语，这里还有音调，真好，真可爱！在所有被隔离的人中间，一道道彩虹出现了、一座座虚拟的桥梁被架起，我亲爱的动物们，难道欢愉与音调不是彩虹与桥梁吗？

“灵魂与灵魂是不同的，每一个灵魂都有一个独属于自己的世界，这个世界从来都不对其他的灵魂开放，它是隐秘的！

“假象是极端类似的事物之间最美丽的谎言，因为，最难被修补的裂隙恰恰是最微小的裂隙。

“对我来说，只有一个我存在，我之外的世界根本就是不存在的。可是，我们都遗忘了这一点，是的，我们遗忘了，因为言语，因为音调，因为音调！这可真是太可爱了！

“人类之所以因为事物而神清气爽，不正是因为人类将音调和名字馈赠给了事物吗？人类用语言凌舞于万物之巅，语言本就是一种美好的愚蠢。

“所有话语与音调的承诺都是那样的可爱，应和着这音调，我们翩翩起舞，是的，我们翩翩起舞，在爱情的虹桥之上！”

听了查拉图斯特拉的话，动物们说：

“查拉图斯特拉啊，我们都是思考者，我们习惯了思索，对我们而言，所有的事物都在翩翩起舞，当所有的一切来临，它们把手伸了出来，它们畅快地大笑，它们隐匿、它们逃遁，最后，它们又回到这里，对，没错，它们回来了。

“所有的一切，来了又去，去了又来，不断地转轮；所有的一切枯萎之后再次荣茂，荣茂之后再次枯萎，一年又一年，时间在不停地前进。

“所有的一切分离之后又再次聚合，一直在施工建造的实际上是同一座建筑；所有的一切分离之后又再次聚合，存在的圆环一直都很忠诚于自己！

“任何一个瞬间都是存在的开端，围绕着‘这里’旋转的从来都是那名为‘那里’的球体。旋转的轴心随处可见、无处不在。通向不朽的路途一直以来都是曲折的，对，曲折的！”

闻言，查拉图斯特拉笑了，他说：

“噢，你们这些家伙，还是那么喜欢开玩笑，你们的手风琴呢？你们不是一直钟爱于它吗？还有，你们其实知道，一直都知道，在这七天的时间里，究竟又一件怎样的事情被完成了！

“另外，我呼吸困难，我快要喘不过气来了，我的咽喉中钻进来一个怪物，它是怎样钻进来的呢？当然，它的脑袋最后被我咬了下来，是的，我把它的脑袋咬了下来，还把这脑袋吐了出来，吐得很远很远。

“你们呢？一支琴曲已经被你们创造出来了吧？那优美动听的琴曲！可是，咬了那一下、吐了那一次，让我无比的疲惫，我躺在床上，是的，我病了，我还在病中，因为，我要把我自己救赎。

“可是，我亲爱的动物们啊，莫非你们也变得残忍与暴力了吗？若不然，你们为什么一直站在旁边观看。对，你们对我袖手旁观，眼睁睁看着我陷入巨大的苦痛之中！你们与人类是如此的相似！哦，人类，那最残忍的人类！那最暴力的动物！

“迄今为止，对人类而言，这片土地上最令人愉悦的事情就只有三件：斗牛、旁观凄惨的悲剧、制作十字架！而当地狱被创造，人类终于找到了这片土地上的天堂！

“贪婪的长舌露于嘴外，伟大的人发出了自己的呼唤，当许许多多渺小的人听到呼唤向他跑来，他露出了自己的贪婪，却把这种贪婪称为‘怜悯’。

“注意聆听！渺小的人总是对控诉生命非常热衷，特别是诗人，他用那热烈的、恳切的文字将生命控诉，并乐于享受所有控诉给他带来的欢愉。

“这些人对生命进行控诉，并以此为乐，但是，倏忽之间，生命已经成了应该被他们所克服的事物。这些狂妄的人说：‘我现在没有时间理你，你不是很爱我吗，那就再等等我吧。’

“对人类而言，人类本身就是最凶残、最暴力的动物。并且，千万不要放过那些所谓‘受苦受难的人’‘罪恶的人’‘忏悔的人’的淫欲，这就是一种，蕴含在哀叹与生命控诉中的淫荡的欲望。

"那我呢，我亲爱的动物们，我要化身控诉者，去控诉人类吗？事实上，到现在为止，我只弄懂了一件事，也只学会了一件事，那就是假如想要成就极致的善，人类极致的罪恶是必需的。

"对于站得最高的创造者来说，所有最邪恶的事物恰恰就是人类的力量之源，是最好的力量之源，这种力量坚如磐石，而且，人类还有一件事不得不去做，那就是变得更加善良亦更加邪恶。

"我宣扬人类是罪恶的，并不是因为我已经被绑上了处刑的火柱，相反，我发出了呼唤，我大喊出声，即使以前从来都没有人这样做过。

"'啊，人类最极致的善良与罪恶竟然都渺小如斯！'

"在对人类巨大的厌恶与倦怠之中，我感到无法呼吸，这种厌恶、这种倦怠已经进入了我的咽喉，并且，听听那些预言家的话吧，他们说：'所有的事物都是相同的，所有的事物都是不值得的，知识让人无法呼吸。'而这，正是他们做出的预言。

"一瘸一拐向着我走来的是漫长的黄昏，打着哈欠与我交谈的是那至倦的、令人忍不住沉迷其中的哀伤。

"'他们是要无限地进行轮回的，对，就是他们，那些令你厌倦的、渺小卑微的人'，我的哀伤如是说。他打着呵欠，将我的双脚拖拽住，所以，我失眠了。

"大地的胸部坍塌了，对我而言，它就成了我的洞穴。对我而言，世间万物就是污浊的泥水、骨骸和那陈腐朽烂的曾经，并且，它们的拥有者是人类。

"在人类的坟冢上，我的叹息徒然端坐，它再也无法站立。它日夜都在啃噬、号哭、哀怨，与它相伴的，是我的怀疑。

"'啊，人类会无限的轮回，渺小的、卑微的人类，必将陷入无

限的轮回中！'

"过去，我目睹过那最伟大的人赤裸的身体，我也目睹过最渺小的人那赤裸的身体，两副身体几乎毫无二致，太人性化了，是的，哪怕是最伟大的人类，身上人性化的色彩也太浓了！

"哪怕是最伟大的人也卑微渺小得可怜！于是，我厌倦了人类，非常厌倦！还有，那最卑微、最渺小的人，他们总是陷入无限的轮回！于是，我厌倦了，厌倦了所有，厌倦了此在。

"啊，太可恨了！太可恨了！太可恨了！"

忆及自己的疾病，查拉图斯特拉浑身颤抖，他一边说，一边叹息，而他的动物们没等他把所有的话都说完，就打断了他：

"住嘴吧，查拉图斯特拉，你的病已经好了，你应该走出去，对你而言，外面的世界就是一座繁茂的大花园。去吧，赶紧走出去，朝着玫瑰走去，朝着鸽群走去，朝着蜜蜂走去，朝着那些清鸣的飞鸟走去，是的，你该走向飞鸟，你应该去唱歌，和飞鸟一起唱歌，向飞鸟学习歌唱。

"健康的人要去歌唱，病好了的人也要歌唱，只是，两者不应该唱同一首歌。"

听了动物们的话，查拉图斯特拉再次笑了，他回答说：

"噢，你们这些家伙，还是那么喜欢开玩笑，你们的手风琴呢？你们不是一直钟爱于它吗？你们啊，别说话了！你们其实一直都知道，在这七天的时间里，我创造了一种怎样的慰藉来安慰我自己。

"为了证明我的病好了，我要唱歌；为了证明我创造了那慰藉，我要唱歌！你们呢？你们是不是也愿意谱出一首适合手风琴的曲子，对，一首琴曲，现在，马上！"

闻言，动物们回答：

“住嘴吧，查拉图斯特拉，你的病已经好了，所以，和手风琴相比，你应该为你自己准备一把崭新的竖琴。

“查拉图斯特拉，你需要用崭新的竖琴来为你那全新的歌曲伴奏！

“查拉图斯特拉，放声欢歌吧，尽情嘶吼吧，你的灵魂需要用全新的歌曲治疗，你还要去承担你的使命，那前所未有的、伟大的使命！

“瞧啊，查拉图斯特拉，这就是你的使命，你必须成为一位无限轮回的教导者。你是什么人，你必须要成为怎样的人，这些，我们都清楚，是的，你的动物们都清楚。

“对你而言，你那伟大的使命便是最极致的危险、最重大的疾病。因为，你不得不宣扬这种理论，而且，要成为这个理论的第一个宣讲人。

“瞧啊，查拉图斯特拉，你的动物们全都清楚你要宣讲什么：世间万物总是在无限地轮回，包括我们在内的所有存在都参与其中。我们和世间万物一样，都已经在这里存在过无数次。

“查拉图斯特拉，你还会说，在无限的轮回之中，存在着一只巨兽，它是一只年兽，一只代表着伟大的诞生之年的年兽：这伟大的诞生之年，就仿佛是一直在翻转的沙漏，只是为了不断地滴漏，不断地滴空。

“正因为如此，现在所有的岁月纪年，不管是伟大的，还是渺小的，都极端相似——正因为如此，我们本身，不管是在伟岸的地方，还是在卑微的角落，当我们出现在那伟大的诞生之年的时候，我们也都是极端相似的。

“并且，查拉图斯特拉啊，你的动物们都明白你将对自己说什么，哪怕你的生命现在就走到尽头，可是，我们恳求你，千万不要让自己的生命走到尽头！

“你这最坚强的家伙，你这最隐忍的人，你或许会因为摆脱了那巨大的、沉重的负担与烦闷而幸福的放松，你也许还会毫无畏惧地开口。

“你会说：‘我的生命马上就要走到尽头，我的灵魂将归于虚无，我马上就要陨灭了。’灵与肉同时陨灭。

“但是，因果的绳结还纠缠着我，轮回会出现，我会被重新创造出来。因为，在轮回之中，我本就是那个因。

“我要轮回，并不是朝着一个全新的、更美好的、极端相似的生命方向去轮回。是的，我要轮回，我的鹰、我的蛇，我的太阳、我的大地，都将与我相伴。

“我要无限的轮回，不管是处于伟岸的地方，还是居于渺小的一隅，我都要向着这同一的方向轮回，我要回到这里，向世间万物宣讲无限的轮回。

“我要无限的轮回，回到这里，再次宣讲伟大的正午，再次述说人类的正午，再次宣告超人的到来。

“我那伟大的、不朽的使命要求我以宣告者的身份朝着陨灭走去，我那伟大的、不朽的使命也希望我以宣告者的身份朝着陨灭走去。我说着自己要说的话，我的心也为自己说过的话支离。

“现在，时间到了，注定要走向陨灭与没落的人可以为自己送上祝福了。于是，查拉图斯特拉走向了没落和陨灭，他的没落也因此陨灭。”

说完，动物们不再开口，它们等待着查拉图斯特拉的回应，但是，查拉图斯特拉并没有给出回应，甚至，他根本就没有注意到动物们的沉默。他静静地躺在那里，像是睡熟了，但是，事实上，他根本就没有入睡，而是和自己的灵魂开始了一场对话。他的鹰和他的蛇见他沉默无语便悄悄地离开了他的洞穴，因为，它们尊重他，也尊重萦绕在他身旁的宏大的寂静。

58. 强烈的渴望

啊，我亲爱的灵魂，我已经像教导你说“过去”和“今后”一样，教会了你说“当下”；我还教会了你跳圆舞曲，那独属于你自己的，超越了“这边”“那边”和“遥远的地方”的圆舞曲。

啊，我亲爱的灵魂，我帮你拭去了身上的尘埃，我帮你掸掉了身上的蜘蛛网，我还帮你祛除了一身的晦涩与阴暗。我救了你，是的，我救了你，从全部的角落里。

啊，我亲爱的灵魂，我给过你劝告，我劝你在太阳面前袒身直立，并且，我还帮你洗去了你的羞涩和德性，那微不足道的羞涩与胆怯，那藏在角落之中的小小的德性！

我在你的大海之上掠过，裹挟着精神的风暴，吹散了漫天的云雾，你这大海，还是那样的汹涌澎湃，我已经杀死了它，杀死了那个名为罪恶的凶犯。

啊，我亲爱的灵魂，你已经从不认可的风暴之中走出，你站在那里，静静地，恍若温煦的阳光，但你不会对我心怀感激，即使，我赋予了你像风暴一般不认可和像明敞的天空一般认可的权力。

啊，我亲爱的灵魂，我已经把被创造与未被创造的万物都不拥有的自由还给了你，除了你，再没有谁能知道那些未来者的幸福与欢愉，但你却不会为此对我心怀感激。

啊，我亲爱的灵魂，我已经把不同于蠕虫噬咬的、最伟大的蔑视教给了你；你也已经学会了因为爱去蔑视，当你爱得最深的时候，你的蔑视也最浓，可是，你却不会因此对我心怀感激。

啊，我亲爱的灵魂，我已经告诉你劝说应该这般进行，只有这样，你才能让所有的理由都属于你，只有这样，你才能如太阳一般劝说大海和他在同一高度并肩。

啊，我亲爱的灵魂，我要赋予你命运之名，我要让你成为一切困顿厄难之转机的标签，我还要取走，并且我已经取走了你身上的一部分东西——全部的驯顺、全部的效忠、全部的卑躬！

啊，我亲爱的灵魂，我把炫彩的玩具送给了你，我还把新的名字赋予了你，你的名字呵，曾经是命运，还有天蓝色的钟、岁月的脐带和范围中的范围。

啊，我亲爱的灵魂，我在你的国度中留下了许多东西，有全部、新酿造的美酒，有所有古老的、蕴含着智慧的美酒，还有尽情欢饮的智慧！

啊，我亲爱的灵魂，你就仿佛一株葡萄藤，为我茁壮地成长着，我给了你所有——所有的阳光，所有的暗夜，所有的无声，所有的希冀！

啊，我亲爱的灵魂，我的葡萄树，现在，你正挺拔地站立着，你的乳房无比的饱满，你的身上结满了沉甸甸的、泛着紫金光辉的葡萄。

让它丰盈的是你的快乐，让它饱满的是你的挤压，并且，它还在害羞，为了你丰盈的希冀而害羞！

啊，我亲爱的灵魂，在任何地方都找不到比你更真挚、更广博、更包容的灵魂了！也没有任何地方能比你这里更适合过去与将来相结合，对，结合，紧紧地、亲密地结合！

啊，我亲爱的灵魂，现在，我的手中空无一物，我给了你我所拥有的一切，但是，你却一脸忧伤、带着郁闷，笑着问我："是我该感谢你，还是你该感谢我？难道馈赠的人不应该为被馈赠的人的接受而心怀感激吗？难道馈赠不是一件不得不做的事情吗？难道接受馈赠不是出于同情吗？"

啊，我亲爱的灵魂，我明白你的微笑，也懂得你的忧郁：你变得丰盈了，而你的丰盈已经将自己的双手满是希冀地伸出。你的饱满还在期待着、探索着——在波涛澎湃的大海上！我看到了那过于饱满的渴望，从你那微笑的眼眸中，它一直都在扑闪、一直扑闪。

并且，我亲爱的灵魂，没有人能抗拒你忧郁的笑容，所有人都因你的微笑泪落不止！你的微笑能软化一切心灵，哪怕是天使，也会为你落泪，对因你那善良得有些过分的微笑而泪落不止。

我亲爱的灵魂，你太善良了，你也善良得过分了，你拒绝哀伤，你不愿落泪，但对你的微笑和你那不断颤动的唇而言，哭泣才是最强烈的渴望。

"莫非哭泣不代表哀伤？莫非，哀伤不等于控诉？"你这样问自己。所以，你宁愿忧郁地微笑，也不愿将自己的苦痛倾吐。

倾吐苦痛的方式不是泪落不止，而是希冀，和葡萄树、葡萄的栽种者、收割的镰刀及你的饱满相关的每一种希冀。

可是，假如你不愿意用哭泣的方式控诉，假如你不愿意一边落泪一边述说你那淡紫色的忧伤，那么，我亲爱的灵魂啊，你就得去歌唱！瞧，连我都忍不住笑了，我啊，把一切未来之事都提前告知了你的我：

我亲爱的灵魂啊，尽情地歌唱吧，嘶吼吧，一直唱下去，直到汹涌的大海以平静来将你的希冀倾听。

直到那被所有善、所有恶、所有奇妙所萦绕的金黄的帆船在充满希冀的、平静无澜的大海上飘荡。

还有，所有长着轻盈的、玄奇的双脚的生物，所有能够在那氤氲着紫罗兰色彩的小路上奔跑的生物，及无数大的动物和小的动物。

奔跑吧，奔跑吧，跑向那金色的小船，跑向那自愿的小船，跑向那小船的拥有者，跑向那个准备收割葡萄的葡萄栽种者，瞧啊，这个栽种者手中还拿着剪刀，收获的尖刀，若钻石一般坚硬的剪刀。

我亲爱的灵魂啊，这个无名的拯救者，这个葡萄栽种者，他只知道那些来自未来的歌曲的名称，并且，那未来歌曲的馨香已经从你的呼吸中流溢而出了！

你已经在畅饮那声音洪亮的、深度极深的慰藉之泉的泉水，你已经学会了梦想，你已经将自己点燃，在未来的歌声中，你的忧郁快乐的安歇！

啊，我亲爱的灵魂，现在，我的手中空无一物，我给了你包括我最后的所有在内的我所拥有的一切——瞧啊，我最后的所有就是这些，我让你歌唱，歌唱，我亲爱的灵魂啊！

你说吧，我亲爱的灵魂啊，是你应该感谢我，还是我应该感谢你，我让你歌唱，我教你歌唱！我亲爱的灵魂啊，请歌唱吧，为我而歌，并且，我会为此对你心怀感激！

查拉图斯特拉如是说。

59. 另一支舞曲

一

“亲爱的生命，最近，我曾经凝视你那暗夜的眼眸，我看到，有金色的光芒在你的眸中闪烁——我很开心，我的心也因此变得平静无澜。

“沉沉的夜色中，一只起伏着、暗示着、不断吞着水的金色小船在海面上闪烁着金色的光辉！

“你笑着瞥了我一眼，你那一眼，有怀疑，却带着温存。我知道，你瞥了我一眼，你瞥了我舞痴一般的双足一眼。

“你只是轻轻地鼓了两下掌，我的双脚就开始动作，因为冲动，一个舞痴癫狂的冲动！

“莫非不是每一个跳舞的人都把脚趾当作耳朵来聆听吗？我的脚趾就在聆听，聆听你，看呢，那翘起的后脚跟，它是我的。真的，我真的很想明白你！

“我旋舞着向你靠近，你却躲开了，只有你那飘扬的青丝还向着我的方向。

“于是，我跳开了，我从你身边远离，我躲过了你那条长长的蛇。我站在那里，充满希冀地看着你，而我的身体，已经向后转了一半。

“是你，让我懂得了道路的崎岖，是的，你用你那畸形而扭曲的目光教会了我崎岖，并且，因为行走于崎岖，我的双足懂得了算计，无数的阴谋，无数的算计！

“我害怕你朝我走来，我喜欢你从我身边远离。你的远离对我诱惑十足，你的追求反而令我驻足。为了你，我承受着苦难，为了你，我能够承受一切苦难。

“是的，为了你！你的漠然总能令人奋发；你的憎恨让人忍不住迷失；你的疏远让人感到拘束，而最令人感动的则正是你的讥讽与嘲谑。

“你这个伟大的人，你这个束缚者、你这个追求者、你这个纠缠者，所有的人都曾经憎恨过你，但是，你这个罪人啊，你天真、你冲动、你若狂风一般迅疾，你的眼眸如婴孩一般纯净，所有的人也都曾经挚爱过你啊！

“你这家伙，你太调皮了，现在，你要把我带到哪里去？你这家伙，你太调皮了，现在，你在疏远我吗，我知道，你从来都不会感激，不会对任何人心怀感激。

“我跟在你身后，我小心地追随着你的足印，我为你舞蹈。你呢，你在什么地方？向我递出你的双手吧，对，向我递出你的双手吧，即便没有，哪怕一根手指也好。

“站住！你给我站住！你怎能对飞过头顶的蝙蝠与猫头鹰视而不见？这是丛林！这是山洞！我们会迷失在其中！

“呵，猫头鹰！呵，蝙蝠！你们想做什么？是要愚弄我吗？我们身在何处？你竟然学会了嘶吼，你竟然学会了癫狂的吠叫，像狗一样！

“你对我笑，亲热地咧嘴笑，我看到了你的牙齿，细密的、洁白的牙齿！你的睫毛卷曲着，我能感受到那睫毛下的双眼所散发的恶意，瞧，它朝我喷过来了！

“这是我的舞蹈，一个猎人的舞蹈，一种跨越重重险阻的舞步。现在，你想变成我的羚羊吗？你愿不愿意做做一只和我一起捕猎的犬？

“你这蹦跶得最凶的人啊，现在，马上，到我身边来，过来，上来，然后起跳，跳过去！哎哟，不好，我居然摔倒了，在跳跃的时候跌了跟头！

“啊，你这个狂妄的家伙，你就站在旁边看着我，看我祈求恩赐，看我狼狈地躺在那里。真的，是真的，我想和你一起走上另一条充满了爱的小路！我们一起从炫美的丛林之中穿过，我们一起在湖边散步，我们一起看笑看那欢快的金鱼，看着它们跳跃，看着它们游动！

“现在，你累了吗？那里有绚烂的晚霞，那里有安静的羊群，难道伴着牧笛的声音入睡不是一件很美好的事情吗？

“你真的累了吗？很累很累？那么，垂下你的双臂吧，我把你背过去。另外，你渴了吗？我倒是有一些东西能够解渴，只是，你却不愿意张口饮用！

“啊，你这女巫，你藏起来了吗？你那被诅咒的、伶俐的长蛇呢？你身在何处？我知道有红色的斑点在我脸上滋生，我也能感觉到你留在我脸上的那两个手印！

“你这个女巫啊，我真的厌倦了，我不想再做那个一直都在为你勤劳歌唱的牧人，相反，你要为我歌唱，你要为我嘶喊！

“你要为我舞蹈、为我歌唱、为我嘶喊，应和着我鞭子的节奏！是的，我带着鞭子呢，一直都带着！”

二

听了我的话，一直都将自己玲珑的双耳捂住的生命如是说：

“查拉图斯特拉，别让你的鞭子发出如此恐怖的响声，你肯定清楚，所有的思想都会在嘈杂中被扼杀，而我，方才得到了一种思想，一种最柔和、最温婉的思想！

“你和我是很要好的朋友，只有我们，既不为善，也不为恶，我们携手并肩，我们一起找到了善恶彼岸的绿草地与幸福之岛。是的，是我们，只有你和我。

“可就算我们对彼此的爱不曾刻骨铭心，但是，莫非不能完全地爱，就一定要彻底地恨吗？

“你很清楚，我一直对你都很友善，而且，我对你好得有些过了。为什么？你不知道吗？你这个衰老的、愚蠢的家伙！我在妒忌你！妒忌你的智慧！

“我对你的爱与你的智慧相伴而生，当你的智慧把你抛弃，我的爱也会离开你，疾速地离开你。”

说到这里，生命稍稍停顿了一下，它看了看四周，又转头看了看身后，若有所思。

之后，它再次开口，声音很轻：

“查拉图斯特拉，你已经不爱我了，你早就背叛了我，你对我的爱并不像你自己所描述的那样炽烈，相反，你很早之前就已经想着从我身边逃开。

“深沉的暗夜中，一只古老的、无比沉重的钟发出了洪亮的嗡鸣，这悠长的嗡鸣在你的洞穴中都能够清晰地听闻。

“假如你已经听到了古钟那洪亮的嗡鸣，那么，你肯定会想到这件事，在第一声和第十二声之间。

“查拉图斯特拉啊，我知道你想到了，你想到了这件事，你要从我身边逃开，远远地逃开，疾速地逃开！”

“没错，你说得没错，可你也清楚——”闻言，我毫不犹豫地给出了答案，我对她低语，透过她那淡黄的、蓬乱的、痴傻的发丝，在她的耳边低语。

查拉图斯特拉，你明白了吗？你明白这些吗？谁又真的明白?!

在微凉的夜色中，在那碧草如茵的绿地上，你凝视着我，我也凝视着你，我们抱头痛哭。那个时候，对我来说，生命比智慧更可爱，也更重要!

三

一

人类呀，小心一点儿！留点神啊!

二

幽邃的午夜呀，我听到了你的低诉；深沉的午夜啊，你究竟说了些什么?

三

我已经沉沉地睡去，我已经沉沉地睡去。

四

我苏醒了，从梦乡中惊恐地醒来了，哦，我深沉的梦，我的苏醒!

五

世界是深刻的，世界是沉厚的，

六

并且比我们白天所思想的更加深刻、更加沉厚。

七

它沉浸在苦痛中，它的苦痛是深刻的、是沉厚的。

八

相比于苦痛，快乐更加深刻，快乐更加沉厚：

九

苦痛说：不见吧！

十

但每一种快乐都对不朽充满了希冀。

十一

都希冀那深邃又深邃的不朽！

十二

查拉图斯特拉如是说。

60. 肯定与阿门的赞歌

一

假如我是一名预言家，拥有在双海环围的高山之上行走的精神，那预言的精神。

以浓厚沉重的阴云的身份，游走在昨日与明日之间，对所有倦怠的事物、生死两难的事物和温暖的、热切的洼地充满敌意。

将在暗夜中闪烁的救赎之光预备，将预言将要散发的光辉预备——为那道闪电，那道孕育且嘲笑着“认可”的闪电。

但是，若是能够如此孕育，那么孕育者本身就是幸福的！假如有一天，有人想在未来将光明点亮，那么，它就必须以风雨重重的姿态不断地在山间盘桓、盘桓！

哦，我如何能够不热血沸腾，我如何能够不因为不朽而热血沸腾，我如何能够不为了那婚礼般一环套着一环的轮回之环热血沸腾！

我爱你！非常爱你！不朽！除了你，还没有任何其他女子能够让我产生与她共同孕育生命的渴望！

不朽啊，我爱你！这就是原因！

二

假如坟茔曾在我的愤怒中破碎，假如界石已被我的怒火挪移，假如旧牌早因我的愤怒支离并滚落峻峭幽深的山谷。

假如腐败朽烂的言辞曾被我的嘲讽吹散，假如十字蜘蛛曾被我所化的扫帚袭击，假如那古老而死寂的洞穴曾经被我所化的狂风扫荡。

假如我曾在远古诸神的坟茔上端坐，假如我曾在那些诋毁世界的古人身边端坐，假如，我坐在那里，为世界祈祷，假如，我坐在那里，爱着这个世界。

假如看破了教堂的破屋顶的只有天空那纯净的眼眸，假如穿透上帝坟茔那破屋顶的只有天空澄澈的双眼。我还在爱着，哪怕是那是教堂，哪怕那是上帝的坟茔。我在教堂的残垣断壁间端坐，就像蓟草和红罂粟。

哦，我如何能够不热血沸腾，我如何能够不因为不朽而热血沸腾，我如何能够不为了那婚礼般一环套着一环的轮回之环热血沸腾！

我爱你！非常爱你！不朽！除了你，还没有任何其他女子能够让我产生与她共同孕育生命的渴望！

不朽啊，我爱你！这就是原因！

三

假如有一种气息，创造的气息，我过去领略过；假如有一种气息，那源自天国的、那让偶然也不得不为星辰舞蹈的气息，我过去领略过。

假如过去我畅快的大笑过，和那代表着创造的闪电一起畅快地大笑过；假如在闪电的身后，还有驯顺的雷霆追随，那轰隆作响的、漫长的雷霆。

假如大地曾经因为我而震动、崩塌、流溢毁灭的火焰；假如我和神明们一起在神圣的桌边掷骰子，在那用大地制成的神圣的桌边掷骰子。

是的，大地就是一张桌，一张神圣的圆桌，我以我新创造的言语为筹码与神明们对赌，我们一起掷骰子，大地之桌则在这种投掷之下颤抖。

哦，我如何能够不热血沸腾，我如何能够不因为不朽而热血沸腾，我如何能够不为了那婚礼般一环套着一环的轮回之环热血沸腾！

我爱你！非常爱你！不朽！除了你，还没有任何其他女子能够让我产生与她共同孕育生命的渴望！

不朽啊，我爱你！这就是原因！

四

假如，过去，我满饮过那混合了一切事物、冒着气泡的调味壶（中的液体）一口。

假如，我曾经用我的双手向距离最近的事物中注入距离最遥远的事物；假如，我曾经用自己的双手向精神中注入火焰；假如，我曾经用自己的双手向苦痛中注入欢愉；假如，我曾经用自己的双手向极致的善良中注入极致的罪恶。

假如我是能够使万物在调味壶中彻底融合的盐，假如我是一粒用于救赎的盐。

是的，有一种盐能够让善恶糅合，所有的事物都能够、也值得被用于调味，所有的事物都能够、也会冒出最后的泡泡，哪怕是最极致的邪恶。

哦，我如何能够不热血沸腾，我如何能够不因为不朽而热血沸腾，我如何能够不为了那婚礼般一环套着一环的轮回之环热血沸腾！

我爱你！非常爱你！不朽！除了你，还没有任何其他女子能够让我产生与她共同孕育生命的渴望！

不朽啊，我爱你！这就是原因！

五

假如我对海洋无比地钟爱，假如，我对和海洋本质上相同的事物无比地钟爱，那么，当海洋背叛我，当海洋因为恼怒而背叛我的时候，我依旧会爱它，依旧会对它无比的钟爱。

假如我所追求的幸福就隐藏在我的内心之中，假如我所追求的幸福已经向着未知远航，假如有一种身为航海者的幸福就隐藏在我的幸福之中。

假如我的幸福曾经大声呼喊：“海岸不见了，最后的锁链已经从我的身上掉落。

“好吧，好吧，我那衰颓的、苍老的内心啊，在我的远方闪耀着光辉的是空间和世间，在我的身旁澎湃的是无边无际的海洋！”

哦，我如何能够不热血沸腾，我如何能够不因为不朽而热血沸腾，我如何能够不为了那婚礼般一环套着一环的轮回之环热血沸腾！

我爱你！非常爱你！不朽！除了你，还没有任何其他女子能够让我产生与她共同孕育生命的渴望！

不朽啊，我爱你！这就是原因！

六

假如我拥有一种德性，一种属于舞蹈者的德性，假如我陷入狂热的欢喜之中，是的，我的双脚跳进了狂热的欢喜之中，那恍如金玉的欢喜啊。

假如我是恶毒的，那么，我的恶毒总还在山坡和灌木丛中绽放，那开满了玫瑰花的山坡，那盛放着百合的灌木丛；假如我是恶毒的，那么，我的恶毒总还在微笑中绽放。

一切的罪恶都在欢声笑语中并立，这些罪恶却被救赎、被原谅、被神圣化，因为那极致的欢愉。

假如，对我而言，把所有沉重变得轻盈、让所有的身体都成为跳舞的人、让所有的精神都变成飞翔的鸟才是关键！并且，事实是，这些，对我而言，也的确是关键！

哦，我如何能够不热血沸腾，我如何能够不因为不朽而热血沸腾，我如何能够不为了那婚礼般一环套着一环的轮回之环热血沸腾！

我爱你！非常爱你！不朽！除了你，还没有任何其他女子能够让我产生与她共同孕育生命的渴望！

不朽啊，我爱你！这就是原因！

七

假如我过去为自己在头顶撑起过一片晴朗宁静的天空，假如，我曾经在自己的天空之上翱翔，用飞鸟的翅膀。

假如我曾抱着嬉笑的态度在远方漂浮，那光明的远方，那深沉的远方，并且，有飞鸟将自己的智慧藏匿于我的自由之中。

智慧，源于飞鸟的智慧，它开口了，它如是说："你这轻盈的家伙，别再说话了，开始唱歌吧！我把你投掷出去，又把你扔回原地，我投掷着，朝着四周投掷，上和下全都不存在！

"别再说话了，开始唱歌吧！一切的话语都是为那些沉重的家伙准备的，一切的话语对轻盈的人来说都是谎言！"

哦，我如何能够不热血沸腾，我如何能够不因为不朽而热血沸腾，我如何能够不为了那婚礼般一环套着一环的轮回之环热血沸腾！

我爱你！非常爱你！不朽！除了你，还没有任何其他女子能够让我产生与她共同孕育生命的渴望！

不朽啊，我爱你！这就是原因！

第四部

| 查 | 拉 | 图 | 斯 | 特 | 拉 | 如 | 是 | 说 |

“啊，世界上还有比站在怜悯者的身边更愚蠢的事情吗？世界上还有比怜悯者所做的蠢事更能让人感到痛苦的事情吗？”

所有的满怀热爱的人都是不幸的，因为他们还在怜悯，他们还没有能力跨越怜悯、登临一个新的高度。

过去，魔鬼这样告诉我：“上帝非常爱人类，但是，哪怕是在天国，也有一种存在，叫地狱。”

最近一段时间，魔鬼又开口了，他对我大喊：“上帝陨落了，陨落于对人类的怜悯。”

——《查拉图斯特拉如是说·第二部·怜悯者》

61. 蜜的祭品

查拉图斯特拉还没有注意到自己花白的头发，也没有注意到身边时间的流逝。这一天，他静静地坐在石头上，坐在自己的洞穴前，视线越过那蜿蜒、幽邃的深谷向着遥远的地方凝望，那里，有大海！他的动物们围绕着他，若有所思，终于，它们在他的面前站定。

“查拉图斯特拉，你在守望什么？是在守望你的幸福吗？”查拉图斯特拉摇摇头：“不，幸福根本就不算什么，我的目标早就不是幸福了，现在，我把事业当成我的目标。”

“查拉图斯特拉，你这样说，是因为你正在幸福之湖那天蓝色的湖水中沐浴吗？是因为你经历过的美好太多吗？”动物们问。

“你们这些家伙啊，还是那么喜欢开玩笑，不过，你们的比喻不太恰当，”查拉图斯特拉说，“我的幸福从来都不似水波，它是沉重的、静止的、不懂得流动。它一直都纠缠着我、将我压迫，对我而言，它就像是沥青，那已经被熔化的沥青。”

听了查拉图斯特拉的话，围绕在他身边的动物们若有所思。接着，它们再次在他面前站定。“查拉图斯特拉，你变得越来越黝黑、越来越枯黄，是因为这些原因吗？哪怕你的头发怎么看怎么都是白色与亚麻色的。瞧啊，快瞧啊，你正在沥青之中端坐，是的，你正坐在你自己那已经熔化的沥青中！”它们说。

“我亲爱的动物们，你们究竟在讲什么？沥青，哦，熔化的沥青，我之所以这样说，只不过是因为我想谩骂。”查拉图斯特拉忍俊不禁，“我和我那已经饱满的果实们的遭遇是相同的。我的血液因为我的蜂蜜而变得黏稠，我的灵魂也因为我的蜂蜜而变得安宁。”

闻言，动物们又向他的身边靠了靠，说：“没错，就是这样，查拉图斯特拉。今天，空气清新纯净，人们也愿意走出来多了解一下这个世界，你呢，你难道不想去攀登吗？攀登那高高的山峦？”

查拉图斯特拉点点头：“没错，我亲爱的动物们，我是想去攀登，我想要爬上那高高的山峦，可是，你们都知道，在山上，我是要成为祭品的，蜜之祭品。所以，帮我想想办法吧，帮我想办法把那冰寒的、美妙的、又黄又白的原蜜带上去吧，那金色的原蜜！”

可是，查拉图斯特拉最后还是让护送他登山的所有动物下山了。现在，山巅只有他一个人了，他环顾四周，纵情大笑，然后他说：

“说什么用蜂蜜做祭品，这不过是我耍的诡计。远离我的洞穴，远离我亲爱的动物们，站在山巅，我就能够开口了，自由地开口！

“什么是献祭？我如何可能去献祭，对我而言，这些无论如何都不能算是献祭，而只是挥霍！是一个长着一千只手的挥霍者在挥霍着过去被赠予的所有事物。

“并且，我对蜂蜜的希冀，不过是对诱饵、黏液和甜美蜜汁的希冀，是的，它们都很馋，馋得流口水，比如那正在吼叫的熊，还有那郁郁寡欢的、奇妙且凶恶的鸟。

“就像所有捕猎的人和捕鱼的人一样，我希冀着诱饵，最好的诱饵。假如世界就是一片乐园，一片捕猎者的乐园，一片森林，一片群兽汇聚、阴湿晦暗的森林，那么，我宁可相信，它是一片大海，一片丰饶的、广阔的、深邃的大海。

“一片连神明都憧憬的大海，一片炫美的大海，一片满是鱼虾的大海。正因为如此，神明们才会化身渔人，在大海之上撒网，毕竟，这个世界上奇妙的事物太多，大大小小，不一而足。

“特别是那一片属于人类的大海，特别是那一个属于人类的世界。现在，金色的鱼竿已经被我抛进海里，现在，我对着大海呼喊：‘敞开吧，深渊，属于人类的深渊！’

“敞开吧，把散发着光辉的虾米扔给我，把鱼也扔给我！今天，我要钓上那条名为人类的鱼，那条最奇妙、最神异的鱼，用我最好的诱饵！

“我向着所有辽阔的、深远的所在抛出了我的诱饵——幸福！我把幸福抛在了晨曦与正午之间，我把幸福抛在了正午与黄昏之间，我把幸福抛在了晨昏之间，我想知道，那些名为人类的鱼是不是愿意学着去拖拽我的幸福，直到嘴唇被隐藏在诱饵之中的、最锋锐的鱼钩钩住，直到那来自深渊的、最炫美的鱼被强制升到与我平齐的高度，直到我成为最凶恶的渔人！

“从本质上来讲，我就是一个凶恶的捕鱼人，一直都是。我培养了无数的培育者、牵引者，我不断地牵引、将它们牵引到我的高度，我拉扯、把它们拉扯得与我平行。某一次，我对自己说：‘你就应该成为你本来就是的那种人。’这话，不无道理。

“现在，人类完全可以通过这样的方式来与我齐平，我也一直在等待，等待那超人的预兆，那伟大正午来临的预兆，等待没落，我自己的没落，但是，我却没有在人群之中没落，即使，我必须那样做。

“所以，我在这里等待，所以，我带着讥讽、带着诡计、带着狡黠来到了这里，来到了山巅，静静地等待。并非急躁难耐，也非耐心十足，他同我一般，都把忍耐荒废了，因为，不愿意再忍耐。

“或许，我早就被命运遗忘了；或许，命运愿意将更多的岁月馈赠予我；或许，它正在捉苍蝇，端坐在阴影中捉苍蝇，端坐在巨石背后的阴影中捉苍蝇。

“并且，事实的确如此，我要善待我那不朽的命运。它给了我胡作非为的时间，它给了我做坏事所需的岁月，它从来都不曾逼迫过我，我更没有被它咄咄紧追，因此，我才能够在这高高的峰峦之上垂钓。

“除了我，还没有人垂钓于高山，但是，我愿意如此，哪怕，这种行为很愚蠢。与其在山下郑重其事、铁青着脸等待，倒不如在高高的山峦之巅做些傻事。

“一个怒气冲冲的人，一个因为等待的矫饰而怒气冲冲的人；一阵风暴，一阵神圣的、呼啸于山间的风暴；一个人，一个急不可耐的人，他正在嘶吼，朝着下方的山谷嘶吼：‘来啊，快来聆听啊，再不来我就要鞭打你们了，我就用上帝的皮鞭将你们鞭打！’

“我不会生这些怒气冲冲的人的气，他们其实做得已经足够好了，好得让我忍俊不禁。这些伟大的、响亮的锣鼓啊，他们忍耐不下去了，他们必须得发声了，就在今天，否则，他们便再也无法发出任何声音了。

“但是，我从来都不与现在交谈，也不和‘永远都不’说话，我的命运也一样。我们耐心十足，我们有的是时间，甚至，我们的时间太多了。因为，终有一天，他一定会到来，不会被忽略，也不可能在短暂的瞬间一闪而逝！

“终有一天，什么会到来？什么一定会到来？什么不会被忽略？什么不可能在短暂的瞬间一闪而逝？哈扎尔①！那座历经了千年的王朝，那座遥远的、伟岸的人类城邦，那神圣的哈扎尔！属于查拉图斯特拉的哈扎尔！

“这里的遥远究竟要如何界定，关我什么事呢？但是，因此之故，我要牢牢地站在上面。

“是的，站在那上面，站在不朽的基础之上，站在原始的、坚硬的岩石之上，站在至高至坚、最本初的山脉之上，任四面八方的风凛冽地吹拂，就像将雨雪风霜界定，询问着某个地方，询问着来自什么地方，询问着要到何处去。

“在这里放声大笑吧，我的恶毒，我堂皇的、周全的恶毒！将你嘲谑的笑声，将你闪烁着光辉的笑声从山巅投掷到深谷吧！用你闪烁的光辉做诱饵吸引那些属于你的，名为人类的，最美好的鱼吧！

“我，最凶恶的渔人在此等待，我的恶毒啊，用你的诱饵将我掉落海中的东西——我的自由和行动——帮我引诱出来吧，帮我钓上来吧！

“我金色的钓钩，出来吧，赶紧出来吧！我用幸福制作的诱饵，下水吧，赶紧下水吧！我心灵的蜂蜜，那甜美的露珠，滴落吧，赶紧滴落吧！噬咬吧，赶紧噬咬吧，向着那充满苦痛的、漆黑的鱼腹！对，我的钓钩，赶紧噬咬吧！

“我的双眸，赶紧向外凝望吧，赶紧向外凝望吧！在我周围，

① 似乎为波斯语，“千年循环”的意思。

人类之未来正走在晨曦之中，破晓而出。在我周围，无数大海在澎湃、在咆哮！还有，我头顶的寂静，那云开雾散般明朗的寂静，那氤氲着粉红色的寂静啊！”

62. 苦难的呼唤

次日，查拉图斯特拉又静静地坐在石头上，坐在自己洞穴门口的石头上，但他没有守望，而是低着头，用木棍在地上描摹着自己的影子。他的动物们并不在他身边，它们都出去猎捕食物了，当然，也包括新的蜂蜜，因为所有旧有的蜂蜜都被查拉图斯特拉挥霍掉了，一滴都没剩。描摹着自己的影子，查拉图斯特拉若有所思，但他思考的不是自己，也不是自己正在描摹的影子。蓦地，在他的影子旁边，有一道新的影子出现了。他大惊失色，跳起身来，匆忙四顾，于是，他看到了那个人——那个大厌倦的宣讲者，那个预言家——他就站在查拉图斯特拉身旁。查拉图斯特拉和这位预言家曾经同桌而食。“所有的事物都是相同的，所有的事物都是不值得的，知识让人无法呼吸。”他曾经如是说。但是，后来，他变了。查拉图斯特拉凝视着他的眼眸，这种凝视让他惊慌失措，他的脸变得苍白，似乎有很多不祥的征兆在涌动。

似乎是察觉到自己的心思已被查拉图斯特拉看透，这位预言家像要把脸抹除掉一样擦拭着自己的脸；与此同时，查拉图斯特拉也如他一般像要把脸抹除掉一样擦拭着自己的脸。就这样，他们互相望着彼此，谁都没有说话，直到双方都恢复神采与平静。接着，他们的手握在了一起，这表示，他们又相识了，第二次相识。

“宣讲大厌倦的预言家啊，欢迎你光临我的洞穴，我想，你应该还没有忘记我们同桌而食的情景，你曾经到我家中做过客。今天，我们继续同桌而食吧，就像过去一样。你会谅解的，我的客人，能够与你一起进餐的只有一个老人，一个幸福的老人！”查拉图斯特拉说。

预言家摇摇头，说：“查拉图斯特拉，不管你希望自己成为什么样的人，或者，你就是什么样的人，你待在山中洞穴的时间都太长了，长到你的船即将远离陆地！”

“我在陆地上停留了吗？”查拉图斯特拉笑问。

“汹涌的波涛已经将至高的山峦环绕，那包含着大苦痛、大磨难的波涛在不断地疯涨、疯涨，不久之后，这波涛就会浮起你金色的船，你金色的船则会载着你离开。”预言家说。

闻言，查拉图斯特拉有些讶异，他没有说话。“查拉图斯特拉，深谷之中波涛汹涌，那澎湃的水流轰轰隆隆地激荡着，你听不到它的声音吗？”预言家又说。

查拉图斯特拉竖起耳朵，认真地倾听，他还是没有开口。之后，他听到了那悠长的呼唤，听到了那响彻了每一座深谷的悠长的呼唤，那凶厉的呼唤！没有哪座山谷愿意保存它，于是，它一直被传递、传递。

“你这个家伙，你带来的永远都是坏消息！我听到了，那是人的呼唤，是苦痛与磨难的呼唤，它的源头或许是一片大海，一片被黑暗笼罩的大海，但是，这关我什么事呢？你应该知道那东西的名字，那一直为我贮存的、充满了罪恶的东西！”

闻言，预言家振奋地举起双手，激动地说：“查拉图斯特拉，我知道，我知道，那为你贮藏的、充满罪恶的、在最后中隐藏的东西是怜悯，而我，我就是来引领你走向你的怜悯的！”

他的话音刚落，那悠长的呼唤声就再次响了起来。这一次，声音更洪亮、更悠长，也更凶厉，距离更近了。“查拉图斯特拉，你听到那声音了吗？它在呼唤！它在呼唤你！赶紧过来吧，过来吧，时间到了，登临最高处的时间到了！”预言家说。

查拉图斯特拉没有说话，他惊愕不已，他陷入了迷茫，但最后，他还是犹犹豫豫地发出了自己的疑问：“呼唤我的是什么人？”

“是等级更高的人！”预言家狠狠地瞪了查拉图斯特拉一眼，大声说，“你还有什么没有说吗？你自己早就明白了啊！”

“等级更高的人？哦，等级更高的人?！他要得到什么？他来这里有什么事？他想得到什么？”蓦地，查拉图斯特拉惊恐地大叫起来，汗水湿透了全身。

对查拉图斯特拉的惊恐，预言家视若不见，他认真地聆听着山谷中的声音，直到确定山谷一片沉寂，没有任何声音传来，他才转过头，看向不断战栗的查拉图斯特拉。

“查拉图斯特拉，你还像一个乐昏了头的人一样傻站着做什么？你得跳舞了！迈开你的双脚，舞蹈！不然，你会再次在大地上摔倒！

“但是，哪怕你竭尽全力舞蹈，哪怕你把能用的方法都用了，还是没有人告诉你，‘那个笑到了最后的人，那最后一个幸福的人，正在跳舞。’

“假如有谁到山上来寻找那幸福的舞者，他肯定一无所获。因为，山上没有出产幸福的矿井，没有幸福的矿脉，更没有幸福的财宝。山上只有洞穴，一些不易被发现的洞穴，隐居的人就藏在洞穴之中。

“人们不可能在隐居的人这里找到幸福，也不可能在被掩埋的人这里找到幸福。幸福在那座遥远的海岛上，在那早已经被忘怀的幸福之岛上，可是，我们真的要漂洋过海去幸福岛上追寻那最终的、最后的幸福吗？

“所有的事物都是相同的，所有的事物都是不值得的，幸福之岛根本就不存在，所有的探索也徒劳无益！”预言家说，他的声音很是哀伤。

伴随着预言家最后一声喟叹，查拉图斯特拉抚弄着自己的胡须，中气十足地大喊：“不！不是的！别聒噪这些事情了！那这个悲观的家伙！幸福之岛一直都存在，我知道！我很清楚！非常清楚！

“你这蓄积着雨水的晨曦阴云啊，别再用这件事来聒噪我了！我就站在这里，我已经被你的苦痛淋成了一只落水狗！

“现在，我要从你身边远离，我要到另外的地方抖掉我身上的雨水，你很奇怪吗？我就是要重新变得干燥起来！这里是我的家，是我的地盘，就算你觉得我不知礼仪也无所谓！

“还有，那个等级更高的人，我会去森林中寻找他的，或许，一只残暴凶恶的野兽距离他已经越来越近了，我马上就出发，到那呼唤的源头——森林去寻找他。

“我不会让他在我的领地之中受伤的，至于说残暴凶恶的野兽，我的身边有很多！”

说这话的时候，查拉图斯特拉充满自信，斗志昂扬，看上去是那么的稳重，那么的有力，就像一个在洞穴中幽居了很久，刚刚才重新将阳光沐浴的人。说完，他转过身，看样子，似乎立马就要下山。

看到他要走，预言家大喊：“查拉图斯特拉，我早就知道，你这个无赖会丢下我，独自一人追踪凶暴的野兽。但是，这么做对你有什么好处呢。我非常有耐心，我会像个木头人似的在你的洞穴中等着你回来，你会回来的，当夜幕降临的时候。”

查拉图斯特拉的脚步微微停顿了一下，转过头来，看着他的客人，说：

“随便你，我的客人，如果你愿意，你能占有我洞穴中的所有东西。你这个喋喋不休的家伙，假如你能翻出一些蜂蜜，那么，把它舔干净吧。今天晚上，我们都要有一个愉悦的心情。

“是的，愉悦的心情，愉悦地庆祝又一天的终结！所以，让你的灵魂变得欢快吧，还有，在我唱歌的时候，你应该和着歌声舞蹈，你这只老熊，我的跳舞的老熊！

“怎么？你认为我在欺骗你？好吧，好吧，你摇头做什么呢？我们都是预言家了，是的，我们，你，还有我！”

查拉图斯特拉如是说。

63. 对话国王

一

在山林中穿行了不到一小时，在下山的必经之路上，查拉图斯特拉迎面遇到了一支很奇怪的团队——两个头戴金冠、围着紫色腰带、衣着华丽、仿佛红鹳鸟一般的国王驱赶着一头毛驴向前走，毛驴的背上还载着一些东西。看到他们，查拉图斯特拉很惊讶，他对自己发出疑问：“国王到我的地盘来有何事？”与此同时，他还把自己藏在了灌木丛中。很快，两个国王就走到了灌木丛边，于是，他们听到了查拉图斯特拉的自语："真是奇怪啊，两个国王居然驱赶着一头驴，而且，还非常融洽，这是为什么呢？"

听到他的自语，两个国王都停下了脚步，循声望去，之后，他们开始脸对着脸、互相凝望。"我们当中也有人和你抱着同样的想法，只是，并没有将这想法说出来。"走在右边的国王说。

左边的国王不置可否，他耸耸肩，说："或许，他是个在山间放牧的人；又或许，他是一个在山林中隐居的人。因为在森林与高山上生活的时间长了，所以，根本就不懂社交，更不懂礼仪。"

闻言，右边的国王很是愤懑，语调尖锐地对同伴进行了驳斥，他说："礼仪？什么是礼仪？你和我为什么要逃离？还不是要逃脱礼仪、逃脱我们那'美好的'社会吗？

"是的，'美好的社会'，他们都如此称呼它，但是，实际上，它就是群氓的聚集地！在'美好的社会'，我们的生活像是镀上了一层金粉，修饰的痕迹太重，而且，太过虚假。与其生活在其中，倒不如隐居山林。

"虽然，他们用贵族来称呼自己，但实际上，因为那些拙劣的习惯、疾病和更拙劣的治疗，一切都变得虚假，一切都腐败朽烂了！特别是我们的血液！

"以我之见，当今之世，最高洁尊贵的族群就是农民所在的族群，最卓越、最可爱的也是身心康健的农人，他们粗犷、有一丝狡黠，但很坚韧，也很顽强。

"农人所在的族群应该统治整个世界，农人是当下最卓越的人！我再也不想活在这个被群氓的谎言笼罩的国度里了！是的，我要逃离，逃离群氓的欺骗。

“群氓是什么？就是各种人的大混合！撒谎的人！容克[1]阶层！犹太人！神圣的信徒！还有牲畜！那群从诺亚方舟上走下来的牲畜！

“礼仪！呵呵，礼仪？在我们的国度，一切都是虚妄的，都是腐朽败坏的！在那里，所有的人都忘记了信仰：我们不也正因为如此才选择逃离吗？就连棕榈叶都被那群阿谀的、难缠的狗镀上了黄金，成了金叶子！

“我厌恶这样的生活，这样的生活让我无法呼吸。我们，对，就是我们，我们这些国王也变得虚假了！对那些极端狡诈、愚蠢，希冀用权力来交换一切的人来说，我们扮演的就是纪念币的角色。在我们身上，披挂的不过是先辈的荣光，那陈旧的、泛黄的、先辈的荣光。

“我已经厌倦了，真的厌倦了，我不想再继续撒谎，我们总扮演着最高等级的人，但事实上，我们根本不是！

“我们终于逃离了，逃离了流氓和痞子的聚集地，逃离了那一身铜臭的商人，逃离了自己的野心，逃离了污秽的空气，逃离了喋喋不休的吵闹者和虚伪的弄墨人。

“呸，我们算是哪门子的国王?！在群氓之中做出一副高高在上的上等人姿态又有什么意义?！可恨！太可恨了！太可恨了！太可恨了！”

听到他的话，左边的国王摇摇头：“我的兄弟啊，你又发作了，你被厌恶攻击了，可是，你得清楚，现在，我们身边还有另外一个人！”

---

① 原意是无骑士称号的贵族子弟，后来代表普鲁士贵族和大地主。

闻言，查拉图斯特拉从藏身的灌木丛中走了出来，走向两位国王，他对他们说：

“我就是另外一个人，我听到了你们之间的对话，国王啊，这个倾听者，名为查拉图斯特拉。

“我就是查拉图斯特拉。听到你们说国王的存在还有什么意义，听到你们说，我们还算哪门子的国王，我很开心。

“但是，这里是我的地盘，是属于我的国度，你们来到这里，是为了什么？或许，你们在寻找那个人，那个等级更高的人！我也在找他，而你们则已经见过他了。”

“噢，真糟糕，我们被看穿了！”两位国王捶胸顿足，一起惊呼：

“我们的内心充满了阴暗，但是，你用你锋利的长剑斩破了这浓得化不开的阴暗。是的，瞧啊，我们正行走在寻找等级更高的人的路上，是的，我们的困难，我们的灾厄，你都你看透了。

“虽然我们是高高在上的君王，但是，以我们之见，这片大地应该被等级最高的人统治，是的，我们在寻找他，找到他之后，我们会将这头毛驴作为礼物送给他。

“对所有的人类而言，最残酷的命运，最巨大的不幸，莫过于等级最高的人与最强大的人不是同一个。也正因为如此，这个世界才变得恐怖、阴森、虚妄。

“并且，假若统治世界的竟然是末人，是一群更像畜生的人，那么，当此之时，群氓就有足够的理由来抬升自己的价值，并扬扬自得地以他们的德性宣称：‘瞧，这就是德性，德性就是我！’”

闻言，查拉图斯特拉欣喜异常，他对自己说：我很开心，我居然得以聆听国王的智慧，这两位国王，竟然拥有如此不可思议的见识。真的，这是真的，我想为此赋诗一首。

哪怕这首诗并不一定会被大众欢迎。可是，好吧，我顾不上了，我真的顾不上了，人们听到了又有什么关系呢?

（但是，这个时候，又有一件奇异的事情发声了，那头被国王驱赶的毛驴，它开口了，它说“咿呀”，发音很清晰，带着几许恶意。）

那一年，过去的那一年，我相信，我主从天而降。

那个女巫醉倒了，即使，她滴酒未沾。她说：

“哎呀，真倒霉，事情被搞得越来越糟糕。

“坠落吧！坠落吧！这个世界还没有哪个时候像现在一样坠落得这样快、沉沦得这样深。

“这里再也不是罗马，而是青楼，是烟花女子。

“在沉沦中，恺撒坠落了，统治着罗马的大帝恺撒，它变成了牲畜，而我们的上帝，摇身一变，成了——犹太人!”

二

查拉图斯特拉即兴所赋的诗歌受到了国王们的赞美，右边的国王再次开口，他说：“查拉图斯特拉，能够在外面和你相遇，真是一件美好的事情。

“我们曾经在镜子中看到过你，镜子的主人是你的敌人。在镜中，你面目狰狞，并且，时常发出刺耳的讥讽与大笑，因此，你成了我们害怕的对象。

“但是，这又能如何呢？我们的耳边总能听到你带有强烈刺激性的话语，我们的心灵也常常被你震撼，于是，我们告诉自己，你的外貌如何，真的不重要。

“我们必须过来，过来聆听查拉图斯特拉的教导。‘在新的战场上，你们应该用和平的利剑来征战，在长久的和平与短暂的和平并列，你们应该更钟爱后者。’查拉图斯特拉这样教导我们。

“‘美好是什么？美好就是勇猛和果敢！能够将一切全部神圣化的战争才是最美好的战争！’查拉图斯特拉，除了你，再没有人如此热衷于斗争。

“你的话语，就像明媚的春天对陈旧的酒桶发出的呼唤，它唤醒了我们身体中源自先辈的沸腾的血液，那澎湃的血液！

“刀剑上的鲜血若长蛇身体上的红斑，星星点点，彼此交辉，也就是在那个时候，我们的先辈学会了友善地对待所有的生命；但在他们眼中，长久的和平本就是一种侮辱，和平的阳光也总是孱弱的、无力的。

“若是我们的先辈看到那些被悬挂在墙壁上、已经生锈的刀剑，他们该发出怎样凄凉的叹息啊，唯有饮过血的兵器才能熠熠生辉，我的先辈们，就像那刀剑，一直都对战争充满了祈盼。”

国王们一直都在述说着先辈的荣光与幸福，乐此不疲。查拉图斯特拉也突然有了嘲笑这种热情的兴致。瞧瞧吧，这两位国王，他们上了年纪，他们的容貌很儒雅，也老态龙钟，他们看上去，是那般的钟爱和平。可是，最后，查拉图斯特拉还是忍住了。他说：“顺着这条路，一直往前走，就能到达我的洞穴。若是两位国王愿意莅临，我将备感荣幸。这短暂的白天结束之后，漫长的黑夜便会降临。现在，我要和你们说再见了，因为，有一个处在苦痛与磨难中的人正在呼唤我。

“两位国王，请在我的洞穴中等着我吧，不过，或许，等待的时间会很漫长。

“不过，那又有什么关系呢？当今之世，再没有什么地方能比宫廷能够更好地教导人们去等待了。而且，很显然，国王们身上每一种德性都存在着。而现在，这不就是等待吗?”

查拉图斯特拉如是说。

64. 水蛭

查拉图斯特拉继续前行，他在思索一些关键且重要的事情。不知不觉间，他穿过了森林，越过了沼泽，并且，一不小心，他踩到了一个躺在沼泽地中的人。那个人蓦然发出一声惨呼，接着就开始咒骂查拉图斯特拉；受惊的查拉图斯特拉用木棍打了那个人。不过，没过多久，他就恢复了理智，讪然一笑，查拉图斯特拉一边在内心嘲讽自己，嘲讽这件傻事，一边向那个已经坐起身来的、被他踩到的人道歉：

“很抱歉，先生，真的很抱歉。接下来，请您先听我讲一个比喻吧。

“就好像是一个孤独地行走在街上的漫游者无意间踩到了一条晒太阳的狗一样，漫游者不是故意的，他正在思考一些关于远方的事情。

“但是，因为受了惊吓，漫游者和狗的反应都很激烈，便如我们。

“事实上，我们有许许多多的理由变得亲密起来，比如，我们都很孤独。”

听了查拉图斯特拉的话，被他踩到的人现在更恼火了，他大喊：“无论你是什么人，现在，我不仅被你的脚践踏了，还被你的比喻践踏了！看看，你看看，给我瞧清楚了，我不是狗!”说着，这个一开始舒展着身体躺在地上，仿佛隐藏起来的猎人一样的男子将自己的胳膊从沼泽里抽了出来，接着，他站起身来。

“你怎么了？你这个倒霉的家伙？你碰到了凶恶的野兽吗？你被野兽咬伤了吗?”看着对方那流着鲜血的、赤裸的胳膊，查拉图斯特拉大惊失色，关切地问道。

“这不关你的事!”被踩到的人怒极反笑，他说，“这里是我的家，是我的狩猎场，我愿意回答任何人的问题，但是，却不包括一个傻子的提问。”

他的话并没有让查拉图斯特拉愤怒，相反，查拉图斯特拉紧紧地抓住他，怜悯地说：“不，先生，你说的不对，这里不是你的家，而是我的家，是我的地盘，在这里，不会有任何伤害事件发生。

“你用什么称谓称呼我都没有关系，但是，我叫自己查拉图斯特拉，我也一定就是查拉图斯特拉。

“顺着这条路一直走，你就能到达我的洞穴，先生，你不需要到我那里去将养一下伤势吗?

“你真是个倒霉的家伙，你的生活更是糟糕得一塌糊涂，先被凶恶的野兽咬了，又被一个人践踏了!”

闻言，被踩到的人突然大叫：“天呢，我身上到底发生了什么?除了吸血的水蛭和查拉图斯特拉，我的生活中没有任何烦恼!”他显得很激动，尤其是在听到查拉图斯特拉的名字之后。

他大喊：“我在沼泽边躺着，我把胳膊伸进沼泽，我被咬了至少十次，为的就是水蛭。可现在，一条名为查拉图斯特拉的、更美丽的水蛭也想来吸我的血了!

“呵，这真是奇迹！呵，这真是福乐！现在，来赞美他吧，赞美这个把我引诱到沼泽里的人，并让我长期在沼泽驻留的人！来赞美他吧，赞美这个最具活力的、最卓越的、现在仍存在的吸血之器物！来赞美他吧，赞美良知之上吸血的水蛭，赞美查拉图斯特拉吧！”

听了被踩到的人的话，查拉图斯特拉很开心，他喜欢他儒雅的态度，也喜欢他崇敬且带着几许惊恐的言辞。于是，他将自己的双手递向那个人，他说：“我们之间发生了许多误会，这些误会需要澄清，但我想，即将到来的肯定会是纯洁明净的白日。现在，请告诉我，你是什么人。”

被踩到的人回答：“我是精神领域具有良知的人，在精神方面，没有人比我更严厉、更坚韧、更紧密，除了查拉图斯特拉，我的偶像，我的学习目标。

“假如只能囫囵吞枣般笼统地了解事物，无法对事物透彻地了解，那么，我宁可自己什么都不知道；假如成为一个有智慧的人的代价是命运被他人操控，那么，我宁可做一个自由且独立的傻瓜。我一直在寻找，寻找根基。

“只要是真正的根基，哪怕它只有手掌大小也没关系。事实上，根基是大是小，是在天国中还是在沼泽里，根本就无关紧要。对真正的良知与见识来讲，根基从无大小，哪怕只有手掌大，但能够让人站在上面就好。”

“你这个精神领域具有良知的人啊，你一直都在研究水蛭吗？你穷究水蛭的一切，你是这方面的专家吗？”查拉图斯特拉问。

“不，查拉图斯特拉，如此艰巨的事情还不是我能办到的，我只是对水蛭的头脑有些研究。

“对我而言，水蛭的头脑的世界就是我的世界。恕我骄傲，迄今为止，在这方面，还没有人研究得比我更透彻。所以我说，这里是我的家。

“我待在这里已经很长时间了，长到我自己都已经记不清，曾经狡猾无比的真理，现在再也无法从我手中溜掉。在这里，我研究水蛭的头脑，这里，就是我的地盘！

“为了研究，我放弃了一切，对我而言，除了我的研究，其他的所有都没有任何的区别，我知道，在我身边有一种知识，他紧挨着我，他就是我的阴暗和我的蒙昧。

“其他的所有对我都不重要，只要专心地研究水蛭就好。这是我的精神和精神之中的良知给我的指引。我对每一个对精神一知半解的人、阴暗的人、只会凭空幻想的人和飘浮在半空的人都充满了厌恶。

“在真诚不存在的地方，我是迷茫的，我也愿意自己陷入迷失，但是，在我的意志有所了解的地方，我的意志和我都希望自己是真诚的、严厉的、残酷的、冷漠的。

“查拉图斯特拉，我是听从了你的教导才来到这里的，你说‘所有的精神都是生命对自己本身进行的一种切割’，我受到了引导，于是，我来了，我的知识得到了扩展，尽管，我付出了鲜血。”

听了他的话，查拉图斯特拉说：“这的确是真实的表象。”说着，他还看了这位精神良知者的胳膊一眼，他的胳膊上还在不停地流血，因为，这只胳膊被十只水蛭咬过。

“你这个奇怪的家伙，你这个妙人，虽然你看到的只是表象，但我却从你身上学到了很多。并且，现在，我还不能把每一种见解都陈述给你。

“现在，我们相互说再见吧！顺着这条路，一直往上走，你就能看到我的洞穴，我希望今天晚上能够在洞穴中看到你，我亲爱的客人。

“我正在想，我应该给你一些补偿，是我践踏了你，用我的双脚。不过，现在还不行，我要走了，一个正处于苦痛和磨难中的人正在呼唤我。”

查拉图斯特拉如是说。

65. 魔术师

一

查拉图斯特拉从一块岩石边绕过，然后，他看到下方不远处有一个陷入疯癫中的人。那个人四肢抽搐，脸朝下摔倒在地。查拉图斯特拉告诉自己：“站住，别再往前走了，这就是那个等级更高的人，就是他对你发出了苦难的呼唤。你得去看看他，你得去拯救他！”于是，他向着下方跑去，他跑到了那个人身边，但是，他看到的却不是一个等级更高的人，只是一个老人。老人浑身都在颤抖，目光非常的空洞，并且，查拉图斯特拉扶不起他，因为，不管他用多大力气，老人都无法再次站立。相反，老人环目四顾，目光中充满了某种令人颇有感触的孤独，仿佛他已经被整个世界抛弃了。他蜷缩在地上，不断地痉挛、抽搐，但最后，他开口了，声音中充满了无限的哀伤。他说：

有没有人能把温暖赠予我？有没有人还挚爱着我？

把双手赠予我吧，那温暖的双手，热乎的双手！

把火盆赠予我吧，对，那能温暖心灵的火盆！

我倒下了，我躺在地上，不断颤抖，
就像一个将死不死的人，谁能给我的双脚一丝温暖啊？
啊，我在战栗，因为高烧，因为不了解。
啊，我在战栗，因为那锋锐的、凛冽的、冰霜凝成的利箭！
思想啊，你一直在追逐我，我成了你的猎物！
说不清的人！隐藏起来的人！可怕的人！
捕猎的人啊！原来你藏在了乌云的身后！

属于你的雷霆击中了我，我躺倒在地。
你站在阴影中，凝视着我，用你那双充满了讥嘲的眸。
我躺倒在地，就是如此，
蜷曲着，瑟缩着，
被那一直都会存在的苦痛与磨难折磨。
你击中了我，
你这最残酷、最无情的捕猎者，
你这还没有人知道的——上帝！

再击中我一次吧，
更深更深地伤害我吧！
刺穿我的心，让我的灵魂支离！
用那支箭矢，那支仿佛锈钝的牙齿一般的箭矢！
你想要做什么？你这苦痛的磨难！
你在凝望何方？
用神明们的眼睛，用雷电的眼睛，用那双幸灾乐祸的眼睛。
那些属于人类的苦痛还不曾让你感到厌恶与疲倦吗？

扼杀与伤害都不是你的目的，
你只是要折磨！你真的只是想让人类承受折磨与煎熬吗？
你这个幸灾乐祸的人啊，你这个还没有人知道的上帝啊，
是什么原因让你把我当作了折磨的对象？

寂静的午夜，
你悄无声息的来临，
哈哈，你有什么目的？什么是你想得到的？
赶紧说出来吧！
我被你欺压、被你挤兑，
哦，太近了，你靠我太近了！
滚！快点儿滚！从我身边滚开！
我的心脏在跳动，你躲在一边偷偷地听它跳动，
我在呼吸，在喘气，你也听得清清楚楚。
你这个充满妒忌的人啊，
是什么让你充满妒忌？
滚！快点儿滚！梯子在这里没有任何的作用！
你期望走进我的灵魂吗？
你想窥伺我的思想吗？你想窥伺我那隐藏的最深的思想吗？
你这个无耻的小偷！
什么是你想偷走的？
什么是你想询问的？
什么事你想听闻的？
你这家伙！你这个刽子手！
你这个实施刑罚的人！你这个上帝！

难道我要在你面前匍匐滚动？
像一只狗！
难道我要竭尽全力摇动自己的尾巴，
高高兴兴地向你表达我的爱意？
没有用！根本就没有用！刺吧！刺吧！刺得更深一点儿！
这毒刺！这最残忍、最暴力、涂满了剧毒的毒刺！
不，不是这样的，我只是被追捕的猎物，
是一个俘虏，高洁骄傲的俘虏！
残忍的猎人啊！躲在乌云身后的盗匪啊！
我不是你的狗！
你这个抢劫犯，你还是开口了！说吧，说吧，
我这里有什么东西是你想得到的？
说吧，说吧，别犹豫，你这个帮闪电遮掩的人，
你这个还不为人所知的——上帝！
我这里有什么东西是你想得到的？

是赎金吗？
你需要多少赎金？
我得规劝你，用我的骄傲规劝你，
多要一点！
并且，我还得规劝你，用我的骄傲，我的另一种骄傲，
别啰唆，尽量做到言简意赅，
哈哈哈哈！

什么？你说你需要的是我？

是我吗？全部的我？……

哦，你这个愚蠢的家伙！你还是继续折磨我吧！
你竭尽全力想要毁掉什么？
毁掉我的高傲吗？
爱我吧！爱我吧！赠予我一点儿爱吧！
有没有人能把温暖赠予我？有没有人还挚爱着我？
把双手赠予我吧，那温暖的双手，热乎的双手！
把火盆赠予我吧，对，那能温暖心灵的火盆！
把厚达七层的冰块赠予我吧，赠予最孤独的我。
让人对仇敌充满希冀，
让人对仇敌充满渴望，
把最残忍、最暴力的仇敌赠予我吧，
是的，把你自己赠予我，
赠予我吧！

他已经逃走了！
他选择了独自一人远离！
我的伙伴，我最后的伙伴，我唯一的伙伴！
我最大的敌人，
属于我的未知的那个人，
还有我的上帝！刽子手一般的上帝！

回到我身边吧！
回到最孤独的人身边吧！

哪怕你将所有的磨难都随身带回！

回到我身边吧！

我的泪水化作奔腾的泉水，

一齐涌向你！

我的火焰，我最后的火焰，我心灵的火焰，

闪烁着光芒，为了——你！

哦，不，回来吧，回到我身边吧！

我的上帝，我还不知道的上帝！我所有的苦痛，还有，我的幸福，我最后的幸福！

二

听到这里，查拉图斯特拉忍无可忍了，他用自己的手杖不断地击打着躺在地上的哀叹者，他愤怒地大笑，嘶吼着："行了，停止吧，你这个表演者，你这个戏子，你这个骗子，你这个制造假币的人，我早就看透了你！

"你这个恶毒的魔术师，你想要让你的脚得到温暖是吧？你会得到的，我一直都懂得该怎么替你们这些人生火！"

老人一骨碌从地上跳了起来，他说："住手吧，查拉图斯特拉，我这样做，只是觉得有趣，只是想要试探试探你。

"这不过是我的戏法，可惜，被你看透了。

"但是，查拉图斯特拉，睿智的你竟然强硬如斯，你用你的手杖强求真理，你用你的真理击打着我，甚至，不曾考验我，一次小小的考验都没有！"

查拉图斯特拉冷冷地注视着这个哀叹者，胸中的怒气难平，他说："你这个虚伪的骗子，你这个戏子，我不需要你的奉承！

“你这只在孔雀群中的孔雀，你想要演什么？你居然还妄谈真理？你这个恶毒的魔术师，我会信任你吗？当你以一个哀叹者的形象出现的时候？行了，说吧，你到底要扮演谁？”

老人笑了笑说：“这个角色还是你发明的呢，查拉图斯特拉，我在扮演精神的悔罪者。

“这个魔术师，他已经自食恶果。这个诗人，他已经转变，他在攻击自己，用自己的精神，因为，他败坏的良心和恶毒的知识让他感到寒冷，他快要被冻死了！

“查拉图斯特拉，不要否认，在你用双手扶住我的头的时候，你并没有怀疑我的身份，你把我当成了一个正在承受苦难的人。过了很长一段时间，你才看穿了我的戏法，你才意识到自己被骗了！

“‘人类对他太冷漠了，人类对他太冷漠了！’那个时候，我听到你的内心发出这样的哀叹。我的谎言能够欺骗睿智的查拉图斯特拉到这种程度，说实话，我很高兴，我心中充斥的恶念让我感到非常高兴。”

查拉图斯特拉漠然而冷肃地看了老魔术师一眼，说：

“我的命运促使我保持着一颗纯净的、从不设防的态度，所以，我相信欺骗者的谎言，也许，还有许多比查拉图斯特拉更睿智的人也相信了你的谎言。

“但是，在我看来，你一直都在撒谎，而且，必须撒谎！以我之见，即便是你现在流露在我面前的悔意其实也是虚假的，你要求自己总是一层层的伪装，要求自己的话语有更多的含义，一种、两种、三种、四种，甚至五种！

“你这个制造假币的人，除了欺骗，你不会做任何其他的事情！哪怕你赤身裸体地站在医生面前，你还是会撒谎，会对自己的疾病进行伪饰。

“刚才，你就对我说谎了，你就在我面前对自己的欺骗行为进行了粉饰。你说，‘我这样做，只是觉得有趣’，语气还很郑重，不得不说，你这个家伙，还真带着一丝悔罪者的气息啊！

“你已经被查拉图斯特拉看透了，你这个恶毒的魔术师！你蛊惑每一个人，你对每一个人说谎，但你却没有将狡诈和欺骗留给自己，你对你自己解除了你的魔术！

“你把你得到的厌恶当成唯一且全部的真理，除了你的嘴以及那牢牢黏在你嘴边的厌恶，你所说的话全都是谎言！”

查拉图斯特拉的话很尖锐、很冷酷，老魔术师为此恼怒不已，他大喊：“查拉图斯特拉，还没有人敢在我面前如此放肆，还没有人对世界上最伟大的我说过这样的话！”他的眼睛中闪烁着绿莹莹的光芒，这种狼一般的光芒直奔查拉图斯特拉而去，但是，没过多久，他又变得哀伤起来，他说：

“查拉图斯特拉啊，我知道自己并不是一个伟大的人，我也知道自己的伪装没有意义，我早就厌恶了我的魔术，我那骗人的戏法，可是，你知道，伟大，曾经也是我的目标，我为它努力过，我追求过它！

“过去，我曾经扮演过一个伟大的人，我用谎言让人们相信我的伟大，但是，事实上，我说不了这么大的谎，如此的欺骗非我力之能及，为此，我的心变得支离破碎！

“查拉图斯特拉啊，对我而言，一切都是一种欺骗，但这次是真的，是真的，我的心真的已经支离破碎了！”

查拉图斯特拉向四周看了看，他的目光不再冰冷，神情变得有些黯淡，他说：“你应该为自己感到荣耀，是的，你为变得伟大努力过，但是，也正是这种追逐，让你自己把自己出卖，因为，你本不是一个伟大的人。

“你这个恶毒的魔术师啊，我敬重你，因为你表现出了你卓越与真诚的一面，因为你说‘我不是一个伟大的人’，因为，你对自己早已充满厌恶。

“从这一点来说，你的确是一个精神的悔罪者，哪怕这种悔只有一丝，但我还是要对你表示尊敬。因为，在这刹那间，你没有欺骗，你是真诚的。

“可是，你行走在我的森林与岩石之间，你在我的道路上躺倒，为的是什么？你说你要试探我，要考验我，你要以何种方式去试探，你考验的目的又是什么？”

说这话的时候，查拉图斯特拉目光灼灼。老魔术师没有说话，过了好一会儿，他才再次开口，他说：“查拉图斯特拉啊，我从来都没有试探过你，我只是在寻找，不断地寻找。

“我要寻找一个真诚的人、实实在在的人，我要寻找一个正直仗义的人，我要寻找一个简单的人，我要寻找一个非常诚实的人，我要寻找一个明晰的人，我要寻找一个盛满了智慧的容器，我要寻找一个知识的信奉者，我要寻找一个伟大的人。

“我在寻找你啊，查拉图斯特拉！”

老魔术师说完这番话，再次陷入了沉默，查拉图斯特拉也没有说话，他轻轻闭上眼睛，沉浸在自己的世界中，但下一刻，他惊醒了。他抓住老魔术师的手，略带几分狡黠地看着他，十分客气地对他说：

“顺着这条路，一直向上走，你就能到达我的洞穴，你要找的查拉图斯特拉就住在洞穴中。

“若是你没有找到我，你可以问问那些动物，我的鹰，还有我的蛇，它们会给你帮助。

“至今为止，我还没有见过伟大的人，在这群氓的国度里，伟大的人也并不存在，是的，不存在，找不到，哪怕寻找者有一双异常敏锐的眼睛。

“事实上，我见过那些手脚大张、自我吹嘘的人。在民众的眼中，这些人就是伟大的。但是，泄气本就是一种必然，既然如此，风箱的存在就变得没有意义。

“一只蟾蜍一直在往自己的肚子里鼓吹气，吹啊、吹啊，终有一天，它的肚子会因为太过鼓胀而破裂，气也就随之外泄了。我的孩子们，听我说，以我之见，戳刺那早已鼓胀的肚子真的是一件很有趣的事情。

“在这个群氓的时代，伟大也好，渺小也罢，又有谁知道。只有愚蠢的人才会去寻找，也只有愚蠢的人才能够找到，找到伟大！

“你这个愚蠢的家伙，你这个傻瓜！谁告诉你要来找寻？你这个寻找者啊，你的行为还真是糟糕，现在到时间了吗？还有，你要怎样试验查拉图斯特拉呢？”

查拉图斯特拉如是说。他的心情很好，他感到了慰藉。之后，他又继续上路了。

66. 退职的

告别了老魔术师，查拉图斯特拉继续前行，没过多久，他就在自己的路上看到了另外一个人。这个人坐在路中央，是个男子。他身材挺拔、皮肤黝黑、脸很清瘦，而且带着一种不自然的苍白。

见到他，查拉图斯特拉非常愤怒，他对自己的心灵说：“真是让人苦恼啊，又有一个假装苦痛、烦恼的人出现在了我的地盘，他就坐在那里，这个家伙，他看上去像个传教士，他到底想要做什么呢？

“难道刚刚摆脱了老魔术师的纠缠，我又要被一个术士缠上吗？

“他是谁？一个巫师？一个被上帝眷顾的创造者？那奇迹的创造者！还是，一个诋毁世界的人，一个把圣油涂抹得全身都是的诋毁者?！哦，真希望他被魔鬼带走！

“可是，魔鬼总是姗姗来迟，他从来都不出现在他该出现的地方！这个该死的瘸子！这个该死的矮子！”

查拉图斯特拉在内心这样咒骂，他一边骂，一边思考，思考怎样才能不被那个皮肤黝黑的男子看到。但是，查拉图斯特拉已经被那人看到了！那个男人从地上跳起来，快步靠近查拉图斯特拉，仿佛遇到了什么令他惊喜的事情。

“漫游者啊，无论你是什么人，请给一个极易在此受伤的迷途的老人一些帮助吧。这个老人一直在寻找。

“对我而言，这个世界既遥远，又不熟悉，凶残的野兽的咆哮尽在耳边，但过去一直护持着我的人却已经不再。

“我想寻找那个在森林中独居的隐士，他还不知道那件外界所有的人都已经知道的事情，他将是最后一个对神圣充满虔诚的信徒。”

“外界所有的人都知道的事情？”查拉图斯特拉疑惑地问，“你指的是什么事？是那位人人信仰的苍老的上帝走到生命尽头的事情吗？”

皮肤黝黑的男子叹了一口气，悲伤地说：“是的，没错，我指的就是这件事。在那位曾经的、苍老的上帝生命的最后一段时光里，我一直陪伴在他身边，伺候着他。

“现在，他走了，我也退职了，但是，我却没有感受到一丝快乐与自由，除了忆及往事的时候。

“所以，我上山来了，我想要为自己举行一次庆典，一次被所有虔诚的回忆所充溢的庆典，一个属于教父的庆典，属于苍老的教皇的庆典。是的，没错，我得告诉你，我就是教皇，陪在老上帝身边的最后一任教皇！

“可是，他死了，那个隐居在森林中的、最虔诚的上帝信仰者，他死了！他那赞美上帝的圣歌再也不会响起，森林中也再没有了对上帝虔敬的呢喃。

“在他的木屋中，我没有见到他，我到的时候，只有两匹狼在为他的逝去哀伤地号叫，他被森林中所有的动物挚爱着！见此情景，我选择了逃离。

“但是，难道让我白跑一趟吗？难道让我的森林之行与登山之旅都变成徒劳吗？我不甘心！所以，我要找到另一个人，他是最坚定的无神论者，他是最虔诚的无神论者，他不信仰上帝，我在找查拉图斯特拉。”

这位皮肤黝黑的老人一边说，一边用锋锐的目光审视着站在他面前的查拉图斯特拉，而查拉图斯特拉也同样审视着这位苍老的教皇，这位过去的教皇，他的目光之中充满了讶异。

他抓住教皇的手，对他说：“曾经，有无数的福祉被这双修长的手赠出，老教皇啊，你是个值得尊敬的人，而现在，查拉图斯特拉已经被你抓住了，没错，你抓住了他，抓住了你一直在寻找的那个人！

"我就是那个说过'我会乐于接受某个人的指点，如果他能比我更不信仰神明'这句话的人，我就是查拉图斯特拉！"

查拉图斯特拉如是说。他的目光非常的犀利，似乎要把面前人的内心和所有的秘密看透。听了他的话，老教皇开口了，他说：

"一个人对上帝的信仰越虔诚，他失去的上帝就越多；一个人对上帝越挚爱越狂热，他失去的上帝就越多。

"所以，查拉图斯特拉啊，相比于你，我肯定是一个对神明更不信任的人，但是，没有人会因此感到快乐。"

闻言，查拉图斯特拉沉默了，他沉默了许久，他在思索，之后，他才问："在老上帝生命的最后时光，你一直陪侍在侧，那么，你知道他的死因是什么吗？他真的是死于对人类的怜悯吗？

"传言说，上帝看到了高悬于十字架上的人类，他无法忍受这一切，他无法忍受自己给自己制造的地狱，那用对人类的怜悯制造的地狱！事实真的如此吗？"

老教皇没有就查拉图斯特拉的疑问给出答案，他的神情变得阴郁，他胆怯地环顾四周，脸上充满了苦痛。

查拉图斯特拉直视着老教皇，陷入了沉思，良久之后，他说："让他安心地去吧。他的时代已经结束了。虽然你一直都说他是一个值得尊敬的人，你一直都念着这位已逝者的好，但是，你很清楚，我也很明白，他是什么人，他走的路又是多么怪异。所以，还是让他安心地去吧。"

听了查拉图斯特拉的话，已经盲了一只眼睛的老教皇重新变得欢悦，他说："查拉图斯特拉啊，在三只眼睛的注视下，我要说一些上帝的事情，相比于你，我对上帝了解得更清楚。

"我在他的身边很多年，我用我的挚爱服侍他，在他神圣的意志后面总有我的意志紧随，但是，我的主人可能不知道，我清楚一些关于他的、连他自己都不了解的隐秘，只因为我是一个优秀的侍者。

“他拥有许多隐秘的事物，他本身也很神秘，他将自己隐藏了起来，他有一个儿子，奸情两个字端端正正地在他信仰的门扉上镌刻，没错，那是一个私生子。

“每一个认为爱情无比高贵的人都不会对他进行赞美，对爱情来说，他并不是上帝！这个上帝也希冀成为审判者，但是，对于深陷爱恋之中的人来说，他们的爱本身就已经超脱了奖赏与惩罚的范畴。

“他曾经建造过一座地狱，那时候，他风华正茂。他很冷漠，也很残酷，他一心想着报复，而来自东方的他之所以要建造一座地狱，为的，不过是让那些被他宠溺的人感到愉悦。

“但是，他上了年纪，他变得苍老，因为苍老，所以，他变得温柔、悲悯，且受不了打击。他变得像一位慈父，变得像一位祖父，甚至，变得像祖母，步履蹒跚、晃来晃去的祖母。

“他坐在火炉边，浑身无力，身体干瘪，他的心中充满了忧虑，双腿的虚弱给他带来了无限烦恼。他对这个世界、对意志充满了厌恶，他也累了，所以，在那一天，面对自己过剩的怜悯，他停止了呼吸。”

静静地听完老教皇的话，查拉图斯特拉如是说：“教皇啊，你这个苍老的家伙，这一切都是你亲眼所见吗？神明们走向死亡的方式多种多样，可能是这样，也可能是那般。

“不过，也没什么关系，这样也好，那般也罢，他都已经死了，他的时代结束了。他的存在与我的兴趣相悖，我的眼睛和我的耳朵也都不喜欢他，但是，好吧，我现在不愿意议论他有多恶劣，因为，他已经逝去。

“我喜欢所有能够用语言直接表达的事物，可是，苍老的传教士啊，你这个传承了他几分气质的人啊，你很清楚，我不能直接描述他，他也无法被说清，因为，他有多重意义。

“他的意义我们明白不了，为此，他很是愤怒。可是，这个含糊的家伙，他为什么不干脆明说呢？

“并且，假如一切问题的关键是我们有着一双无法弄懂他所言之意义的耳朵，那么，他当初为什么还要如此赠予，这双耳朵不正是来自他的馈赠吗？还有，假如一切问题的关键是我们的耳朵早已被污垢塞满，但是，好吧，就算如此，这些污垢又是怎么来的呢？

“他就是一个还没有出师的陶瓷工艺师，他的作品大多都是糟糕的、失败的，但他却因为自己的技艺不精，而报复他自己制作的陶器。这是一种罪，是一种对良好趣味的违背。

“但是，良好的趣味在虔诚的信仰中也不是没有，最后，它们说：‘滚！快点儿滚！与其敬奉这样一个上帝，我宁愿自己改变自己，宁愿上帝不存，宁愿变得愚蠢，宁愿自己成为自己的上帝！’”

老教皇一直竖着耳朵认真倾听查拉图斯特拉的话，当他把话说完，老教皇说：

“查拉图斯特拉，真的难以想象，我聆听到了哪些啊，你的不信仰比你的信仰让你变得更加虔诚，你信奉着自己的内心，信奉着内心那个上帝——亦即‘不信仰任何神明’。

“是你的虔诚让你不再信奉任何一个上帝，并且，你博大的、诚实的心灵也会引领着你去超越，超越善，也超越恶。

“瞧瞧吧，你的虔诚还为你保留了许多东西，你的双眼，你的双手，你的嘴。它们会不断地为你送上祝福，是的，人类传达祝福的方式不单单只是用手。

“虽然没有人比你更不信奉神明，但我却在你的身上嗅到了一种芳香，一种淡淡的、隐隐的、因长久的祝福而产生的神圣、纯洁的芳香：就这样，我变了，我痛并快乐着。

“现在，查拉图斯特拉，我要成为你的客人，只要一个晚上就够了。我不知道，世界上还有哪个地方能比你的洞穴更让我快乐！”

老教皇的话让查拉图斯特拉备感意外，他看着他，笑了。他说：“阿门！原来如此！顺着这条路，一直向上走，你就能看到我的洞穴。

“先生，你是一位值得尊敬的长者，我十分乐意与你同行，我对所有虔诚的人都满怀深爱，但是现在，请原谅我必须让你一人独行，因为，有一个正处在苦痛与磨难中的人正在呼唤我。我得赶紧去找他。

“在我的地盘，你不会受到任何伤害，查拉图斯特拉的洞穴恍如港湾，能够为你遮风挡雨。并且，让每一个沉浸在哀伤中的人重新站起来，本就是我最愿意做的事情。

“可是，请原谅我的无能为力，我无法将那重重的忧郁从你的肩膀上卸下。没错，就是这样，我们还需要等待，等待很长很长的时间，直到你那已经彻底陨灭、已经走到生命尽头的老上帝被重新唤醒。

“因为，你的老上帝已经彻底死去了。”

查拉图斯特拉如是说。

67. 最丑陋的人

和老教皇告别之后，查拉图斯特拉继续上路。他穿过了森林，他走过了山峦，他睁大了双眼，一直在寻找着那个承受着巨大苦痛与磨难的人，一直寻找着那个对他发出呼唤的人，但他找了好久好久，却始终都没有找到。不过，遍寻无果并没有破坏查拉图斯特拉的好心情，一路走来，他的心情非常不错，他说："虽然清晨的时候听到了一个不好的消息，但这一天我却过得很快乐，我得到了馈赠，我收获了许多美好的东西，并且，我还遇到了几个奇怪的人。

我和他们交谈，我要咀嚼他们的话语，用我的牙。我要像碾碎谷粒一样将这些话碾碎，之后嚼烂它，直到它像牛奶一般将我的灵魂滋润。"

就这样，走啊，走啊，查拉图斯特拉走过了一个转角，再次将一块岩石绕过，然后，他看到了，岩石背后，迥然不同的景致！这里天空暗沉，没有树木，没有碧草，没有啁啾的鸟鸣，只有血红的石壁、幽黑的巉岩。这里是死亡的领土！因为除了那丑陋的、肥胖的、墨绿色的长蛇在暮年之时会回到这里等待死亡之外，再没有任何一种动物肯到这里来。牧人们给这座深谷取了一个名字：亡蛇谷。

看着这座死气沉沉、阴气森森的深谷，查拉图斯特拉陷入了回忆之中，那是一份黑暗的、永远都不愿意被想起的记忆。他感觉，过去，他来过亡蛇谷，他的心灵仿佛在瞬间遭到重压般变得沉重。所以，他的脚步越来越慢、越来越慢，最后，他选择了驻足观瞧。

但是，当他再次睁开自己的双眼，他却看到了一个怪物！他像人又不是人，没有任何词语能够形容他的丑陋，而这个怪物，现在就端坐在查拉图斯特拉要行走的道路上。一瞬间，查拉图斯特的发根红了，苍白的乱发迎风而舞，他感到一种巨大的、无与伦比的羞耻笼罩了自己，因为，他竟亲眼看到了这样一个怪物！他把目光移向别处，他抬腿，他想要跑开。但是，这个时候，死寂昏暗的荒野中却传来了一阵咕噜咕噜的声音，这声音仿佛来自地底深处，就像是沉沉暗夜里被塞住的管道中水流动发出的声音，咕噜咕噜，咕噜咕噜；但最后，这种咕噜咕噜的声音变成了人的声音，他说：

“查拉图斯特拉，过来，赶紧过来，我这里有一个谜团需要你来猜解。查拉图斯特拉，告诉我，‘报复每一个见证者’是怎么回事，快点儿告诉我吧！

“这里是寒冰的表面，这里平坦而光滑，我要引导你回归，查拉图斯特拉，我要把你引到这里。小心点儿，多注意，千万别在这里摔断了你那高傲的双腿。

“查拉图斯特拉，你是一个怪物，你无比的冷漠，你很高傲，你还总是自作聪明。那么，现在就来猜猜吧，猜猜我的谜，谜面就是我本身。查拉图斯特拉，你能猜出我是谁吗？”

听了那似人非人的怪物的话，查拉图斯特拉发生了意外，是的，正如你们所猜测的那样，他摔倒了，就像是一棵被锯砍了很久的橡树，在伐木者骇然且不可思议的眼神之中，他轰然倒下了。是的，查拉图斯特拉被怜悯攻击了，不过，好在，他马上就再次站了起来。他冷冷地注视着那怪物，大声说：

“我的确知道你是谁。你这个最丑陋的人，你是上帝的谋杀者。

“你想要报复，报复所有亲眼见过你的人，报复所有彻底将你看穿的人，报复所有经常与你相见的人，是的，你这个家伙，你报复所有的见证者。哦，你啊，还是让我离开吧，离开吧。”

说完，查拉图斯特拉转过身去，想要离开，但是，那个无法用任何语言来述说的人却拽住了他衣服的一角，咕噜咕噜地对他说：

“别走！查拉图斯特拉，你别走！我知道将你砍倒的巨斧是哪一柄；我也愿意为你的重新挺立送上自己的祝福。

“我很清楚，当你猜到那个谋杀了上帝的人的真实身份时心情如何。所以，查拉图斯特拉，别走，挨着我坐下吧，这不是一件毫无意义的事情。

“别走，查拉图斯特拉，假如没有你，我真不知道自己应该靠近谁。但是，请对我的丑陋表示一下尊重，请不要总用你的眼睛盯着我。

“查拉图斯特拉，你就是我躲避灾难的地方，是我最后的、唯一的避难所。我遭到了迫害，迫害我的是他们，对！就是他们，差役、憎恨，这并不是他们迫害我的手段。对我而言，这种迫害值得讥嘲，但也令人欢欣鼓舞。

“查拉图斯特拉，你知道，自古而今，大凡有所建树的人都是饱受迫害的人。因为受到了迫害，所以，能轻易地学会追随。或许，这是一种落后，但这种落后，对他们而言，却是出于怜悯。

“查拉图斯特拉，你是我最后的、唯一的避难所！查拉图斯特拉，我需要唯一看透了我的你的庇护！查拉图斯特拉，我想要从他们的怜悯中逃离，所以，我向你靠近。

“是的，是你，你完全猜透了那个上帝谋杀者的心思与心情；是你，就是你，只有你！所以，请别走！你这个性格急躁的人啊，假如你真的要离开，那么，远离我曾经走过的路吧，我从那条路上一路走来，我知道他有多糟糕。

“哦，我竟然给了查拉图斯特拉劝告?！你已经厌烦了吗？你已经恼怒了吗？因为我啰啰唆唆、断断续续地说了这么多、这么久。可是，查拉图斯特拉，你知道，这才是我，是最丑陋的那个我。

“我的脚很巨大，也很沉重，它踩坏了所有被我走过的路，它走过的地方，路都会觉得羞耻，所以，我走过的路，路况都很糟。

“当你无声地与我擦肩而过，我看到了你羞红的脸，所以，查拉图斯特拉，我认出了你。

“除了你，其他人总会对我抱以怜悯，但在他们的施舍与怜悯之中，在他们的注视与言语之中，我觉得，自己甚至连做乞丐的资格都没有。

“查拉图斯特拉，你肯定已经对此有所猜测——正因为如此，对我来说，我还不够贫穷，我还伟大得有些过分，我还十分恐怖。我的丑陋无人可及，我的形象无法用任何语言来描述！查拉图斯特拉，对我而言，你的羞耻恰恰就是对我的一种尊重。

“所有的怜悯者挤成了一团，我费尽力气才从其中逃离，我要找一个人，是的，我要找你，查拉图斯特拉。因为，只有你，才会告诉我‘怜悯本身就是一种强迫’。

“不管心怀怜悯的是人类还是上帝，怜悯与羞耻，总归是朝着两个完全相反的方向在延展。并且，相比于助人为乐，那些不愿意给予（像我一样的人）一些帮助的人，所具备的德性更高洁、更可贵。

“可是，现实就是，怜悯已经成了德性本身的代名词，哪怕这个拥有德性的人只是个卑微的小人物——他们再也不会敬畏丑陋，再也不会敬畏失败，再也不会敬畏不幸，哪怕，它们很伟大。

“我要向着远处眺望，是的，我要越过那些卑微的、善良的、灰色的、长着柔顺绒毛的人的怜悯，向着远处眺望，就仿佛一只越过羊群的脊背朝着远方眺望的狗。

“我要像高昂着头颅、目光掠过浅水、遥望远方的鹭鸶那样，轻蔑地扫过微小细碎的灰色薄凉，扫过涌动的灵魂暗潮，扫过意志，向着远方眺望。

“一直以来，权力都被赋予了卑微的小人物，是的，这种赋予已经持续了很长时间了，以至于作为赋予者的人类现在认为：‘只有那些卑微的小人物所认可的美好才是美好。’

“并且，在这个说教者的话语即被认定为真理的时代，所有的说教者其实都是卑微的小人物，都是那个严苛者的代言者！他们行为怪异，他们是神圣的信徒，他们一直都在竭力证明他所说的——我即为真理。

“就是这个严苛的人过于严苛的要求助长了小人们的气焰——当他对他们说：‘我即为真理’的时候，他就已经犯下大错。

“这个苛刻的有些过分的人从来都没有得到比这些更礼貌的应答，但是，当你与他擦肩而过的时候，你说：‘不要！不！我决不认可！’，是的，查拉图斯特拉，只有你这样说。

“你警示了他，对，就是你，在你之前，从来都没有人对怜悯发出过警示。你告诉他，他的做法是不对的。查拉图斯特拉，你发出了警示，你的警示不针对某个人，也不针对所有人，只针对你与你的伙伴们。

“你为那些承受苦难的人的羞耻感到羞耻，你告诉人类：‘要时刻注意，要小心提防，怜悯的乌云已经盖压在你们的头顶！’

“你还说‘每一个创造者都是冷漠无情的，任意一种伟大的爱都能够将他们的怜悯超越’。查拉图斯特拉，对我来说，再没有谁比你对天气更熟悉了。

“但是，在警示他人的同时，你也得对自己发出警示，查拉图斯特拉，你也有你的怜悯！查拉图斯特拉，那些承受着苦难的人、溺水的人、充满怀疑的人、满腹失望的人、被寒冷煎熬的人正一齐朝你走去！

“另外，我也要警告你，警告你时时刻刻提防着我，因为你解开了我的谜团，我那最美好也最糟糕的谜团，你还看透了我和我的行为。并且，我知道是哪一柄巨斧砍倒了你。

“他的死亡是注定了的：他看到了太多，他的双眸能看透一切。他看到了人类所有的隐秘，他看到了人类隐藏的最深的丑恶与肮脏，他目睹了人类的本质，他也目睹了人类的幽邃与深沉。

“这个有着强烈好奇心的家伙，他的确是怜悯的，但是，他的怜悯不知道避讳，不懂得羞耻。他肆意地进入了属于我的最隐秘也最肮脏的一角。他纠缠不休，他的怜悯超出了一定的界限，所以，他的死亡已经注定。

“我要报复那个一直在注视着我的人，我要报复那个见证者，如若不然，我自己就活不下去了！

“上帝目睹了人类所有的一切，所以上帝的死亡已经注定，因为，人类要报复所有的见证者，因为，见证者的存活对人类来说是一件无法忍受的事情！”

听完最丑陋的人的话，查拉图斯特拉坐不住了，他站起身来，想要离开，因为，他在战栗，他的灵魂在战栗。临走之前，他对最丑陋的人说：

“我要向你表示谢意，无法用任何语言来描述的人呢，谢谢你劝我不要走上你的老路。为了表达我的谢意，我得告诉你，顺着这条路，一直向上走，就能到达我的洞穴。是的，这条路，这条应该被赞美的路，它通向查拉图斯特拉的洞穴。

“我的洞穴阔大无比，在里面，哪怕是最不喜欢张扬的人也能够找到属于自己的角落。并且，在我的洞穴周围，还有许多动物，这些或爬行，或高飞，或纵跃的动物们都精通藏匿，它们有许多藏匿的秘诀。

“你这个家伙，你这个驱逐者，你已经厌倦了怜悯，你不想生活在人类的怜悯之中，所以，你把自己驱逐了。既然如此，把我当成你学习的榜样吧，做和我相同的事，对，行动起来，只有行动者才懂得学习，才有学习的资格！

“并且，你可以先和我那些灵敏的、精明的、高傲的动物们说说话，或许，它们能成为你的顾问，当然，也是我的顾问。”

说完，查拉图斯特拉就离开了。他继续行走在自己的路上，只是，他考虑的问题更加的深刻，他的步伐也愈发缓慢。他询问了自己无数问题，但没有一个问题他能够给出答案。

他心中暗忖：“人类的喘息是如此的急促，人类的羞耻隐藏的是如此深、如此多，人类是如此的丑陋，又如此的可怜。

“我从人们那里听闻，人类对自我充满了珍爱，但是，这种伟大的、对自我的珍爱之中又包含着多少对本身的轻蔑啊！

“就连这个人，其实也是爱自己的，像蔑视自己一样爱自己。他的爱是伟大的，他的轻蔑同样是伟大的。

“他是迄今为止我所见过的、我所寻找到的对自己最轻蔑的人，是我所见过的蔑视自己最深的人，但是，这种蔑视又何尝不是一种高度？哦，这个呼唤我的人，难道就是那个等级更高的人？

“我喜欢蔑视的人，他是伟大的！而人类则是一种需要被克制、被征服的事物！”

68. 自愿成为乞丐的人

告别那个最丑陋的人，查拉图斯特拉继续行走，但他的心中却渗入了太多的孤独、太多的冷寂，以至于他的四肢都被冻僵了，他感到孤寂，感到冷彻，但他的脚步一直都没有停。他走过了碧草如茵的草地，走过了满是砂砾的荒凉的河道，他一会儿向上走，一会儿向下走，走过了湍急的小溪，走过了很多地方，他的身体和心灵也渐渐重温。

“在我身上发生了什么变故？那令我心旷神怡的事物在哪里？那温暖的、热烈的、活跃的事物在哪里？我能感觉到，它距离我不远，甚至就在我的身旁。

“对我来说，孤独的日子实在是很罕见，在我周围，有我的伙伴，有我的兄弟，我的灵魂被他们的呼吸感染，那温热的呼吸啊！”

但是，当他环目四顾，寻找那慰藉了他孤独的人时，他看到了一处高坡，看到了高坡上的牛群，那近在咫尺的、牛群所散发的气息让他的心感到无比的温暖。他朝着它们走去，但它们却没有注意到他，它们似乎在聆听着什么。当查拉图斯特拉和他们挨得足够近的时候，他听到了一个声音，人说话的声音！

于是，他跳下山坡，用尽全力驱赶牛群，他担心，山坡上有某个人已经受到了伤害，对一个受伤的人来说，牛群的怜悯没有任何的作用，但是，很显然，这一次，他错了。在牛群中央，有一个人席地而坐，他非常和蔼，他在向动物们宣讲他的善意。是的，没错，这是一个说教者，一个登山高山来宣讲的人！看着他，查拉图斯特拉一脸讶异地问：“你到这里来做什么？有什么东西是你要找寻的？”

“什么东西是我要找寻的？当然是属于大地的幸福！你这个捣乱的家伙，你要找的，正是我要找的！

“你知道，要想找到大地的幸福，我要向这些牛学习，我花费了半个上午的时间与它们交流，眼看着就要得到答案了，你却来捣乱，你这个可恶的家伙！

“假如我不变成一头牛，天国之门就不会向我开启。你也一样，要是你不变成你，你就永远和天国无缘。因为，除了变成牛，我们永远都学不会反刍！

“这是事实，如果人类不懂得反刍，那么，即便赢得了整个世界，也毫无意义。不会反刍，人类就永远都无法脱去自己的悲伤与痛苦。

“人类最大的悲伤、最深刻的痛苦就是厌恶！包括你在内，所有的人类身体中都充满了厌恶，是的，是整个身体，嘴里、眼睛里、内心里！可是，瞧瞧啊，你瞧瞧这牛群！”

说这番话的时候，一直都用和蔼的目光凝视着牛群的说教者终于把目光转向了查拉图斯特拉，接着，他大惊失色！他一骨碌从地上跳了起来，他大喊：“和我交谈的人是谁？哦，是查拉图斯特拉！

“他已经克服了厌恶，他的嘴里、心里、眼睛里、身体里，没有一丝的厌恶，哦，这是查拉图斯特拉！”

他的眸中噙着泪水，一边说着，一边亲吻查拉图斯特拉的手，就仿佛有一件珍稀的宝物突然从天而降，并出现在了他面前。而牛群，则默默地看着这一切，目光中充满了强烈的好奇。

“别说我了，说说你吧。”查拉图斯特拉脸上洋溢着柔和的光芒，他说，“你是一个奇特的人，也是一个可爱的人，我听说，你曾经放弃了自己拥有的庞大财富，自愿成为乞丐。

“你为自己的富有感到羞耻，所以，你找到了最贫穷的人，想要把自己的财富赠送给他们，但却未被接受。他们排斥你。”

“是的，他们拒绝了我，所以，我来到了这里，我爬上高山，走到动物们中间，走进了牛群。”自愿成为乞丐的人说。

“既然如此，你该懂得，赠予是一门艰难的艺术，它象征着至善，彰显着至妙，它是一门宗师级的艺术。适量的获取很难被把握，但相比于它，适量的赠予则更加的困难。”查拉图斯特拉如是说。

听了查拉图斯特拉的话，自愿做乞丐的人点了点头，他说：“没错，特别是在当下，在所有卑微的小人们全都展露出那惊恐却盛气凌人的暴徒姿态的当下！

“查拉图斯特拉，你很清楚，暴动的时间已经到了！那漫长的、糟糕的、败坏的、影响范围极广的奴隶的暴动、暴力者的暴动！并且，这种暴动将一直持续、不断蔓延。

“现在，所有善良的举动与微小的馈赠都会引来暴徒的怒火，所以，那些怀有巨大财富的人一定要当心啊！

“现在，若是还有人仿佛大肚瓶一般，让水通过那纤细得有些过分的瓶颈向外滴落，那么，它的瓶颈肯定会被打碎。现在，人类对这种打碎尤其钟爱。

“有一些东西从我的对面飞扑到我的身上，那是贪婪的淫欲，是妒忌，是暴躁，是令人苦恼的强烈的报复心，是一种高傲，属于暴力者的高傲。现在，天国已经从穷苦的人身边远离，‘穷苦的人会安享福乐’也成了一句假话。现在，我看到了天国，它就在这群牛中间。”

闻言，牛群迫不及待地向着这和蔼可亲的人跑来，但查拉图斯特拉驱散了它们。他问那个人：“你这么说的理由是什么？难道天国不能在富有的人之中吗？”

“查拉图斯特拉，你比我更清楚这个问题的答案。为什么要这样问呢？你是在试探我吗？”和蔼可亲的人说，“我为什么要逃到最贫困的人那里？还不是因为我对最富有的人充满了厌恶?!

“我厌恶这些流氓和痞子！我厌恶被财富困在囹圄中的家伙！我厌恶他们，他们身上散发着浓得化不开的恶臭！他们的眼眸中充满了冷漠与残酷！他们的思想无比的淫荡！他们在恶臭的垃圾堆里捡拾着自己的利益！

“我厌恶这些被黄金装裱的家伙！我厌恶这些做作的暴力者！他们的先辈不是捡垃圾的人就是小偷和吞噬尸体的恶鸟，他们的先辈都有一个和娼妓差不多的、驯顺、乖巧、又容易遗忘的妻！

“现在，贫穷和富有还有什么区别，上面的也好，下面的也好，全都是暴力者！正因为如此，我逃了，我远远地逃离，逃到了牛群中！”

这个和蔼的人一边说话，一边擦拭着自己额头上的汗水，他的言辞很激烈，他的情绪也有些失控，这一切，把牛群的好奇心再次勾了出来。但是，对查拉图斯特拉却凝视着这个气喘吁吁、言辞激烈的人，摇了摇头。他说：

“你这个说教者啊，你这个登上了高山的人，你激烈的言辞实际上就是对自己的虐待，你的嘴巴、你的眼睛，甚至你的胃都承受不了如此的激烈。

“在我看来，你是一个食素者，你不吃肉，只吃植物的根茎与谷物。如仇恨、放肆、恼怒一般激烈的情绪一点都不适合你，因为，你天生不适合杀戮。你食素，并且，特别钟爱蜂蜜。”

“你说的没错，查拉图斯特拉，你把我看透了！”自愿成为乞丐的人说，“我食素，我愿意咀嚼谷物，我更钟爱蜂蜜，因为，我一直都在寻找，寻找好吃的食物，寻找那些散逸着纯洁明净气息的事物。

“还有，那要经过漫长的时间（才会成熟）的事物，比如，让一个温淳的、慵懒的男子去劳作，用他的嘴劳作一天。

“在这方面，牛们做得最完美，最彻底。它们躺在高坡上，沐浴着阳光，它们放弃了所有沉重的、会致使灵魂膨胀的思想，并为自己创造了反刍。”

闻言，查拉图斯特拉说：“好吧，好吧，现在，你也该和我那些伟大的动物见见面了。我的鹰、我的蛇、我的动物们，它们是无与伦比的。

“顺着这条路，一直向上走，你就能到达我的洞穴，在那里，你会见到我的动物们，和它们说说话吧，你会知道什么才是大地的幸福。

“今晚，就留在查拉图斯特拉的洞穴，做他的客人，并等待他归来吧！现在，我要和你说再见了，因为有一个处于苦痛和磨难中的人正在呼唤我，我得赶紧找到他。另外，如果你能找到我那冰冷的、全新的、金色的蜂蜜，请尽管品尝。

“最后，我还得说，你这个奇特的家伙，你这个可爱的人啊，虽然没有比牛群对你更热切的伙伴，也没有比牛群更适合你的导师了，但你还是尽快从牛群中离开吧。尽管，这么做会让你很为难。”

“不，查拉图斯特拉，除了我最钟爱的那一头，牛群中所有的牛都比不上你！”自愿成为乞丐的人笑语。

“滚！赶紧滚！你这个恶劣的家伙！你这个善于奉承的人！你为什么要来败坏我？你为什么要用甜言蜜语败坏我？你为什么要用赞美来败坏我？”

“滚！赶紧滚！”挥舞着自己的手杖，查拉图斯特拉佯作凶狠地叫嚣着，但他的动作却很温柔，目光也很柔和，而那个自愿成为乞丐的人则急匆匆地跑走了。

69. 影子

自愿成为乞丐的人跑走了，路上，又只剩查拉图斯特拉一个人了。但是，当他抬起自己的脚，准备继续向前走的时候，突然有一个声音在他的背后响起。“查拉图斯特拉，等等我，等等你的影子，停下来，等等我。”但是，查拉图斯特拉并没有停下自己的脚步，他觉得一种倏然而至的烦恼攻击了他。山上还有许多拥挤的地方，还有许多逼迫和促进着他的事物。他一步也没停，可是，在内心里，他不断地诘问自己：“我的孤独呢，它到什么地方去了？

“在我看来，这里的山脉实在是太多了，这里太拥挤，我的哈扎尔不应该在这里，并且，我需要新的山脉。

“但是，我听到了我的影子发出的声音，它在召唤我，可是，对我而言，它真的无关紧要。它喜欢跟着我就让它跟吧，可我得甩掉它！”

说着，查拉图斯特拉开始奔跑。他的影子紧紧跟在他的身后。于是，在这条道路上，出现了十分有趣的一幕——三个人渐次在奔跑——跑在最前面的是那个自愿成为乞丐的人，跑在最后的是自称查拉图斯特拉影子的人，查拉图斯特拉在中间。片刻之后，查拉图斯特拉停了下来，他发觉自己做了一件异常滑稽的事情。他不跑了，并且，所有的烦恼与厌恶都被它甩掉了。

他对自己说："这是怎么了？发生了什么？隐居的人与信仰者不是也曾做过如此愚蠢滑稽的事情吗？

"是的，没错，我的愚蠢已经被群山孕育而出，并且，已经长大成人。听，快来听，六条腿踩在路上，发出啪嗒啪嗒的响声，这是三个苍老的蠢货在跑步呢。

"那个影子的腿比查拉图斯特拉的腿更长！但是，查拉图斯特拉会因为一个影子而心生恐惧吗？"

查拉图斯特拉一边说，一边疾速转身，他的眉眼中满含笑意，他的心灵中也满含笑意。瞧，影子差点就被他绊倒了！它跟得太近了，它的脚尖贴着他的脚后跟，并且，它没有想到他会突然停下。它看上去很虚弱，脸上写满了不安。当查拉图斯特拉转身凝视它的时候，它害怕极了，就像突然见到了一个幽灵。并且，它纤细、瘦弱、双眸空洞，看起来仿佛整个人都沉浸在黑暗里。

"你是什么人？你为什么要说你是我的影子？你来这里有什么目的？我很讨厌你！"查拉图斯特拉大声说。

闻言，影子说："查拉图斯特拉，很抱歉，这就是最真实的我，即便它令你厌恶。既然如此，我还是赞美你和你那良好的趣味吧。

"我一直在四处游历，我时时刻刻都追随着你的脚步，我不知道该去哪里，我漫无目的，并且，我一直在行走，就像那不朽的犹太人，可是，我既不是犹太人，也做不到不朽。

"可是，我真的要一直在路上行走吗？我真的要因任意一股风而不断飘零吗？大地给了我答案，它说，你变了，你变得太浑圆了。

“过去，我仿佛灰尘一般向所有平坦的地方降落；过去，我在玻璃窗上休憩，我在镜子上安眠。我身上所有的东西都被剥夺了，并且，我没有得到任何馈赠，所以，我变得纤细、变得瘦弱，像一个影子一般。

“但是，查拉图斯特拉啊，你是我跟随时间最久的人！虽然我在你面前隐藏了我自己，但是，我得说，没有任何一个影子能比我更好。我追随着你，同你一起漫游、一起飞翔，有你的地方必然会有我。

“我像个幽灵一般，跟着你一起走过了那最遥远的地方，那最残酷的世界，我们一起飞翔在冬日里，我们一起飞翔在屋顶的冰雪中。

“我跟着你，竭尽全力探索每一个禁忌的地方，我们一起走过了所有恶劣的地方，走过了所有遥远的所在。假如，还有一种德性在我的身上留存，那么，它肯定是无畏，是我对禁令的无所畏惧。

“我跟随着你，一起颠覆了我曾经异常推崇的偶像，我跟着你，把界石打碎，把敬重颠覆，有一段时间，我甚至从所有的罪恶之中超脱了出来，我和你一起去追寻，追寻那份渴望，即使，没有什么东西比这种渴望更危险了。

“我跟随着你，将煊赫的信仰荒废，将价值和语言荒废，当魔鬼褪去了表皮，它的名字还有什么意义呢？是的，它是注定要一同被褪去的。可是，查拉图斯特拉啊，魔鬼是什么？或许，从本质上来说，魔鬼就是一张皮、一张表皮！

“我经常在最寒冷的冰泉中浸泡自己，所以，我经常如一只红艳艳的螃蟹一般挺立在那里。我经常对自己说：‘所有的一切都是虚假的，没有什么是不被允许的。’我以为，这样说便能劝慰自己。

“啊，所有的良善都到哪里去了？啊，所有的羞愧都到哪里去了？啊，对我来说，对善人的信仰到哪里去了？啊，过去在我身上出现过的被谎言与奸诈所编织的天真到哪里去了？啊，那善良的人和他们高洁的欺骗又到哪里去了？

“是的，没错，我紧跟着真理，我距离真理太近了，所以，我的脑袋被真理踩了。并且，瞧瞧吧，我从来都没有击中过真理，除非我动了欺骗的念头。

“我了解了许多事物，所以，对我来说，所有的东西都无关紧要了。我钟爱的事物已经陨灭了，那我还有什么理由钟爱自己？

“‘假如我对某种生活充满了钟爱，又或者，我再也不愿意生存下去。’我希望如此，神圣的信徒们也希望如此。可是，对我而言，钟爱真的还存在吗？

“目标，我还有吗？是不是还有一个？我要驾着我金色的帆船去海港吗？

“对了，那美好的风还存在吗？什么风是美妙的？什么风更适合扬帆？这些，只有确定了方向的人才知道。

“这样，我还剩下什么？一颗狂妄的心，一颗被疲惫充斥的心！一种意志，一种游移的意志！一双翅膀，一双不定的翅膀！一根脊梁、一根支离破碎的脊梁！

“查拉图斯特拉啊，你很清楚，我一直在寻找我的家，而吞噬我的恰恰也就是这种寻找，对我而言，它就是一场灾难！

“在这里，我想问：‘我的家究竟在何方？’我四处寻觅，却没有结果。哦，四方茫茫，不朽苍苍。哦，为何有的故乡是不朽的？

哦，还有那徒劳，不变的徒劳！”

影子的话让查拉图斯特拉陷入了沉默，他的脸拉得很长，但最后，他不得不哀伤地肯定：“你是我的，你这影子，你是属于我的。

“你这个四处游历的人，你这个具有自由精神的人，你要小心啊，你的处境很危险。对你来说，白天已经非常糟糕，你可不能让你的夜晚也如此。

“对如你这般游移不定的人来说，结束漂泊，把自己投进监狱或许才是一种好的选择。你目睹过囚徒们安睡的场景吗？他们很安静，睡得也很香甜，因为他们在享受，享受自己全新的安全与福乐。他们再也不用担惊受怕了！

“所以，我的影子，小心一点儿，所有狭隘的、顽固的事物都想诱惑你。你必须得警惕，不要让自己陷入囚牢，不要让自己被狭隘的信仰拘束，更不要让自己被虚无的、残酷的、苛刻的幻想禁锢！

“你没有了目标，你把它遗忘了，所以，你也没有了道路，你把它也遗忘了，可是，你要如何脱离呢？脱离这种没有目标和道路的日子，忘记因为失去目标和道路造成的损失！

“你这只蝴蝶，你这个值得怜悯的游历者，你这狂热的家伙，你累了吧？今天晚上，你想不想找一个舒适的地方安歇？想，就到我的洞穴里去吧。

“顺着这条路，一直向上走，你就能到达我的洞穴，而我，我要走了，我要远离你，哪怕你已经像影子一样附着在了我身上。

“查拉图斯特拉要自己一个人孤独地奔跑，直到光明重新出现在身旁。所以，我要忙碌了，我要长时间地奔跑，长时间地忙碌，愉快的、开心的，但是，当夜幕降临时，我们将一同起舞！”

查拉图斯特拉如是说。

70. 正午

查拉图斯特拉告别自己的影子，继续上路，他一直在孤独地奔跑，一路之上，他再也没有见过任何其他的人，他一直在寻找着自己，思忆过去的美好，享受自己的孤独，直到数小时后，正午来临。查拉图斯特拉沐浴着正午的阳光，从一棵枝叶繁茂、古老虬曲的大树身边经过；葱绿的葡萄藤用它的缠绕表达着对古树浓浓的爱慕，古树的身影在葡萄藤之中若隐若现，葡萄藤上则挂满了金黄色的果实，那一串串葡萄委实让人垂涎欲滴，似乎，它们就是在等待着这位四处游历的人。于是，查拉图斯特拉蓦地生出了一个想法，他想要摘一串葡萄，暂时缓解一下自己的干渴，但是，当他把手伸过去，另外一种想法却占据了他的心，他想要在这个美好的正午，躺在古树之下，安静地美美地睡一觉。

于是，查拉图斯特拉在炫美的碧草地上躺了下来，在安宁与静谧之中他遗忘了自己的干渴，陷入了沉睡，便像他自己曾经说过的那样："相比于另一件事，这件事更不可或缺。"只不过，沉睡中的他，眼眸却是睁开的——他要赞美、欣赏这份爱——葡萄藤与古树的爱，并且，在熟睡中，他还和自己的心灵对着话：

安宁中满是静谧！安宁中满是静谧！我的身上究竟发生了什么？世界不是已经完满了吗？

睡眠正如羽毛一般轻缓地、温柔地在我的身体上舞蹈，就像那无法寻觅到踪迹的微风舞动在平静无澜的海面上。

是的，它的确非常的轻柔、非常的和缓，就仿佛羽毛。我的双眸没有因它而闭合，反而一直睁着，而且，我的心灵异常的清醒、明晰！

在它的劝说下，我不知所措，我选择了服从它的劝告，接受它最亲昵的抚摸。它在讨好我，但是，也在逼迫我。是的，逼迫我，舒展自己的心灵。

我的心灵，神异且奇妙，它累了，真的累了，而且，它也已经坚持得够久了！夜晚已经朝着它走来，就在这个正午，第七天的正午！它已经躺卧在美好之间很久了，它一直在幸福饱满的事物之间徘徊。

它舒展着，长长地舒展着，越来越长，越来越长！我的心灵啊，我神异的、奇妙的心灵啊！它安静地躺卧着，太多美好的事物被它品味过，于是，它咧开嘴，笑对这种压迫，这金黄色的压抑与逼迫。

它累了，就像一艘已经厌倦了航行的船，就像一艘厌倦了大海变化的船——是的，它想要登陆了，它想要进入港湾，那最安宁静谧的港湾。是的，它登陆了，相比于神秘莫测的大海，陆地不是更能给人安全感吗？

是的，海岸已经很近很近了，近在咫尺！要上岸？不，缆绳没有用处！何必要用那粗长的缆绳呢？只要一卷蛛丝就够了！对，只要一只蜘蛛把它的网结在岸与船之间就够了！

现在，在我与大地之间，已经有丝线在连结，是的，那最轻盈、最柔韧的蛛丝；已经很累很累的船终于进港了，进入了最安宁、最静谧的港口，于是，我靠近了大地，靠的是如此的近，如此的紧密，以至于我对大地的信赖、忠诚、祈盼愈发的深了。

快乐！非常的快乐！我的心灵啊，我躺卧在草地上饱满的心灵啊，你是不是想要歌唱？可是，很遗憾，此刻，牧笛之声并未悠扬，在这最庄严、最秘密的时刻，牧人们没有将它吹响。

恐惧吧！正午时分，烈日炎炎，于田间安然的熟睡，怎能歌唱？保持安静吧，不要喧闹，这样，世界才是最完满、最美妙的。

我的心灵啊，我如飞鸟一般在碧草间欢悦的心灵啊，千万不要歌唱，千万不要出声，连低声耳语都不要！安静一点儿，瞧，我们的正午正在熟睡，这古老的正午啊！它的嘴唇微微颤动，它饮的是什么？难道不是快乐吗？那一滴饱满的快乐！

尽情地饮用吧！饮用那一滴饱满的、古老的、金色的美酒，以及快乐！短短地一瞬间，它从正午掠过，于是，正午快乐地咧嘴笑了，于是，神明也咧嘴欢笑。保持安静！

“为快乐之故，只要微不足道的一点点，就足以让快乐满溢了。”过去，我自作聪明，这样说，但现在，我懂了，这对快乐本身是一种侮辱，我也明白了，说的最好的其实是那些呆傻的人，是那些睿智且呆傻的人。

最美好的快乐往往源于最微不足道的事物。是的，最轻盈的、最柔和的、最易得到的、最微不足道的！譬如，一阵轻柔的拂动、一只蜥蜴的轻移、一种气息、一道眸光！保持安静！

哦，我的身上发生了什么？快来听！岁月不是早就流逝了吗？我不是早就掉下来了吗？快来听！我不是早就掉下来了吗？我不是早就掉进了不朽的泉流之中了吗？

哦，我的身上发生了什么？保持安静！唉，我的心灵被它刺入了！是的！刺入了！啊，摧毁吧，摧毁我的心灵吧，就是这个时候——在享受快乐之后，在因被戳刺而感到痛苦之后——摧毁吧！

怎么？它不是刚好变得完满了吗？它不是刚好变得美妙了吗？

这个世界啊，它变成金色的了，它变得浑圆、变得饱满，对，就是那种镀着金色的饱满与浑圆——快点儿！快点儿！我要赶紧追上它，可是，它飞走了，它飞到什么地方去了呢？

说到这里，查拉图斯特拉将四肢尽情地舒展开来，他觉得自己已经陷入了黑甜乡。保持安静！

"起来，赶紧起来！你这个睡午觉的人！你这个睡觉的人！赶紧起来吧！你们啊，时间到了，我的腿，我苍老的双腿啊，我们已经迟了，还有很多段路等着我们去跋涉！赶紧起来吧！"

查拉图斯特拉自语，"别睡了！别睡了！你已经睡得够久的了，久到不朽的一半都已流逝。好吧，好吧，我的心灵啊，我古老苍凉的心灵啊，你睡吧，睡吧，告诉我，你要睡到什么时候才肯苏醒？"

查拉图斯特拉如是说。但他的心灵与他的意见相左，它抗拒它，不愿意接受他的意见，于是，他又入睡了。——保持安静！它不是刚好变得完满了吗？它不是刚好变得美妙了吗？这个世界啊，它很饱满，那是浑圆的、镀着金色的饱满！

"赶紧起来！赶紧起来！你这个偷走了白天的窃贼！窃贼！你在干什么？伸懒腰？打哈欠？喟叹？还是堕入深深的水井？我的心灵啊，你到底是什么人？"

查拉图斯特拉说。与此同时，一道略显灼热的阳光照到了他的脸上，于是，他大惊失色。他感到了恐惧。于是，他从草地上坐起身来，发出一声长长的喟叹：

"苍天啊，你在凝视我吗？在我的头顶凝视？你看到我的心灵了吗？它是如此神异，如此美妙！

"你什么时候才会啜饮这滴甘露？它已经滴落大地，它已经滴洒万物！还有，你什么时候才会啜饮我的心灵，我那神异的、美妙的心灵。

“不朽的泉流啊，到底要到什么时候？你这正午的深渊，你是如此快乐，又是如此可怕！你呀，你，你什么时候才会啜饮我的心灵，你什么时候才会将它吸回？”

查拉图斯特拉如是说。说完，他从自己躺卧的树荫下一跃而起，他苏醒了——仿佛从某种啜饮美酒一般的迷醉中苏醒了。这个时候，正午的阳光仍照耀着他，可想而知，他睡去的时间其实很短暂。

71. 欢迎

整个下午，查拉图斯特拉都在寻觅、在漫无目的地游历，可是，却徒劳无功。天色渐渐暗了下来，他也回到了自己的家——他的洞穴。可是，就在他走到洞穴门口的时候，就在他距离自己的洞穴不过二十步的时候，他再次听到了那糅合着苦痛与磨难的尖锐的呼唤。这真是不可思议！查拉图斯特拉很讶异，因为，他听清楚了，呼唤的源头就是自己的洞穴！因为，他听清楚了，这不是一个人的声音，而是多重的、奇特的、多种声音掺杂的长长的声音，即使，他听起来像是由一个人发出的。

于是，他朝着自己的洞穴狂奔。哦，瞧啊，广播剧刚刚结束，戏剧便衔尾而至。瞧，那些人，那些查拉图斯特拉白天遇到的人，全都在这里！两位国王、老魔术师、精神良知者、自愿成为乞丐的人、老教皇、国王的驴子、满是哀伤的预言家，还有，和其他爱打扮的人一般因为追求美丽而头戴王冠、腰围紫带的——最丑陋的人。在他们中间，查拉图斯特拉的鹰羽毛倒竖，显得有些慌乱，因为，它已经回答了很多很多的问题，而这些问题以它的高傲原本是不会回答的。在鹰的脖子上，查拉图斯特拉的蛇正安静地盘卧着。

查拉图斯特拉怀着强烈的好奇心，瞪大眼睛看着洞穴中的一切，与此同时，他也重新检验了客人们的心灵，他看上去很随和，但他内心的惊异却更浓烈了。看到他回来，聚坐在一起的客人们都站了起来，一脸敬畏地看着他，等待他演讲，但查拉图斯特拉却说了这样一番话，他说：

“我听到的掺杂着苦痛与磨难的呼唤是你们发出的吗？你们这些奇怪的家伙！你们这些内心充满了绝望的人！现在，我终于明白了，我要去哪里寻找我一天遍寻无果的、等级更高的人！

“这个等级更高的人啊，他就在查拉图斯特拉的洞穴之中安坐！这没什么好奇怪的！是我用我的蜂蜜作为祭品吸引了他！是我用自己狡黠的、幸福的呼唤引领着他来到了这里！

“但是，以我之见，你们这些发出苦难的呼唤的人啊，你们实在不适合待在一起！你们聚在一起，只会加重各自内心的忧郁与不平。除非，有一个人和你们一起聚坐！是的，你们要等待，等待他来！

“这个人很善良、也很幸福，他就是个幸福的小丑！他能让你们重新变得快乐。他是一个跳舞的人，一个调皮的小孩，一个愚蠢苍老的人，一阵凛冽又强劲的风。说说你们的看法吧！

“但是，我的客人们，很抱歉，我本不该对你们说这些微不足道的话，这本就是一种冒犯。可是，很抱歉，你们这些内心充满绝望的人，我真的压抑不住自己的心灵，他要肆意而为，因为，你们！

“或许，你们猜不到我的心灵因何无法压抑，正是因为你们啊，你们本身，你们的模样，你们内心的绝望，都让我的心灵充满斗志！我要鼓励你们，我想让你们所有人都变得强大雄壮。这就是我，我就是这样的人！

“我尊贵的客人们，是的，我得到了一件礼物，它是你们赋予我的，是的，就是这种伟力，源自我自己的伟力。好了，好了，不要因我而恼怒，我高洁的客人们，现在，我就把礼物给你们。

“今天晚上，这里所有的一切，我的地盘，我的土地上所有的一切，都将属于你们。我的洞穴将作为你们的休憩之所，你们也会被我的动物们精心服侍。

“把查拉图斯特拉的洞穴当作家，绝望就会远离你们。在这里，在我的地盘，你们所有人都将得到我的庇护，没有哪一只野兽会攻击你们。

“除了这第一种安全之外，我还会赠予你们第二种安全——我的一根小手指！有了它，你们就有机会获得整只手掌，甚至，整个心灵！我的客人们啊，欢迎你们，欢迎你们来到我的家！”

查拉图斯特拉如是说，一边说，一边微笑，他的笑容带着深爱，却也带着恶念。闻听他的话，客人们深深地对他鞠了个躬，却没有说话，因为敬畏。只有右边的国王代表客人们对查拉图斯特拉作出了应答，他说：

“我们已经认出了你，查拉图斯特拉，因为，你把自己的手递给我们，因为你向我们发出了问候，但是，与此同时，也是你，让我们对你的敬畏之心受到了伤害，因为，你贬低了查拉图斯特拉，当着我们的面。

“可是，除了你，还有谁能带着如此地高傲对自己进行贬损呢？

正因为如此，我们的眼睛、我们的心灵都重新变得振作，重新神采奕奕。

“看清了这些，我们将满怀欣悦地去攀登，攀登此山，甚至攀登比这更高的山峦。我们本来就是来凑热闹的，我们只是想来看看，是什么能够让光明重新出现在我们黯淡的眼眸中。

“并且，瞧啊，查拉图斯特拉，所有的苦痛，所有的磨难都已经不存在了，现在，我们的心灵已经大敞，我们的意识欣喜非常，我们的勇气变得恣肆，我们，有了一切。

“查拉图斯特拉啊，你就是一棵树，一棵五针松。你是世界上最美丽的植物，在这个世界上，没有比看着一棵高大、强壮、葱郁的树木长成更让人欢喜的事情了。你挺拔、沉稳、孤独、寂静、刚硬、顽强、木质卓越、柔韧、炫美非常。查拉图斯特拉啊，除了你，再也没有哪棵树能够如此成长，你的存在，绚烂了这满目的风光。

“并且，当你长成之时，你将自己的枝叶向着远处延展，你翠绿的叶片，那强壮的枝条，遮蔽了大片土地，也遮挡了无数暴雨狂澜。你发出质疑，你又太多太强烈的疑问，你直面那些高高在上的人。

“并且，你解答了自己的疑问，你给出了一个强大的、充满力量的答案！一个发号施令的人！一个有所成就的人！所以，所有的人都想登上高高的山峦来欣赏你，欣赏这棵美丽的大树。

“查拉图斯特拉啊，在你枝叶的荫庇下，最是漂泊不定的人都找到了固定的居所，失败的人、郁闷的人、内心阴暗的人，心灵都得到了医治，并已经痊愈，并且，它们的精神重又焕发了起来。

“并且，当很多人的注视下将你的山与你的树仰望，我们悸动的内心中便涌现了一种希冀、伟大的希冀。并且，还有人在不停地追问：查拉图斯特拉是什么人？

“并且，过去的你，曾经对着隐者歌唱，你把自己甜美的、金色的蜂蜜注入了那独自隐居与一同隐居的人耳朵里。

“所以，在某个瞬间，这些隐居的人一齐对自己的心灵发出了疑问，他们问：‘他还没有死吗？所有的事物都没有差别，一切都没有用处，查拉图斯特拉的存在是没有价值的，或者，我们应该和他在一起，我们要和查拉图斯特拉共同生活。’

“‘很早以前，查拉图斯特拉就开始宣讲，但是，直到现在，它都没有来，它存在吗？它会来吗？’多数人都这样问，‘查拉图斯特拉是不是已经被孤独吞噬了？又或许，我们应该去寻找他，我们应该去那里，应该到他的身边去。’

“现在，孤独已经如坟茔一般腐朽碎裂了，死者再也没有安息之地，在人间，重新活过来的人随处可见。

“查拉图斯特拉啊，现在，就是现在，你的高山已经被澎湃的波涛包围，并且，它还在不断地涨、不断地涨，终有一天，你的高山会迎来更多的攀登者，终有一天，你金色的帆船会离开干旱的大地，就算你的山再高也挡不住。

“另外，我们，我们这些内心充满了绝望的人已经摆脱了绝望。这一事实也预示着将有更多更出色的人来到这里。

“是的，他来了，他正走在以你为终点的道路上，那些人，那些有着巨大的希冀、厌恶与疲倦的人，那些上帝的残余。

“他们已生无可恋，但也许，在死亡之前，他们应该先学习去希望，是的，学习一种伟大的希望，向你学习。查拉图斯特拉啊！”

说完这番话，右边的国王抓住了查拉图斯特拉的手，他想亲吻这只手，但是，他没能如愿。查拉图斯特拉突兀地跳开了，拒绝了他的敬畏。那一瞬间，查拉图斯特拉似乎陷入了某种恐惧之中，他的灵魂也仿佛飞走了，飞到了一个非常非常遥远的世界。不过，没过多久，他就回神了。他打量着他的客人们，目光灼灼。他说："我得告诉你们，用德语明确地告诉你们，你们这些等级更高的人，我的客人们，我寓居群山之中，我耐心的等待，可我等待的是他们，而不是你们。"

"天可怜见，他在说什么？用德语明确地告诉我们？这位智者，这个东方人，他怎么会懂德国人的纯真。"左边的国王插话说，"我想，他是想要用德语与我们进行更粗鄙的交谈吧？哦，好吧，好吧，大家，我承认，这种兴趣早已不是最恶劣的了。"

查拉图斯特拉没有理会左边国王的闲话，继续说：

"我得承认，你们也许真的是等级更高的人，但是，对我来说，你们的等级还不够高，你们本身也好不够健壮。

"我说，对我来说，指的是对我那百折不挠的意志来说，虽然，它向来都不愿意发生。并且，若是你们愿意成为我的一部分，可千万别做右手、我的右手。

"因为每一个和你们一样用细弱的、病恹恹的腿脚挺立的人，都有一个愿望，那就是希望得到庇护。是的，都有，不管你们有没有把它表露。

"但是，我从来都不庇护自己的手脚，我也不爱惜为我征战的战士，所以，对我而言，你们并不是我的战争最合适的参与者。

"你们的存在，会让我一次又一次陷入失败，因为，当我擂响战鼓，最先倒下的恰恰就是你们之中的一部分人。

"我所宣讲的一切，促使我去寻求那光滑、洁净、华美、高贵的镜子，但是，你们不是。在你们的映照下，就连查拉图斯特拉本人都是扭曲的。

“在你们的身体中，总有恶毒的精灵潜藏，在你们的肩膀上，也总有一些重担、部分回忆难以卸下，并且，你们的灵魂深处，还有流氓的气息流溢。

“是的，没错，虽然你们的等级已经很高，但你们却不是正直的，你们身上存在大量的扭曲，这种扭曲连最棒的铁器匠人都无法矫正。

“所以，你们不过是阶梯，不过是桥梁，会有更高等级的人跨越你们的身体，一路向上。我希望，你们不要为借助你们而攀登到高处的更高等的人心生怨恨。

“虽然，我渴望有一天能从你们的后辈中擢拔一个最理想的承继者，但事实上，这件事是如此的遥不可及，并且，你们本来就不与我同姓，更不是我的遗产继承人。

“你们只是一个象征、一个预告，你们的到来让我知道，那个更高等级的人正走在以我为终点的路上。是的，我的客人们，我还得说一次，我等待的是他们，不是你们。我的确要下山，最后一次下山，却不是同你们一起。

“他们不是上帝的残念，也不是怀有巨大的希冀、厌恶与疲倦的人。

“对，不是！绝对不是！我在群山之中寓居，我耐心地等待，但我等待的不是你们，而是他们，他们不到，我绝不会离开。

“是的，我在等待，等待那些等级更高的人、身心更强健的人、信心更充裕的人、成就更伟岸的人、身体与心灵更正直、更健全的人——是的，我在等他们，那些雄狮，欢笑的、幸福的雄狮，他们会来的，他们一定会来的！

“哦，你们这些奇怪的家伙，你们没有听过他们的信息吗？你们不曾听闻与我的孩子们相关的任何信息吗？我的客人们啊，我的孩子们，他们正走在以我为终点的道路上！

“你们啊，你们这些奇怪的家伙，为什么不和我谈谈我的花园、我所拥有的新的美好的事物？为什么不和我谈谈我的幸福之岛呢？

“我希望你们的爱能成就这样的礼物，来自客人的礼物。我想你们和我说说我的孩子们。为了他们，我贫穷过，我富有过，我奉献了一切，我也愿意奉献一切，因为我拥有他们，我有鲜活的植物，我有我的孩子，我有我的生命之树，这些用我的最高希望与意志培养的生命之树！”

查拉图斯特拉如是说，但他的话却被自己躁动的心灵和美好的希冀打断了。于是，他阖上了眼帘，陷入了沉默。客人们也变得不知所措、惶惶不安，没有谁再开口，只有那个预言家表情变幻、打着手势，似乎是想要暗示什么。

72. 晚餐

这时，预言家就像是一个不愿意荒废时间的人一般，打断了主人与客人之间的问候，挤到了最前面，他抓住洞穴主人的说，大声说：“查拉图斯特拉啊！你曾经说过，‘相比于另一件事，这件事更不可或缺’，而现在，对我来说，这件最不可或缺的事情就是晚餐！

“查拉图斯特拉啊，我觉得我在这个时候开口恰如其分，我们来到这里都经历了漫长的跋涉，莫非，你想用空泛的探讨来款待我们吗？查拉图斯特拉，你说过，要请我们和你同桌用餐。

“以我之见，你们这些人考虑了太多人的困难与灾厄，你们想到了被冰冻、被淹溺、停止呼吸等属于肉体的厄难，但是，却没有谁为我考虑过，我饿了，而且正面临因饿而亡的危险。”

（预言家如是说。听了他的话，查拉图斯特拉的动物们仓皇逃窜。它们难以想象，白日里它们弄回的食物竟然还不能满足预言家的胃口。于是，它们被吓跑了。）

“还有，我还可能被渴死！”预言家继续说，“虽然智慧的言谈如水流一般滔滔流淌，虽然洞外有井泉汩汩，但是，我不想喝水，我需要美酒！

“查拉图斯特拉，并不是所有人都如你一般生而饮水。对疲倦的人和精神委顿的人来说，美酒才是恢复健康的良药，所以，查拉图斯特拉啊，我们不需要水，我们需要美酒。”

“需要美酒吗？我们这里有，而且，保证足量！”这个时候，左边的国王开口了，“我们的驴子背上驮满了美酒，现在，面包才是我们缺少的。”

“隐居的人从来都不吃面包。”查拉图斯特拉说，“但是，面包也不是人类赖以生存的唯一食物。我没有面包，我只有两只羊。所以，我们今晚吃羊肉。

“赶紧杀羊去吧！我特别钟爱用鼠尾草香料秘制的羊肉，而且，我这里还有许多食材，根茎类植物、水果，即便是最挑剔的美食家也不会觉得它不够丰富。另外，我们还有数种坚果可以食用，比如胡桃。

“所以，片刻之后，我们就能享用美餐了，不过，无论是谁，想要一起吃饭，就要一起下厨，在查拉图斯特拉的洞穴，就连国王，也要下厨。”

听了查拉图斯特拉的话，客人们全都心动了，只有自愿成为乞丐的人提出了异议。他调侃说：“瞧瞧吧，查拉图斯特拉已经化身为饕餮，难道我们攀登高山，我们来到这里，就是为了吃羊肉、用香料、喝美酒吗？我现在懂了，为什么你过去会说‘略微有些贫困的人是应该被颂扬的’，但是什么原因让你们把这个乞丐给剔除掉了呢？”

闻言，查拉图斯特拉笑着说：“先生，你要坚守自己的习惯，你很出色，所以，像我一般，始终保持愉悦的心境吧，如果能使自己愉悦，你继续咀嚼你的谷物、喝你的清泉、赞美你的佳肴又有何妨呢。

“没错，我是法律，但我并不是适用于所有人的法律，我只适用于我的同类——那有着轻盈敏捷的腿脚和强健的骨骼的人——他们内心不阴暗，不郁闷，他们从不空想，他们很健康，很完满，他们愿意如赴宴般愉快地投入战斗，并愿意为之欢庆。

“除了我自己和我的同类，再没有谁能如此的出色。最精细、上好的食物，最澄澈的蓝天，最强大健壮的思想，最漂亮的女性，我们都要得到。如果，人类不愿意给予，那么，我们就自己去夺取！”

查拉图斯特拉如是说。听了他的话，右边的国王感叹：“太稀奇了！太不可思议了！如此睿智的话语竟然是一位智者说的？除了我们，还有谁听到过吗？

“没错，事实就是这样，对一位智者来说，这实在是太不可思议的，哪怕从始至终，对一切来说，他都不是一头傻傻的驴子，而是一个睿智的人。”

右边的国王语声中充满了压抑，但他的话却惹恼了他驮酒的驴，于是，驴子对着他咿呀咿呀地叫，以此来表示自己的不满。于是，史书记载中的漫长的晚宴开始了，而晚宴上唯一的话题就是等级更高的人。

73. 高等级的人

一

我第一次下山，行走人间的时候做了一件非常傻的事情，一件只有隐居的人才会做的傻事，我进入了那个名为市场的地方。

并且，我演讲的时候，下面一片虚无，即使，那里站满了人。那天晚上，和我相伴的只有一具渐渐变得冰冷的尸体，那走绳表演者的尸体。我背着它，而那个时候，我自己其实也已经和死人差不多了。

但第二天晨光熹微的时候，我明白了一个真理，一种全新的真理，我知道，我该对自己说："市场和我毫不相干！群氓、群氓的噪音与我毫不相干！聆听噪音的群氓的长耳朵也与我毫不相干！

"你们啊，你们这些等级更高的人，我得告诉你们，市场里的流氓从不相信还有等级更高的人。假如你要演讲，要为他们演讲，那么，你一定会听到他们对你说：'人人平等，所有人都是平等的，没有高低贵贱！'是的，他们会眨巴着眼睛这样说。"

是的，群氓眨着无辜的眼眸，这样对你们说："你们啊，你们这些等级更高的人，你们是不存在的，等级更高的人是不存在的，在上帝面前，所有的人都被称为'人'，没有任何区别，人人平等，无高低贵贱！”

哦，他们说，在上帝面前，可是，上帝的时代已经终结，上帝的生命也走到了尽头！况且，我们原本也不想与群氓说什么平等，我们和他们之间，原就没有平等可言。所以，你们啊，你们这些等级更高的人，走吧，走吧，远远地离开这里，离开这座市场吧！

二

在上帝面前，可是，上帝的时代已经终结。你们啊，你们这些等级更高的人，对你们而言，最巨大的危险恰恰就是上帝。

你们能重新活过来，是因为他已经躺进了他自己的墓穴。直到此刻，伟大的正午才显露出来；直到此刻，等级更高的你们才成了自己的统治者！

我亲爱的兄弟们啊，我的话，你们听明白了吗？你们在害怕？你们的灵魂已经迷失了方向？你们眩晕了？在你们面前，大地崩塌，成为了深渊有无数的裂缝出现？在你们面前，地狱之犬吠叫了吗？

好吧，快过来吧，你们这些等级更高的人啊。现在，上帝已逝，象征着人类未来的至高山峦才能感觉到阵痛。我们不悼亡死者，我们只要生者生存，是的，我们只要超人生存！

三

现在，最忧心忡忡的人总是发出这样的疑问：“怎样才能让人类被保留？只有查拉图斯特拉问：‘要怎样将人类克服？’并且，他是第一个问这个问题的人。”

在我的内心之中，超人才是唯一，是摆在第一位的，超人和人类不同，他不是最贫穷的人、不是最痛苦的人、不是我们的邻居，也不是最优秀、最美好的人。

我亲爱的兄弟们啊，我爱人类，正因为人类注定要走向没落，正因为人类是超人的过渡。并且，你们身上，也有许多令我挚爱、令我渴望的东西。

你们这些等级更高的人，我之所以对你们心怀希望，是因为你们懂得轻蔑，你们对部分事物充满轻蔑，而所有懂得轻蔑的人都是值得敬重与爱戴的人。

绝望在你们心中滋生，这是一件好事，一件值得尊敬的事，这说明，你们始终是不屈的，这说明，你们并没有自作聪明，这说明，你们对小聪明、小手段是不屑的。

因为，现如今，这个世界的统治者变成了那些卑微的小人。这些小人，他们一直都在宣讲着如他们一样卑微的小德性，比如屈服、忌惮、勤劳、奋发、谦恭、聪敏。

是的，他们宣讲卑微的德性，宣扬那些根源于女人与奴隶的本性的事物！特别是那些杂种！那些流氓和痞子！但是，太可恨了！太可恨了！这些流氓、这些本质上是女人和奴隶的人、这些卑微的小人，他们即将成为统治者，他们即将主宰人类的命运！这太可恨了！

他们一直在询问，不断地询问，乐此不疲，他们问："人类要怎么做，才能够保证自己更长久、更舒适、更好的留存下来。"因此，现如今，世界被他们统治着。

我亲爱的兄弟们啊，现如今统治着世界的这些卑微的小人们就是超人面临的最大险境，所以，我们要克服他们，克服这些统治者！

你们啊，你们这些等级更高的人啊，替我去克服吧，克服那微不足道的德性和聪敏，克服那微小如砂砾般的忌惮，克服那缓缓蠕动的、属于蚂蚁的琐碎，克服那微小的、值得怜悯的安逸，帮我克服那属于绝大多数人的所谓“幸福”！

并且，我亲爱的兄弟们啊，相比于屈服，我宁可你们的内心充满绝望。兄弟们啊，我之所以挚爱着你们，正是因为你们从来都不懂得生活。还有，你们啊，你们这些等级更高的人啊，你们现在的生活其实就是最美好的生活啊！

四

我亲爱的兄弟们啊，我想知道，在你们的身上存不存在勇气？在你们的身上有没有决心？你们知道，我所说的勇气，不是在见证人面前所需要具备的勇气，我说的勇气，是如苍蝇一般的勇气，是属于隐居者的勇气，即便是上帝站在这种勇气面前，也不敢直视。

以我之见，所谓骡子、所谓瞎子、所谓冷漠残酷的灵魂、所谓醉酒的男子，都是不能被冠以有决心者这样的称呼的。真正有决心的人，是明明了解恐惧还能强怕自己去恐惧的，是明明目睹了深渊（的深邃和幽暗）还能傲然以对的。

真正有勇气的人，会带着苍鹰的双眼俯瞰深渊，会以苍鹰锋锐的爪来捕捉深渊！

五

每一个具有极致的智慧的人都以“一切人类都是罪恶的”这种理由来安慰我。现在，我希望这句话依旧全无虚假，因为，对人类来说，罪恶就是力量最美好的源泉。

我曾经这样教导我的信奉者们："愈加的善和愈加的恶都是人类一定要有的。"是的，就是如此，对超人而言，人类对他极致的善与恶都是一定要存在的。

从那个说教者、听命于小人的说教者角度来看，成为人类罪恶的载体是一件美好的事情，但是，从我的角度看，一切巨大的罪恶才是最值得欣喜的，我也从中得到了莫大的慰藉。

长耳朵的人不应该聆听这样的话语，这些话也不是说给他们听的。不是所有的言辞都适合所有的最。这些东西，这些精致的东西，这些遥远的东西，是抓不住的。没错，它们，不是羊蹄能够抓住的！

六

你们啊，你们这些等级更高的人，你们以为我是来为你们曾经做过的错事来进行弥补的吗？

或者，我是来安顿你们的？我想让你们这些承受了大苦难的人住的更舒适的吗？或者，我是来为你们指路的？我来告诉你们那全新的、便捷的道路在哪里？你们这些游移的人、自山上迷路的人、迷失的人！

不！不是！绝对不是！在你们的族群中需要被毁灭的正是那愈来愈多、愈来愈出色的人——因为，你们的生活将愈加艰难，你们的生活将愈加困顿。

因为，只有这样，你们这些人才能坚强地生长，长到高处，长到能够被闪电击中并击碎的高处！

那少部分的、漫长的、遥远的事物，才是我的希冀、我的意志所向往的。而你们，你们所承受的海量的、倏忽的、细碎的苦痛，与我毫不相干。

以我之见，你们承受的苦痛还不够多。人类还没有成为你们苦痛的根源，现在，你们只是在为自己经受苦痛。假如你们对此持有异议，那就证明，你们在欺骗我，你们每个人都不曾经受过和我一样的苦痛。

七

对我来说，闪电不再具有破坏性是一件糟糕的事情，它的破坏还不够！我希望闪电能够去学习为我效劳！我不愿意引开我的闪电。

我的智慧恍如一片云，一片很早之间就开始在积聚的乌云，不断地在变黑，不断地在变厚。任何智慧，任何最终要将闪电孕育的智慧，都会做出同样的选择。

我从来都没有想过成为光明，我也不愿意被当下之人以光明相称。我要用我的闪电，我的智慧孕育的闪电，眩花他们的眼睛、刺破他们的眼睛！

八

不要妄想去得到一些以你们的能力无法拥有的事物：在那些妄想做一些自己力所不及的事情的人那里，存在着一种东西，一种虚伪，一种无比拙劣、无比恶毒的虚伪。

特别是那些伟大的事物被妄想、被他们所希冀的时候！因为，被这些人，这些伪装得很好的假币制造者和表演者唤醒的是质疑，是对伟大事物的质疑！

直到他们厌倦了，直到他们对自己也变得虚伪，直到他们斜着眼睛看自己，直到他们也用那激烈的言辞来掩盖自己身上的虫洞，直到他们也用炫美的假货和属于他们的经典的德性来遮掩，遮掩他们的虚伪，遮掩他们的虫洞。

你们啊，你们这些等级更高的人，千万要注意啊，以我之见，这个世界上最珍罕、最稀奇的莫过于你们的真诚了！

当今之世不是属于流氓的吗？可是，流氓们并不知道流氓和渺小究竟为何物，流氓们也不知道真诚与公正到底是什么，流氓总是狡诈的、奸猾的，那些貌似无辜的流氓们啊，他们一直在欺骗，一直在。

九

你们啊，你们这些等级更高的人，你们这些果决的人，你们这些诚实的人，你们一定要坚守一种态度，一种优秀的、怀疑的态度，一种为你们的原因保密的态度！因为，当今之世是属于流氓的啊！

过去，流氓们盲目的信仰着，他们的信仰不需要任何理由，因此，他们的信仰也不会被任何理由颠覆。

并且，群氓对姿态信任有加，对面容外貌也有一种盲目的信任，但是，他们从不相信理由。

并且，假如真理竟然真的获得了成功，在群氓那里获得了成功，那么，你们啊，一定要以优秀的、质疑的态度扪心自问："帮助真理战斗的是哪种谬误？哪种谬误竟强大如斯？"

并且，当学者出现在你们面前的时候，你们也需分外小心。这些永远都无法孕育的人一直都对你们心怀怨愤。他们的双眸泛着冷光，他们的眼睛干涩异常，在他们目光的注视下，所有的鸟都会把自己的羽毛掉光。

这些学者啊，他们经常炫耀自己的诚实，为自己的不欺骗而扬扬得意，但是，面对欺骗，他们却无能为力。他们的行为，根本就称不上对真理的热爱，所以，面对他们，还是小心一些吧！

从狂野与热烈之中脱离并不意味着获得了知识！当热情消退，被冷却的智慧更加值得怀疑！在我看来，只有有能力去欺骗的人才真正懂得与热爱真理。

十

只有靠自己的双腿，你才能走到高处。坐在别人的肩上，头顶，让别人扛着你，你永远都不可能到达高处。

我亲爱的伙伴们，你们上马了吗？你们是不是已经朝着自己的目标在策马疾奔？可是，那你们忘了，和你们一齐骑坐在马上的还有你们的脚，你们那残废的脚！

你们啊，你们这些等级更高的人啊，当你终于到达目的地，当你到达了高处，当你翻身下马，你就会跌倒，狼狈地跌倒！因为你残废的脚！

十一

你们啊，你们这些等级更高的人，你们这些创造者，你们要记住，你们只为自己创造，你们只为自己孕育！

别听那些人的说辞，别相信那些东西，邻居是什么呢？哪怕你们真的是因为邻人才开始行动，但是，你们也是在为自己创造！

你们啊，你们这些创造者，忘记那些虚伪的、微不足道的词汇吧，忘记“因为”“为了”“由于”吧，你们不需要为这些虚伪的词汇去做事，即便听到了，也权当没听到吧。这是我对你们的希冀，也是你们的德性对你们自身的希冀！

只有卑微的小人才有“舍己为人”“同类互助”的德性，你们是自私自利的，所以，你们没有必要“为邻人”做任何事，“邻人”也无权要求你们去做任何事。是的，即便你们不做，他们也无能为力。

你们啊，你们这些创造者啊，你们应该用生命中全部的爱去庇护它，庇护那不为人所见的果实，庇护那在自私自利中孕育的果实。是的，你们的自私本就是身为孕育者的谨慎，你们的自利本就是身为孕育者的先见之明。是的，没错，你们应该挚爱、珍惜、庇护、栽培的，只是它——你们的果实，你们的孩子！

是的，你们应该将全部的爱都赋予你们的孩子，因为，它有着你们所有的德性。因为，事业也好，意志也罢，对你们来说，都不过是邻人。他们所谓的价值都是不真实的，你们根本无须采信。

十二

你们啊，你们这些等级更高的人，你们这些创造者。你们要知道，疾病会找上那注定要孕育的人，且没有哪一个已经诞生生命的孕育者，还会保持纯真与洁净。

不信的话，去找那些女性吧，问问她们，生育是不是一件令人欢欣的事情？事实上，母鸡与吟游诗人之所以会咯咯地叫个不停，从不是因为欢欣，而是因为苦痛！

你们啊，你们这些创造者，许多不纯洁、不明净的事物被加诸到你们身上，那是因为，你们注定要孕育，你们注定要成为母亲。

当一个全新的生命降生，无数的污浊也相伴而至，所以，创造者们，母亲们，离开吧，先到一旁去，去清洗你们的心灵，去洗吧，去把它重新洗净！

十三

你们啊，可不要为了成为有德性者而做一些力所不及的事情！你们啊，可不要为了成为有德性者去做一些不可能的事情！

你们啊，循着自己先辈的足迹不断向前走吧，你们啊，当你们抛弃先辈意志的时候，你们自身也永远不可能向着上方升腾。

每一个想要做第一个出生的孩子的人必须警惕成为最后一个出生的孩子，并且，于先辈积恶之处，没有谁能成为神圣的信徒。

假如某人有一个嗜好女性、烈酒和猪猡的祖先，那么，他就不该去奢望贞洁。假如他这样做了，他就委实是愚蠢了。是的，他做了一件蠢事！并且，若他本人还有一个、两个，甚至三个妻，那么，他就委实蠢得无可救药了！

另外，假如某人在大地上建起了一座修道院，还把“这是一条以成为神圣的信徒为终点的路”来标榜它，还把这标志悬挂在门扉上，那么，我得说，他又做了一件蠢事！

他为自己建造避难所，这与我无关；他为自己建造囚牢，我也管不着。但是，想让我相信他，却绝不可能。

很多人都抗拒孤独，许多人都反抗孤独，那是因为，即便是在最纯洁的孤独里，也会有一些其他的物质夹杂，比如，心灵的牲畜。

从古而今，世界上最污浊的就是行走于沙漠中的神圣信徒，在他们身边，满是魔鬼与猪猡，而且，这些魔鬼和猪猡还喧闹不止，连天空似乎都要被这种喧闹颠覆了！

十四

你们啊，你们这些等级更高的人啊，你们常会于投掷失败之时若一只没有跳过山涧的老虎一般悄无声息地、笨拙地、怯懦地、羞涩地躲到一旁。

但是，一次投掷的失败对一个永远的投掷者来说根本就无关紧要。我们一直以来都围坐在游戏的圆桌边，游戏是人类注定要懂得的技能，但是，你们啊，你们这些等级更高的人啊，你们还不懂，你们还不懂游戏。

另外，没有完成某件大事并不能说明你们本身就一事无成。另外，你们本身的一事无成也不能代表人类就一事无成，就失败了，并且，若是人类真的已经走向了失败，那么，好吧，好吧，（失败）赶紧到来吧！

十五

你们啊，你们这些等级更高的人啊，你们应当知道，等级越低，做起事情来就越容易，而你们，等级太高了，所以，你们每一个，不都一事无成吗？不都失败了吗？

但是，这有什么要紧的呢，重新站起来，做一个勇敢的人吧，世间还有太多太多的可能！人类是一定要笑的，所以，你们何妨如人类一般，去学习，学习嘲笑，把自己嘲笑！

你们在即将成功的时候失败了，你们的成功从来都不完整，这并不稀奇，因为，你们本身就不完整，你们已经破碎了一半。对人类而言，所谓的未来不就是竭尽全力闯进你们的心灵吗？

对人类而言，最遥远的事物、最幽邃的事物、星空彼岸最值得敬畏的事物，以及，那伟岸的力量的源流，其实不都是你们罐子中的玩物吗？而且，你们的罐子还在不断地摇晃、不断地相互碰撞，你们的罐子还因为碰撞而溢出了气泡！

并且，有一部分罐子已经破碎，但这并不是什么稀罕事。人类是一定要笑的，所以，你们何妨如人类一般，去学习，学习嘲笑，把自己嘲笑！你们啊，你们这些等级更高的人，世间还有太多太多的可能！

并且，时间有太多太多的事情已经成功完成，世界也有许多茁壮成长的事物，有许多微小的、完美的事物！

你们啊，你们这些等级更高的人，让这些微小的、完美的事物环绕你们吧。从完满的它们身上，你们能学会伟大的希望，并且，它们的完满，那金色的完满，本身就有治愈灵魂的妙用！

十六

大地上充满了无数的罪恶，但这些罪恶中最极致的、最大的罪恶却是说出“在此间笑着的人类是如此可怜、如此可悲”这样的话。

说出这话的人，莫非从不曾找到任何在大地上欢笑的理由？不，这样的理由连幼童都能找到。说出这话的人不曾找到，只是因为他从来都不曾认真地寻找过。

他说我们将来一定会哭号并切齿痛恨，他憎恨我们，他讽刺我们，因为我们是欢笑的人，因为，他所投注的爱太少、太少。

爱得不够就一定要憎恨吗？在我看来，这种兴趣相当的恶劣，但是，这个从群氓中走出来的绝对者却一直都这么认为，并这么做着。

所有伟岸神圣的爱从来都不会要求被爱，但他不同，他有很多要求，他要求人们爱他，人类的不够爱让他恼火异常，但事实上，他对人类的爱也从来都不够，从来都过少！

见到这些绝对者的时候，远远地躲开吧！他们从群氓的群体中走出！他们这个族群所有的人都是病态的，他们可恨复可怜，不管是看待人生，还是看待大地，他们的目光中总是充满了恶意。

见到这些绝对者的时候，远远地躲开吧！他们的心灵是阴郁的，他们的双脚是沉重的，他们不懂得应该如何翩跹，因此，便也觉察不到那轻盈，那属于大地的、美妙的轻盈！

十七

所有美好的东西都仿佛猫儿一般弯着腰走在通往目标的蜿蜒道路上，它们一步一步接近着幸福，并为此喵喵地欢叫，并为此纵情地欢笑。

通过每一个人的步伐就能够判断出他们究竟有没有走上属于自己的道路。来啊，快来，来观察一下我的步伐吧！所有的人，在与自己的目标越来越近的时候，都会忍不住翩跹起舞。

并且，事实的确如此，我不喜欢挺立，更不喜欢如石柱一般僵直地固定在那里，我钟爱的是奔跑、疾速的奔跑，所以，我绝不会变成雕像，站立着的雕像！

另外，只要有一双轻盈的、敏捷的脚，即便大地上遍布泥沼，即便大地上满是哀伤，跳舞的人也依旧能够越过泥沼起舞，就仿佛在平整、光滑的冰面上。

我亲爱的兄弟们啊，同时升华你们的内心与双脚吧，让它们升高、不断地升高！你们是舞者，是最出色的舞者，你们应该在高处更好的起舞，你们应该，倒立，对，倒立！那对你们而言，更美好！

十八

查拉图斯特拉为自己戴上了一顶玫瑰制成的王冠，是的，这是属于所有欢笑的人的王冠，戴上王冠，我郑重地宣告，我要告诉世人，欢笑是圣洁的。是的，属于我的欢笑是圣洁的。时至今日，我还没有见过任何一个欢笑得理直气壮的人，没有见过一个认为欢笑是神圣的并为此据理力争的人！

查拉图斯特拉啊，你这个舞蹈的人，你在翩跹着你的羽毛！查拉图斯特拉啊，你这个轻盈的人，你在高飞之前，对每一只飞鸟都点头致意。没错，你已经准备好了，查拉图斯特拉啊，你这个草率的人，你这个幸福安乐的人。

查拉图斯特拉啊，你是一个预言家，你非常的有耐心，你也并非相信绝对的人！查拉图斯特拉啊，你是一个欢笑的人，是一个真真正正在享受欢笑的人，你不热衷跳跃，你也不愿意离开自己的轨道！查拉图斯特拉啊，你为自己戴上了一顶王冠，一顶玫瑰制成的王冠！

十九

我亲爱的兄弟们啊，同时升华你们的内心与双脚吧，让它们升高、不断地升高！你们是舞者，是最出色的舞者，你们应该在高处更好地起舞，你们应该，倒立，对，倒立！对你们而言，那更美好！

但是，也有一些沐浴着幸福的动物自始至终都笨手笨脚，它们殚精竭虑，但依旧显得怪异，就比如企图倒立的、笨拙的大象。

但相比于因为不幸而变得呆傻，因为幸福而变得呆傻无疑更美好。并且，相比于一瘸一拐地往前走，笨手笨脚的跳一支舞也更美好。因此，我的兄弟们啊，学学我吧，智慧一点儿。事物都是相对的，哪怕是最糟糕的事物，反面也蕴含着两种不同的美好。

是的，哪怕是最糟糕的事物，也有一双腿，能够以之翩翩起舞！因此，你们啊，你们这些等级更高的人啊，也要好好地学学，怎样才能与自己最匹配的双腿之上站稳！

好吧，好吧，把一切都遗忘吧，遗忘悲伤苦闷，遗忘群氓，遗忘群氓的苦痛与哀伤！啊，以我之见，群氓、这群小丑仍旧是那么的苦痛，那么的可悲。但是，当今之世，恰恰是属于群氓和小丑的！

二十

洞穴中有凛冽的风呼啸而去，我亲爱的兄弟们啊，帮我追赶它吧。它的脚下是颤抖的海，它要循着它箭矢的方向舞动。

它把双翼送给了驴，母狮的乳汁被它挤出，哦，赞美它吧，赞美这桀骜不羁的精神吧！它是美好的，它也是强烈的！它已经卷向了世界上的群氓，它已经卷向了整个世界，如一阵狂野的、凛冽的风暴！

它厌恶所有凋败的野草，它不喜欢枯黄的叶子，它更仇视那长满了荆棘的头脑：精神的风暴啊，它本就是桀骜的、狂野的、自由的、粗犷的、美好的，颂扬它吧，它在泥沼与悲伤之上翩跹，它在湿地与痛苦之上起舞，就恍如在芬芳的草地上起舞。

它不喜欢属于群氓的瘦弱的狗，它仇视所有阴暗的、沉郁的、没有被完成的杂交品种。这自由的风暴啊，这欢笑的精神啊，尘埃被它吹走了，是的，它吹走了尘埃，与此同时，那些消极的人、罹患溃疡的人双眼中却落满了灰尘！

你们啊，你们这些等级更高的人，你们失败的地方有很多，最失败的就是，你们竟然不会舞蹈，就像每一个人类注定要学会舞蹈一样。起舞吧，起舞吧，跨越自身，翩跹起舞吧，就算是没有成功，又有什么要紧的呢？

世界上有太多太多的事还存在发生的可能！因此，你们必须学会嘲笑，嘲笑你们自己。你们必须要升华，升华你们的心灵与双脚。你们啊，你们这些出色的舞蹈者，升华吧，升华吧，把自己升华得再高一些，更高一些！另外，不要忘记去做另一件事——欢笑！快乐地欢笑！

这顶王冠，这顶用玫瑰制成的王冠冠，这顶戴在我头上的、属于所有欢笑的人的王冠，我会赠予你们！我亲爱的兄弟们啊，我已经郑重地宣告过了，我已经向全世界昭示了欢笑的圣洁，所以，你们啊，你们这些等级更高的人啊，学着去欢笑吧，就算是为了我！

74. 关于忧郁的歌

一

说这些话的时候，查拉图斯特拉就站在自己山洞的洞口，但是，说完之时，他却悄悄地跑掉了。他离开了他的客人们跑到了荒凉的野地里，他想休息一下。

在荒凉的野地中，查拉图斯特拉大喊：“围绕在我身边的空气是如此的纯净，围绕在我身边的寂静是如此的幸福！我的鹰、我的蛇，我的动物们呢！你们在哪里？快来！快到我的身边来！

“我想问你们，那些等级更高的人，是不是每个人身上都散发着一种气息，一种非常不美妙的气息！我的动物们啊，告诉我答案吧，直到现在，我才知道，围绕在我身边的空气是多么的洁净，我对我的鹰、我的蛇，我的动物们有多么的挚爱！”

“我的动物们呢，我对你们充满了挚爱！”查拉图斯特拉第二次说出了这句话。于是，他的鹰、他的蛇都向他跑来，它们抬头看着他，拥抱了他。

于是，查拉图斯特拉和他的鹰、他的蛇一起享受着这纯净美好的空气，谁都没有说话。是的，这里的空气是如此的纯净、如此的美好，比坐满了等级更高的人的山洞要好很多。

二

查拉图斯特拉刚刚离开他的洞穴，老魔法师就开始蠢蠢欲动，他站起身来，用狡黠的目光环顾四周，然后说：“查拉图斯特拉离开了。

“你们啊，你们这些等级更高的人，我得如他一般这样称呼你们，如此出名、如此被赞美，足以撩动你们的心弦——现在，我被攻击了，攻击我的是我那充满了忧伤的魔鬼，是我狡诈的魔术精灵，哦，它真是个恶劣的家伙！

“从本质上来讲，它与洞穴的主人是站在对立面的，所以，请原谅它吧。现在，它表演的时间到了，它想在你们面前表演，说实话，我一直在和这恶毒的家伙在拼斗，可是，我打不过它，我败下阵来了。

“你们这些人啊，无论是谁，无论你们头顶着怎样煊赫的名声，无论你们将怎样荣耀的称号赋予自己，精神的悔罪者也好，诚实的人也好，希冀伟大的人也好，自由的精神、解放者也罢。

“你们，你们每一个人，其实都和我没什么区别，你们一直在为大的厌恶感到苦恼。以你们之见，老上帝早已逝去，但新上帝却尚未降生，还没有哪个襁褓和摇篮有他的身影显现。所以，我那邪恶的魔鬼、我的精灵，它喜欢你们，喜欢你们每一个人。

“对我而言，你们并不是陌生人。同样地，查拉图斯特拉，这个我一直钟爱的魔鬼，对我而言，也不是陌生人。但是，爱他，却不是出于我的本心。在我看来，查拉图斯特拉就是有一张漂亮的面具，一张用于假面舞会的、新鲜、奇特的面具，而面具下隐藏的却是一个神圣的信徒。正因为如此，我那忧伤的魔鬼，我那邪恶地精灵，才对他充满了爱恋。是的，我一直都觉得，正是因为我的精灵在作祟，所以，我才会爱上他，爱上查了拉图斯特拉。

“现在，它来了，我那邪恶的精灵，我那喜欢游走于黄昏的魔鬼，它来了。并且，你们啊，你们这些等级更高的人，它希望。

“哦，不必闭上双眸！尽管看吧！它出现了，一丝不挂地出现了！我不知道它的性别，它逼着我，将你们的心智开启。哦！它逼我！

“你们啊，你们这些等级更高的人啊，白日已逝，暗夜笼罩了万物。来，过来聆听吧，听听这行走在黄昏中的精灵究竟是男是女，听听这行走在黄昏中的精灵是哪种魔鬼！”

老魔术师如是说，一边说，一边用狡黠的目光环顾四周，并取出了那把属于他的琴，竖琴！

三

空气澄净而明澈，

点点露珠氤氲着慰藉，

落向大地，

看不到，也闻不到。

因为，

这氤氲着慰藉的露珠穿着鞋子。

一双轻柔的鞋，

每一个慈善的慰藉者，

就这样，你陷入了回忆，你想起了它，想起了你的心灵，

它是何等的热情，它是何等的壮烈，

过去，你希冀着，一直都在希冀着。

来自天国的甘露，来自天国的泪珠，

你希冀着，希冀着，灼热、焦急、疲惫。

那个时候，羊肠小道边，野草泛着枯黄，

傍晚的阳光满是恶意的，

从你身边穿过，从那幽寂黑暗的丛林之中穿过。

太阳眸光芒，刺痛了你的眼，那满满的灼热之中，还隐藏着一种幸灾乐祸。

你受到了讥讽，他们嘲笑你什么？追求真理的人？

不！不是！不过是吟游诗人！

不过是动物！奸诈的动物，偷偷前行的动物，到处抢劫的动物！

要欺骗！它不得不如此！
不得不处心积虑地欺骗，不得不甘心地欺骗。
向被捕猎的动物发出恳求，
将自己打扮得五光十色，
原本就是一张面具，
原本就要成为被猎捕的对象！
这个人——是吗？是追求真理的人吗？
不！不是！他就是一个蠢货！一个吟游诗人！
他只会天花乱坠，
只会戴着蠢货的面具说一些疯言疯语，
在谎言的虹桥上，倏忽跳跃，蹦来蹦去，
于绚美的七彩虹间，
于不真实的天空间，
于不真实的大地上，
四处漫游、四处游逛、四处飘荡。
不过是蠢货！不过是吟游诗人！

这个人——是吗？是追求真理的人吗？
惶恐、顽劣、狡猾、无情，
成了泥雕的石像，
成了石柱，属于上帝的、石头做的柱子！
他矗立的地方，不在那里，
庙宇之前，
为上帝看门吗？
不！不是！憎恨这些雕像吧，这些挺立的、标榜真理的雕像！

它们熟悉荒野，
在荒野中，它们无比熟稔。
在庙宇中，它们又无比陌生。
它们穿过所有的窗扉，
像一只猫，一只恶毒的猫，
赶紧的，跳吧，跳吧，跳进所有的偶然里！
所有荒莽本初的森林都被觊觎，
觊觎，狂热地觊觎，满怀希望的觊觎。
在荒莽的丛林中，
在形形色色的兽类中，
拥有着南国之康健的你，不断地奔跑着，奔跑着，绚烂而健美，
你的唇也被你带来了，那满是贪婪的唇片。
因为幸福而讥讽，因为幸福而激动，因为幸福而嗜饮鲜血，
一边抢劫，一边说谎，一边潜行，一边奔跑。

或者，就若秃鹰，将深谷凝视，
深深地、缓缓地、久久地。
它是深谷的主人。
啊，就在这里，那深谷，不断地坠落，
坠落，坠落，
于深渊之中盘旋，
越落越深，越落越深！
接着，
蓦然地、笔直地，

高飞，高飞，迅捷地高飞，
向着羊群冲去，
急促地、贪恋地、不断向下，向下俯冲，
对羊羔充满了希冀，
对羊羔之灵魂充满了厌憎，
恼怒于每一种似乎是，
绵羊的，如羔羊一般纯净无辜的双眸，卷着毛，
惨白，没有希望，带着如绵羊和羔羊一样的善意。

于是，
秃鹰俯冲而下，形同猎豹，
那是希冀，属于诗人的希冀！
是你的希冀，你隐藏在形形色色面具下的希冀。
你，不过是蠢货，不过是吟游诗人！

人类成了你注目的焦点，
于是，上帝也若绵羊，
把人类中的上帝毁灭，对你而言，
就像屠宰一只绵羊，
并且，在屠宰之时，你恣肆地笑！

这就是你所追求的幸福，你所憧憬的快乐！
这种福乐属于秃鹰！这种福乐属于猎豹！
这种福乐属于吟游诗人！这种福乐属于蠢货！

空气澄净而明澈，
初升的月亮仿佛一把新镰，
紫红中有青葱的碧绿氤氲，
悄悄地行走在暗夜中，满是妒忌，
憎恶白日。
悄悄地，静静地前行，
每走一步，就挥舞一下镰刀，
切割那吊床，
用玫瑰花编织的吊床，
直到它们坠落，
在暗夜中苍白的坠落。

过去，我也坠落过，
坠落于自己对真理虚妄的想象，
坠落于自己对白日的无限希冀，
坠落于光明，厌倦了白日，
坠落向深渊，
坠落向黄昏，
坠落向阴影，
只为，
真理，
一种真理！
嘴唇枯干、无限焦渴！
你还是陷入了回忆，你还是想起了它，想起了你的心灵，
它是何等的热情，它是何等的壮烈，

你更想起了，
那个时候，
你已经焦渴到了何等的程度？

真理将我流放了，
是的，我被流放了，
被每一种真理。
不过是蠢货！
不过是吟游诗人！

75. 科学

受老魔术师的歌声蛊惑，除了精神的良知者，所有人都堕入了一张充满了淫邪之欲望的罗网中，就像一只只鸟儿，而织就这张网的恰恰就是奸诈，是忧伤。但是，总还有漏网之鸟，老魔术师的竖琴被夺走了，夺走它的人正是唯一还清醒着的精神良知者。他高声怒吼："你这个恶毒的家伙，你这个拙劣的魔术师，是你让洞穴中充满了剧毒的空气，是你让气氛变得沉闷！快点儿吧！快点儿让新鲜美好的空气进来！快点儿让洞穴的主人进来吧！

"你这个虚伪的家伙，你这个自诩尊贵的家伙，是你，是你，就是你，把我们所有人都引向了不可知的野性与淫荡的欲望中。若是真理一定要被如你这般的人宣讲，那么，对真理而言，这就是大不幸！

"真是倒霉啊！你们这些人！你们这些一不小心就落入了魔术师圈套的自由精灵！你们再也没有自由了，因为，他在不停地诱惑你们，诱惑你们重新成为囚徒，诱惑你们再一次甘心进入监牢！

“你这个侏儒！你这个魔鬼！你把充满了魅惑的哨声隐藏在悲哀的叹息中。你和那些表面上赞美贞洁，背地里却将人们引向淫欲的家伙本就是一伙的！”

精神的良知者如是说，但是，老魔术师却对此充耳不闻。他昂着头，如一个得胜的人一般环顾四周。

精神良知者的嫌恶与厌倦被它通通吞下，他得意扬扬地开了口，语声中却充满了谦虚与驯顺。他说：“美好歌曲的回声同样是美好的，美好的歌曲也值得细细地、长时间地品味。保持安静吧！每一个等级更高的人都会这样做。而你，你这个缺乏魔术精神的家伙，你大概对我的歌了解得并不深刻，你不懂它！”

闻言，精神的良知者回答：

“魔术师啊，我很庆幸，在你看来，我与你们不同，为此，我要颂扬你！但是，你们呢？你们其他人呢？那一双双贪婪的眼睛是属于你们吗？你们依旧端坐在此！

“你们啊，你们这些自诩自由的心灵，卑贱的舞姬不能久视，看她们跳舞看得时间长了，你们自己的心灵也会忍不住跳动。你们啊，告诉我，自由呢？你们的自由现在在何方？

“你们啊，你们这些等级更高的人，我与你们一定是迥然不同的，我不懂得欺骗，更缺乏所谓的魔术精神。

“白天，在洞穴的主人回到自己的洞穴之间，我们曾经坐在一起进行过深入的探讨，但是，我竟然没有发现我们之间是迥异的。

“虽然同样是在攀登高山，同样是来到了查拉图斯特拉的洞穴，但是，你们与我所追求的却是全然不同的东西。对我而言，查拉图斯特拉就是塔楼，是一座最坚固、最巍峨的塔楼，是意志，是一种最坚韧、最伟大的意志，我找到他，是想从他这里获得更多的安全感。

“现在，整个世界都在动荡，一切都处在危险的边缘，可是，在你们那睁开的、贪婪的双眸中，我看到了一种欲望，我觉得，你们与我不同，你们追求的不是安全，恰恰相反，你们追求的是一种不安全、一种危险，

“你们啊，你们这些等级更高的人，在我看来，你们所希冀的是更多的颤抖、危险与震荡。很抱歉，我真的以为，或许是我自负了，但我还是认为。

“如野兽一般地存在着，在最艰险、最恶劣的环境中生存，这才是你们所希冀的，并且，它也是我所害怕的。你们希冀迷惑的深谷、希冀险峻的山岭、希冀阴暗的森林、希冀洞穴。

“事实上，你们最想要的并不是像查拉图斯特拉一般将你们从险境中引领出来的向导，你们希冀的是一个欺骗者、一个引诱者、一个带你们走上歧途的人。虽然，你们的希冀并不是虚妄的，但以我之见，它依旧没有任何实现的可能性。

“害怕是人的天性，它源自遗传，是人类最基本的情感之一。一切，包括我的科学，也就是我的德性在内的所有德性、原罪其实都源于害怕。

“通过漫长时间的孕育，对野兽的害怕已经深入人心，我们不仅害怕现实的野兽，也害怕诞生于自我内心之中的野兽——洞穴的主人用‘心灵的牲畜’来称呼它们。

“对野兽的这种害怕，通过遗传，一代代地被传了下来，于是，这古老的、漫长的情感得到了衍化，它变得敏锐、变得富有精神、变得精明、变得细致、变得有才、变得智慧，于是，它成了科学。”

精神的良知者话音刚落，查拉图斯特拉就从洞外走了进来。闻言，他大笑着将他手中的玫瑰扔给了这位有良知的先生，但是，他所谓的“真理”却让查拉图斯特拉委实忍俊不禁，于是，他说：

“哦，先生，现在，我觉得，你和我之间，肯定有一个人是愚蠢的。你刚刚说了什么？在我看来，将你所说的话颠倒过来，才是真理。

“害怕并不是人的本能，也没有普遍性，相反，他只是我们在特殊时刻才会产生的情绪。史前人类的历史就是一部勇敢的冒险史。具有勇气、敢于冒险、对未知与未被探索之物充满强烈的兴致，才是普遍存在的。

“人类妒忌野兽，是的，妒忌那些最勇敢、最荒蛮、最狂野的野兽，妒忌它们身上的每一种德性，所以，人类掠夺了野兽的德性，于是，人类成了人类。

“最后，经过衍化，这种勇敢变得敏锐、变得富有精神、变得精明、变得细致、变得有才、变得智慧，现在，如今，以我之见，这种勇敢已经插上了鹰的双翼，具备了蛇的聪慧，它现在变成了……”

“查拉图斯特拉！”查拉图斯特拉的话还没说完，所有人一齐开口说话了。之后，他们放声大笑，但是，在他们中间，一朵浓郁黑暗的云已经开始升腾。老魔术师也跟着笑了，他说：

“好吧，好吧，现在，它跑了，我那忧郁的魔鬼，我那邪恶的精灵，它逃走了。

“我已经提醒过你们要对它保持警惕的态度，我对你们说过，它爱说谎，它喜欢欺骗，它极富欺骗精神。

“特别是，当它一丝不挂地显露的时候。可是，我能做什么呢？

我无可奈何！我不是世界的创造者，那忧郁的魔鬼、那邪恶的精灵也不是我孕育的！

“好吧，好吧，我们和解吧，和解吧，快快乐乐地在一起不是很好吗？哦，你们瞧瞧，瞧瞧这洞穴的主人——他注视我们的目光多么的凶恶啊！瞧瞧，快瞧瞧！查拉图斯特拉发怒了！

“夜幕降临之前，我将重新获得查拉图斯特拉的颂扬、钟爱、赞美，假如他不这么做，假如他不犯傻，他的生命便难以长久。

“他爱的是他的仇敌，他最擅长将这种对仇敌的爱表现为艺术，哦，可是，现在，他却要报复，为了这种对仇敌的爱，对他的伙伴们进行报复！”

老魔术师如是说，他足够狡猾，也足够机智。他的话赢得了等级更高的人们的赞赏，他们为他鼓掌，向他致意。于是，查拉图斯特拉只能来回地在自己的洞穴之中踱步，带着挚爱走过来，又带着恶念走过去，他与他们每个人握手，似乎是想要对他们表达自己的歉意，似乎是要补偿他们一些什么。可是，当他重新站于洞口时，他又产生了离开的渴望。他想悄悄地离开，他开始想念自己的鹰、自己的蛇、自己的动物们，以及荒野上清新美好的空气！

76. 行走在荒漠女儿之间

一

“查拉图斯特拉，不要离开，停下你的脚步，留在我们身边吧，你若离开，我们又将被哀伤攻击，那古老的、阴暗的、沉重的哀伤啊。”当查拉图斯特拉想要从自己的洞穴之中溜走的时候，那个自称是他的影子的人叫住了他，并且说：

“我们已经从老魔术师那里得到了一切，无论是最美好的，还是最恶劣的，并且，看呢，泪水已经充斥了老教皇的双眼，他又驶进了那片大海，那片满是哀伤与忧愁的大海。

“左边的国王和右边的国王今天学到了很多，他们想要将自己所学的最优秀的一一展现，他们想要伪装，想在我们面前伪装出一副合适的、美好的神情。可是，我敢和所有人打赌，假如见证者消失，他们肯定会故态复萌，再次迷恋上那游戏，那凶残的、恶毒的游戏。

“那凶残的、恶毒的游戏——譬如轻浮动荡的云朵，譬如阴潮湿润的忧伤，譬如昏沉的天空，譬如愤怒地嘶吼着的深秋的风，譬如被窃取的灼灼日光。

“那凶残的、恶毒的游戏——那充满了苦难的呼唤，那充满了愤怒的吼叫，那我们一直在进行的游戏！查拉图斯特拉啊，不要离开，留下来吧，在这里，有无数想要发声的被隐藏起来的困难与苦痛，在这里有大量的暗夜，有无数的云朵，空气也充满了潮湿霉烂的气息。

“查拉图斯特拉啊，我们得到了你的供养，你赠予我们充满男性阳刚的食物，你赠予我们坚强，你赠予我们强壮的言论。查拉图斯特拉啊，我们不想品尝那极富女性柔弱精神的午后甜食，不想！

“只有在这里，在你的洞穴里，我才能感受到世界上最清新美好的空气，你所在的地方，空气永远都是清新的、美好的。

“我游历过很多地方，对于空气的好坏，我的鼻子能做出最精准的检测，但是，除了在这里，在查拉图斯特拉的洞穴中，我的鼻子从来都没有享受过如此巨大的幸福与欢乐。

“哦，不，不，还有，很抱歉，我想起了一些很久远的事情，我想起了那支歌，那支我创作的，关于甜食的歌，创作的时候，我正游历于荒漠，正和那些少女们在一起。

“在那里，有源自东方的空气弥漫；在那里，古老与陈旧的欧洲气息不存；在那里，空气清新而美好；在那里，没有阴潮、没有忧伤、没有暗夜，也没有沉郁！

“我钟爱那些来自东方的少女，我也爱那座天国，那天蓝色的国度，在那里，天空湛蓝，没有一朵云，更没有一种思想被悬挂。

“你们或许难以置信，当她们停止舞步，端坐之时，是何等的乖驯、灵巧、娴静、深沉。她们无思无想，就仿佛是坚果，与所有甜食迥然而异的坚果，是一个用彩带装饰过的小巧的精致的秘密与谜团。

“她们是那般的绚烂，那般的多彩，那般的神异，那般的奇妙！天空中没有任何如云朵般需要被猜解的谜团！所以，那个时候，我创作了一首歌，一首和甜食有关的歌，为的，是表达我的爱，表达我对这些居住在荒漠中的东方少女的热爱！”

说完这番话，自称是查拉图斯特拉影子的人从老魔术师的手中抢走了他的竖琴，沉静而伶俐的向四周看了看，并试探着用鼻子小心的吸纳进洞中的一丝空气，就仿佛他又来到了一个全新的地方，又在品味一种从未见过的奇妙的空气。之后，他开始歌唱，声嘶力竭地吼叫与歌唱。

二

荒凉的沙漠在不断地成长，将荒漠隐藏在怀中的人，真的好辛苦！

呵呵！严肃！
委实是太严肃了！
一个庄重威严的开始！
一种严肃！独属于非洲的严肃！
唯有雄狮能够与之匹配，
或者，是一只猴子，一只怒吼着的，德性的猴子。
可是，这和我有什么关系呢，
你们啊，我的女性伙伴，我最亲爱的人，
来自古老欧罗巴的我，
首次，得到准许，得到恩赐一般的允诺，
得以端坐，端坐于棕榈树下，
端坐于你们的双脚旁。细拉。

委实很奇异，委实很玄妙！
现在，我端坐于斯，
与荒凉的沙漠距离是如此的近，
又如此的远，
以至于我看不出，这里，有哪怕一丝痕迹，属于荒芜。
我被吞噬了！
绿洲吞噬了我，那最小巧的绿洲！

瞧，它张开了它的小嘴，
那可爱的小嘴，
充满了芬芳的樱唇，
它在打呵欠，
而我，
坠落了！
坠落到了你们之间，
你们啊，我的女性伙伴，我最亲爱的人！细拉。

为那头鲸鱼送上祝福吧，
是的，祝福它吧。
假如，它能令——客人们——它的客人们——
愉悦惬意！
我的暗示，你们听明白了吗？
哦，暗示，深邃玄奥的暗示啊！
所以，送上我们的祝福吧，为它的胸腹！
如果，
它的腹部能这样可爱，
能恍若绿洲，
就像这里。
可是，对此，我深感疑虑。
因为，欧罗巴是我的故乡，
它多疑敏感，
胜过所有糟糠之妻！
真希望它能被改变，

以上帝的伟力！
阿门！

现在，我端坐于斯，
端坐于这绿洲，
最小巧的绿洲，如海藻一般的绿洲，
甘芳的、甜蜜的、棕色的、流溢着金色华彩的，
希冀着，
少女，小巧的唇片，
更希冀着，那少女的皓齿，
洁净的、纯白的、锋锐的皓齿！
那是灼热的海藻最热切的希冀——发自内心的希冀！细拉。

相似，非常相似，它与那成熟的浆果，南方的浆果，
几乎，一模一样。
我躺卧着，静静地躺卧着，
在我身边嬉闹的、跃动的，
是飞虫，
细细小小的飞虫！
与此同时，更细更愚蠢的幻想，
更小更恶毒的希冀，
重重将我围困。
是的，是你们将我围困，
你们这些安静的、沉默的、有预知之能的，
东方的猫，

少女的猫，
苏莱卡与嘟嘟，
被围困了！被斯芬克斯围困了！
因此之故，我用一个词，
盛装了我的感情，
我所有的感情！
（愿主宽恕我言语上的亵渎！）
——我端坐于斯，啜饮着最美好的空气，
晶莹的、剔透的、流溢着金光的，
轻盈的、柔婉的、来自天之国度的，
最美好的空气！
这些空气，
唯有月亮中才可能流泻与垂落，
莫非，这只是偶然？
莫非，这源于傲慢？
就像那些诗人的述说。
哦，那些古老的吟游诗人啊！
可是，我喜欢质疑，我是一个具有怀疑精神的人，
对此，
我表示怀疑，深深的怀疑！
因为，我的故乡是欧罗巴，
因为它多疑敏感，
胜过所有糟糠之妻！
真希望它能被改变，
以上帝的伟力！

阿门!

鼻孔鼓胀，深深地啜饮着这清新美好的空气，
鼻孔鼓胀，恍如酒杯，
看不到未来，回忆也已经失去，
就这样，我端坐于斯，
端坐在你们中间，
我的女性伙伴，我最亲爱的人!
瞧瞧吧，瞧瞧那如舞女一般，
低眉顺眼、摇摆着腰肢的，
棕榈树!
若舞女一般，会翩翩起舞，
当被人久久凝视的时候。
以我之见，时间太漫长了，并且，危机重重，
要单腿站立吗?
要一直都单腿站立吗?
在我看来，或许，另一条腿，
已经被遗忘了，
遗忘了。
最起码，
我没有找到，
那一卵双生的珍宝，
那被我遗失的珍宝，
我的腿，另一条腿，
它在那里，

在那皱褶的裙摆下，那扇形的、最妩媚、最妖娆、最挚爱的裙摆的近处，
那神性的、圣洁的近处。
是的，就是你们，我的女性伙伴，
最漂亮的东方少女们，
假如，你们愿意将信任赋予我，
它的腿没有了，
是的，另一条腿已经没有了，
没了。
彻底的完了！真的完了！
哦，我的另一条腿啊！没有了！
实在是太可怜了！
另一条腿！
还有一条呢？我那支独自站立的腿，你在什么地方？
在孤独中？在苦痛里？
我的独腿啊，
你是在害怕吗？害怕那只凶猛的雄狮？
害怕那卷毛的、金色的、陷入狂怒之中的，
凶猛的雄狮吗？
又或许，你早被嚼烂了、啃光了！
太倒霉了！太可怜了！太倒霉了！细拉。

啊，你们这些海藻，你们这些海藻的心脏，
你们这些胸脯，牛奶做的胸脯，
不要哭了，不要哭了，那心灵啊，柔软的心灵啊！

不要哭了！不要流泪！

你们啊，你们这些心灵，属于甘草的心灵，

不要流泪了，

不要流泪了！

嘟嘟啊！你怎么如此苍白？

苏莱卡，勇敢一点儿！勇敢一点儿！像男子汉一般勇敢一点儿！

也许，有些事物与这里更相衬，

某些得到了强化的事物，

某些能够让心脏强健的事物，

一句箴言？浑身都沐浴着神圣的油脂的箴言？

一句赞美？一个鼓励？严肃的鼓励！

呵呵！站起来吧！尊严！站起来吧！

属于德性的尊严！属于欧罗巴的尊严！

风箱啊，装满德性的风箱啊，

吹吧，吹吧，继续吹吧。

呵呵！

嘶叫吧，怒吼吧！

像道德一样！

以雄狮的身份，代表道德，

嘶叫吧，怒吼吧，

在居住在荒凉沙漠的女性面前！

——嘶叫吧，怒吼吧，代表道德，

你们啊，你们这些女性伙伴，

我最亲爱的人，
一切，
源自欧罗巴的热情与饥渴，
都比不上你们！
现在，作为欧罗巴人的我，就站在这里，
静静地站在这里，
我没有任何能力，只希望，
能够得到援助，
上帝的援助！
阿门！

荒凉的沙漠在不断地成长，将荒漠隐藏在怀中的人，真的好辛苦！

77. 唤醒

一

漫游者和影子的歌声落下，查拉图斯特拉的洞穴蓦然变得喧闹起来，所有的客人都露出了笑容，他们彼此交谈，言笑晏晏，连国王的毛驴都受到了这欢快气氛的感染，不再保持沉默。但是，这个时候，洞穴的主人，却对他的客人们生出了一丝淡淡的反感，那一刻，他真的很想讽刺他们，哪怕，他也为他们感到高兴，因为，他们变得快乐了。查拉图斯特拉一直都认为，当快乐出现的时候，病痛就会逐渐得到缓解，并且渐渐痊愈。于是，他偷偷地溜走了，他离开了他的洞穴，跑到外面，和他的动物们攀谈起来。

在开口之前，为了驱散那萦绕着自己的厌恶，他深深地吸了一口气，然后说："他们的苦痛呢？他们的磨难呢？那处于苦痛与磨难中的人发出的呼唤呢？都到哪里去了？哦，他们忘了，他们把苦痛和磨难都遗忘了，可是，令人惋惜的是，他们却没有忘记——大喊大叫。"

查拉图斯特拉如是说。他说这番话的时候，他的耳边响起了一阵怪异的、嘈杂的声音。那是一种混合音，混合了等级更高的人们的欢呼，混合了等级更高的人们的吵闹，还有，那咿呀咿呀的，驴子的叫声。

于是，查拉图斯特拉继续说："瞧，他们很欢欣，但谁又知道他们不是因为那些花，那些主人的花而欢欣呢。他们来到这里，向我学习欢笑，是的，学习欢笑，他们学到了，可是，那样的欢笑，并不是属于查拉图斯特拉的欢笑。

"不过，这无关紧要！他们，不过是一群已经被时代淘汰的老者，他们病了，但他们在痊愈，用自己的方法让自己痊愈，他们也在笑，用自己的方式让自己欢笑；查拉图斯特拉的双耳被比这更拙劣、更恶毒的声音折磨过，所以，我不愤怒，愤怒是什么，我早就忘记了。

"哦，对我来说，今天是得胜之日，是的，我胜利了！我的生死仇敌选择了妥协，那重力的精神啊，它选择了逃离！今天开始的时候，可真是令人郁闷，糟糕透顶，但是，好在，它会迎来一个美丽的结束！

"白天又要过去了，夜幕已然降临。一位出色的骑士正骑乘着自己的战马跨越波涛汹涌的大海凯旋，是的，他回来了，坐在尊贵的紫色马鞍上，摇摇晃晃，衣锦而归！这位骑士，出色的骑士，他是一个有福的人，他也是一个快乐的人。

“清透明澈的天空静静地注视着，整个世界幽深玄妙、不可预测：啊，你们啊，你们这些奇怪的人啊，你们啊，你们这些查拉图斯特拉的客人啊，与我共同生活，是值得的，非常值得！”

洞穴的主人话音刚落，洞穴中又传出了一阵嬉笑欢闹的声音，于是，查拉图斯特拉继续说：“甘芳的诱饵终于发生了作用，我的客人们呢，他们全都被我的鱼钩钩住了！重力的精神，那邪恶的精灵，也已经将他们远离。我真的听到了吗？我听到，他们在自我嘲笑！

“我那充满了阳刚之气的食物，我那强有力的言语，终于见效了！并且，他们从我这里得到的蔬菜，绝不会令他们腹胀！那些食物，我赋予他们的食物，是战士的军粮，是征服者的充饥之物。希望，希望被唤醒了，查拉图斯特拉唤醒了希望，全新的希望！

“他们的心灵在这全新的希望中舒展，勇气很快就会被他们吸进肺里，新的言辞已经被他们寻获，新的希望在他们身体的每一处地方流溢。

“是的，没错，这些吃食并不适合那些上了年纪的女性或者方当韶龄的女性，也不适合懵懂的孩童。他们的肠胃会被其他的食物满足，查拉图斯特拉，对她们而言，原便不是导师与医治者。

“太好了！我获得了成功！在我的地盘，厌恶不见了！这些等级更高的人的厌恶不见了！他们述说着自己，羞耻仓皇而逃，愚蠢望风而去。时光回来了，那属于他们的最美好的时光再次来临！他们心中充满了感激，他们再次开始庆祝，他们又一次开始反刍。

“是的，他们心中充满了感激，在我看来，这委实是个好兆头。用不了多长时间，他们就会建造一座纪念碑，纪念自己曾经的快乐。或许，他们还会把它变成节日！

“真是太好了！这些已经康复的人啊！”

和自己的心灵说完这番话，查拉图斯特拉抬起眼帘，凝望远方。他的动物们围绕在他身边，为他献上了自己的敬意。是的，动物们尊重他、敬仰他，为他的快乐，也为他的无声。

二

蓦地，查拉图斯特拉的洞穴陷入一片死寂，笑声不见了，喧哗声也不见了，洞穴的主人为自己的耳朵所听到的一切感到无比的恐惧。并且，他的鼻尖还有一股熏香的味道缭绕，那是松香，是松球燃烧之后散发的香气！

“发生了什么事情？他们怎么了？出了什么变故？”查拉图斯特拉问自己。一边问，一边偷偷地溜回来，小心翼翼地窥伺着自己洞穴中的客人们。于是，他看到了一幕如此荒诞、如此离奇的情景！

洞穴中所有的人，所有等级更高的人：左边的国王、右边的国王、自愿成为乞丐的人、精神的良知者、老教皇、恶毒的魔术师、最丑陋的人，还有苍老的预言家，全都对着国王的驴子五体投地地膜拜着，就像那懵懂的孩童或盲目的老妪！

看到这一幕，查拉图斯特拉诧异极了，他失声惊呼：“他们这是怎么了？居然在祈祷？居然再次变得虔诚?！天呢，他们一定是疯了，疯狂了！”

而就在查拉图斯特拉发出惊呼的时候，最丑陋的人欲言又止，似乎想要说什么，但这种事物又无法用语言来表达。他搓搓自己的鼻子，咳嗽两声，最后还是开了口，而从他的嘴中吐出的全部是溢美之词，是对被膜拜与颂扬的驴子的赞美之词，这些词语连缀在一起，形成了一篇奇异的、特别的祷文。以下，就是这篇祷文的内心内容：

阿门！让至高的救主重新获得无穷无尽的颂扬、尊荣、恩典、力量、奖励和智慧吧！

在这个地方，驴子咿呀地叫了一声。

他以奴隶的形象出现，他一直都在肯定，我们所有沉重的负担都在他的背上背负，他极具耐心；每一个对上帝充满挚爱的人都能够对他进行惩罚。

在这个地方，驴子咿呀地叫了一声。

他一直都保持沉默，但沉默恰恰彰显着他的智慧与狡黠，因为，不说不错。他极少开口，除了赞美这个由他缔造的世界的时候，除了以“是”对这个世界表示肯定的时候。

在这个地方，驴子咿呀地叫了一声。

他行走在这个世界上，默默无闻，一点儿都不起眼。他的皮毛是灰色的，在这灰色的皮毛中隐藏着他的德性。假如，精神在他的身上是存在的，那么，这种精神肯定也被他藏匿了起来。他的耳朵，他那长长的耳朵，才是人们所信奉的！

在这个地方，驴子咿呀地叫了一声。

他有耳朵，一双长长的耳朵；他一直都在以“是”来肯定，从来都不曾否定，也没有说过一声“不”；这就是他的智慧啊！隐匿的智慧！从来都不彰显的智慧！创造这个世界的时候，他以什么为蓝本呢？莫非不是他自己？莫非不是以他本我的形象？莫非他不曾希冀这个世界越愚蠢越好？

在这个地方，驴子咿呀地叫了一声。

你走所有的路，笔直的、曲折的；人类的观念被无视，因为，你根本就不明白人类所谓的“笔直与曲折”！在远方，在彼岸，矗立着你的王国。是的，在彼岸，隔着善与恶的彼岸！你觉得自己很无辜，因为，你从来都没有弄懂过所谓的“无辜”是什么。

在这个地方，驴子咿呀地叫了一声。

瞧瞧吧，这就是你！你愿意接纳每一个人，不管他是乞丐还是国王。你也愿意接纳孩子，哪怕被某一个调皮的孩子欺骗了、引诱了，你依旧只会回应以“咿呀”天真无邪。

在这个地方，驴子咿呀地叫了一声。

鲜美的无花果是你所钟爱的，母驴也是你所钟爱的，你饮食考究，但当饥饿袭来，一根蓟草也能让你怦然心动。因为，那里有智慧包含，是的，智慧，属于上帝的智慧！

在这个地方，驴子咿呀地叫了一声。

78. 旧信仰与新信仰

一

最丑陋者的祷文还没有结束，但查拉图斯特拉却再也听不下去了，他一边发出比驴子更洪亮的“咿呀”之声，一边冲入他的客人、那些已经陷入疯癫与狂热的客人们之中。他把他们一一从地上拽起来，他对他们大吼：“你们啊，你们这些人，究竟在做什么？你们会遭遇不幸的！假如看到你们如此愚蠢行为的不是我，不是查拉图斯特拉！

“所有的人都会果断的认为你们是最邪恶的人，你们在亵渎神明！或许，你们也会被当成和上了年纪的女人一样蒙昧愚蠢的人！只因，你们所信奉的，只因，你们的信仰，你们全新的信仰！

“还有，你，对，就是你，退职的教皇，这样膜拜一头驴子，将之视为上帝，真的是你这种身份的人应该做的事情吗？”

听到查拉图斯特拉的斥责，退职的老教皇说：

“我很抱歉，查拉图斯特拉，关于上帝，我所知的总要比你所知的更清晰、更明确。相比于没有任何形象，以此形象来表达对上帝的虔诚，并无不可并且，更加的公平。我亲爱的伙伴，你是高傲的，也是尊贵的，我希望你能深入地思考一下这句话，过不了多久，你就能发现蕴含在其中的智慧。

“每一个认为‘上帝非人，只是一种精神’的人都已经朝着毫无信仰迈出了一大步，是的，一大步，最大的一步，并且，一直以来，在整个世界上，都是如此，对人们来说，诸如此类的话语是最难被更正的。

“查拉图斯特拉啊，虽然我的心已经变得苍老，但是它仍在跳跃，不断地跳跃着。因为这个世界上还有一些事物值得被信仰、被膜拜，所以，很抱歉，查拉图斯特拉啊，宽恕我吧，宽恕一位退职的老教皇吧，宽恕属于老教皇那苍老却充满了虔诚的心吧！”

“你！对！就是你！你也一样！”查拉图斯特拉看向自称他的影子的漫游者，“你说自己是一种精神，自由的精神，但是，事实真的如此吗？你真的认可‘自由的精神’这种自我称谓吗？那你现在在做什么？在做弥撒？在进行偶像崇拜？你这个家伙，你这个新的神圣信仰者，我得和你说，你现在做的事情非常的恶劣，比你和那个棕色头发的女子做的事情还要恶劣！是的，没错，我说的就是那个无耻卑贱的女子!”

闻言，自称查拉图斯特拉影子的人回答:“查拉图斯特拉啊，我承认，你说的没错，可那又怎么样呢？我也没有办法，你也看到了，上帝复活了，那个老上帝又苏醒了！查拉图斯特拉，不管你说什么，我都没有意见。

“这一切全都要怪那个最丑陋的人，是他，就是他，这个上帝的谋杀者，他把上帝复活了！假如说，上帝真的曾经被他杀死过，那么，死亡，对上帝而言，或许只是一种歧视。”

之后，查拉图斯特拉将目光转向老魔术师：“你，对，就是你，你这个恶毒的老家伙，你这个聪敏的魔术师，瞧瞧，瞧瞧你自己都干了些什么事情！你很聪明，可是，你却干了一件愚蠢透顶的事情！你居然会做出如此愚蠢透顶的事情！太不可思议了！这个时代，是属于自由的时代！若是你把自己的信任赋予了它，赋予了所谓神圣的驴子，或者，其他同类的东西，那么，就不会再有人将自己的信任赋予你。”

“查拉图斯特拉，你说的没错，我的确是做了一件愚蠢透顶的事情，因此之故，我开始厌恶它了!”老魔术师回答，目光中有带着机敏和伶俐。

“你，对，就是你，应该认真思考一下的人中也包括你!”查拉图斯特拉将目光转向精神的良知者说，“你的鼻子应该被自己的手指点！莫非没有一点儿与你的良知相违背的东西再次出现吗？莫非你那纯洁明净的精神竟能忍受如斯的祷告以及这群祷告的人所散发的污浊的瘴气吗?”

精神的良知者回答：“是的，查拉图斯特拉，我的良知的确因为这祷告表演中的一部分事物而感到十分舒适。或许，上帝不是我应该信任与敬仰的，但是，当上帝以此种形象出现之时，我将自己的信任与敬仰奉上就是十分有价值的。

“虔诚的信徒们都是见证者，他们说过，上帝是不朽的，上帝将永存：无论什么人，时间对其而言若是如此充裕，那么，他做任何事情都当稳定从容、不缓不急，能够表现得多迟钝，就表现得多迟钝，能够缓慢一些就缓慢一些。在我看来，这样这般，反而能够成就伟业。

“并且，大智若愚，精神过于充裕的人往往会不自觉的沉浸在愚蠢与笨拙之中。查拉图斯特拉啊，你自己不正是如此吗？

“没错，就是你，查拉图斯特拉，你太聪明了，你的智慧无比丰裕，你的智慧有太多的剩余，因此之故，你会变成一头毛驴，如它一般。是的，这种可能性非常大。

“我从外在的表象之中懂得了一个道理，查拉图斯特拉啊，你那外在的表象告诉我一个道理——所有已经将自己完成了的智者都钟爱最漫长、最崎岖的道路！”说着，精神的良知者伸手指了指自己的鼻子。

“你，对，是你，还有你，最后该说说你了！”查拉图斯特拉将目光转向躺卧在地上的最丑陋者，“你这个无法用语言描述的家伙，你到底做了何事？在我看来，你改变了很多，在你的眼眸中，有灼灼的光辉散发，你的丑陋全部被一件外衣，一件名为崇高的外衣遮掩住了。你这家伙，你到底做了何事？

“莫非真的如他们所言，上帝在你的呼唤下再次苏醒了？你这样做的理由是什么？上帝就理应被扼杀！

“在我看来，真正被唤醒的不是上帝，而是你自己。你这个无法用任何语言来描述的人啊，你说说，你到底做了何事？何物被你倒置？何物令你皈依？”

听了查拉图斯特拉的话，原本高举着手臂，喂国王毛驴喝酒的最丑陋者停了下来，他说：“查拉图斯特拉，你就是一个流氓！一个无赖！上帝究竟是陨灭了、重生了，还是依旧活着，这一点，你比我更清楚。这个问题也理应由我问你。

“过去，你说过，无论什么人，若想完全地杀戮，就需尽情地大笑。查拉图斯特拉，我学会了这一点，也非常明白这一点。

“过去，你还说：‘我们杀人不应借助愤怒的伟力，而应使用欢笑的力量。’查拉图斯特拉啊，你这个隐藏起来的神圣信仰者，你这个喜怒不形于色的终结者，你这个危险性极高的家伙，——你就是一个无赖！真正的无赖！”

二

被最丑陋者斥骂为无赖，这让查拉图斯特拉很是讶异。于是，他回到自己洞穴的门口，面向洞穴中所有的客人，高声说了以下这番话：

“啊，你们啊，你们这些愚蠢的家伙，还是那么喜欢开玩笑！你们啊，你们这些小丑，还是那么喜欢恶作剧。当着我的面，你们想掩饰什么？当着我的面，你们又想扮演什么？

“现在，你们所有的人都精神飘忽、心绪不定，是因为你们的欢笑，是因为你们的恶念，更是因为你们的虔诚恭敬！是的，你们变了，变成了孩童，并且，变得如孩童般虔诚恭敬！

“看呢，你们在做什么？你们不是像孩童一般双手合十，向‘敬爱的、亲切的上帝’在祷告吗？

“但是，现在，我的客人们啊，请你们离开我的洞穴，走到外面来。今日，在这里，你们已经玩了太多小孩子的戏法，我的洞穴早成了你们卖弄幼稚的场所。出来吧，从里面走出来，给你们那狂热的天真与狂热的任性降降温，也让你们那浮躁嘈杂的心灵冷静一下。

“没错，你们与孩童并不一样，你们也不可能真的成为孩童，同样的，天国也不是你们能够进入的地方。（说到这里，查拉图斯特拉用手向着上空指了指）

“但是，天国是我们希冀的地方吗？我们真的想进入那里吗？我们是男子汉！男子汉希冀的应该是属于大地的国度！”

三

“我的伙伴们，我的新伙伴们！你们啊，你们这些等级更高的人！你们啊，你们这些怪异奇特的人！现在，我对你们是如此的钟爱。”查拉图斯特拉继续说，“当欢笑重新回到你们身上，你们就仿佛花儿一般热烈地盛放了，在我看来，为了这盛放，也该创造一个节日，一个全新的节日。

“毛驴的节日，小小的弥撒，无伤大雅的小恶作剧，充满勇气的胡闹，将内心所有阴霾都吹散的飓风，还有那愚蠢的家伙——像年老的、欢乐的查拉图斯特拉一样愚蠢的家伙！

“你们啊，你们这些等级更高的人，不要遗忘毛驴的节日，不要遗忘今夜的一切。你们，今夜，在查拉图斯特拉的洞穴，创造了毛驴的节日。在我看来，这就是一种美好的前兆，因为，只有病好了的人才懂得创造。

“另外，你们这些等级更高的人啊，若是你们想再次庆祝毛驴的节日，那么，不要为其他，就为自己、为查拉图斯特拉、为查拉图斯特拉的记忆而庆祝吧!”

查拉图斯特拉如是说。

79. 梦游者之歌

一

在查拉图斯特拉说话的时候，他的客人们已经陆续从洞穴之中走出，走到了荒凉的野外，走进了清冷、深邃、沉厚的夜晚。查拉图斯特拉和最丑陋的人牵手同行，他向他展示着属于自己的夜，那硕大的、完满的冷月，那轰鸣的、银白色的飞瀑。最后，这些已经白发苍苍的人全都聚集到了一起，无声地静立着，他们的心灵已经得到了慰藉，他们变得极富勇气。并且，也为世界竟有如斯美景、如斯夜晚而感到无比的欢欣惬意。这样，他们的心灵与暗夜之秘之间的距离便变得越来越短、越来越短。“哦，这些等级更高的人啊，我现在更加的钟爱他们了。”查拉图斯特拉这样想，但却没有将自己的想法宣之于口。因为他要对他们的欢笑表示尊重，他要对他们的宁静沉默表示尊重。

但是，就在此时，发生了一件事，所有人都对此感到惊奇，就如这个漫长的夜晚一直在发生的惊奇的事情一般，最丑陋者喘着气开始咕噜，但他这最后一次咕噜形成的话语却一样的清晰、完整。他提出了疑问，也正因为这个疑问，在场所有的倾听者心灵都为之震动，为之感喟。他说：“我亲爱的伙伴们啊，今日，我首次懂得了什么是满足，今日，我觉得自己此生不曾虚度。你们呢？你们的看法如何？

“有无数的事物被我一一见证，但是，我还不满足，我还觉得远远不够，生活在大地上是一件非常有价值的事情。与查拉图斯特拉相处的这一天，我学到了很多；从毛驴的节日中，我也懂得了不少。最重要的是，我学会了热爱，热爱这片大地。

“我想对话死亡，我想对它说：‘生命便是如此吗？那么好吧，好吧，重新来一次吧！’

“我亲爱的伙伴们啊，你们的看法如何？你们莫不是不想与我一起对话死亡，一起对它说：生命便是如此吗？那么，好吧，好吧，重新来一次吧！为了查拉图斯特拉！”

最丑陋者如是说。听了他的话，所有等级更高的人们才陡然意识到自己的病已经被治好，自己的心灵发生了巨大的改变，而带给他们这一切的，正是查拉图斯特拉。于是，在这个夜晚，在午夜将临的时候。他们冲向了他，拥抱他，亲吻他的手，用自己的方式向他表达着感激、谢意与亲近，一部分人在纵情的欢笑，也有一部分人号啕大哭。如一些陈述者所言，喝了不少甜酒的老预言家撇弃了一切的困惑与倦怠，拥抱了比甜酒更加甜美的生命，他很开心，开心地手舞足蹈。另外，还有一些陈述者说，当晚，被最丑陋者喂了不少酒的毛驴也跳起了舞。

驴子到底有没有跳舞，众说纷纭，我们不得而知；当时究竟是怎样一种场景，这种，还是那种，我们也不得而知。但可以确定的是，即便驴子没有跳舞，当时，也肯定有比这更稀奇、怪异的情景出现。并且，就如洞穴的主人经常说的那样：“这根本无关紧要！”

二

在最丑陋者发出最后的咕噜声的时候，查拉图斯特拉仿佛一个醉酒的男子一般站在那里：双目无神、双腿颤抖、唇齿战栗、结结巴巴。没有人能猜出他当时心中在想什么，但毫无疑问，他的精神已经远离了他的身体，跑到了一个非常遥远的地方，跑到了我们曾经描述过的“双海环围的高山之上——以浓厚沉重的阴云的身份，游走在昨日与明日之间”，直到那些等级更高的人跑过来拥抱他，他才渐渐回神。

他拦住了那些关心他的客人们，他用手拒绝了他们的尊敬与重视，他默默无声，一句话也不说。蓦地，他像是听到了一些什么，迅速转过头去，他把手指竖在嘴边，大声说：“到了！”

身旁一片静谧，安宁深沉的夜色笼罩，悠扬舒缓的钟声从幽深的山谷之中不断地传出。和所有的等级更高的人一样，查拉图斯特拉认真地聆听着，然后，他把手指竖在嘴边，说：“到了，到了，午夜马上就要到了！”（因为激动），他的音调都发生了改变。但是，他却始终都站在原地，一动也没动。周围陷入了一种愈加幽深的静谧之中，国王的毛驴、查拉图斯特拉的鹰、查拉图斯特拉的蛇、查拉图斯特拉的洞穴、硕大圆满的月亮、深沉的暗夜本身以及一切都在认真地聆听。查拉图斯特拉则第三次将手指竖在嘴边，大声说：“到了！到了！到了！时间已经到了！走吧，我们一起去漫步、去游玩吧！一起在暗夜中漫步、游玩吧！”

三

你们啊，你们这些等级更高的人啊，午夜将临，我有一些事要对你们说，就如，这古老的钟声曾经也对我说了一些事情一样。

这座午夜之钟有着异常丰富的经历，人类的经历根本无法与它相比，它对我述说着，那般真诚、那般可怕、又那般私密。

你们祖先的心灵曾经因苦痛而不断地跳动，它帮他们计过数！哦！哦！这古老的午夜啊，这深刻又深刻、沉厚又沉厚的午夜啊，它如何叹惋，它又如何欢笑，在梦里！

保持安静，保持安静！许多在白日无言的事物会在夜晚发声。现在，空气微凉，夜色沉沉，一切都陷入了寂静，哪怕是你们那嘈杂的心灵。

现在，聆听它们吧，它们开口了，它们也能够聆听了，它们潜到了暗夜的心灵之中，哦，暗夜的心灵啊，委实是清醒的有些过分了，啊！啊！它如何叹惋，它又如何欢笑，在梦里！

它在说话呢！私密地、可怕地、真诚地和你说话！莫非你没有听到？哦，这古老的午夜啊，这深刻又深刻、沉厚又沉厚的午夜啊！

人类啊，要多注意！

四

我非常苦闷！岁月到什么地方去了？那是深井，对，深井，我不是已经掉下去了吗？整个世界都陷入了梦乡。

哦！哦！明朗的月光普照，狗在不停地吠叫。与其将我内心的想法，我那属于午夜的心灵的想法，向你们述说，我宁可结束自己的生命，我宁可结束自己的生命！

现在，我的生命结束了！彻底地结束了！毒蜘蛛啊，你要做什么，你为何在我身边结网？鲜血是你所需要的吗？哦！哦！时间已经到了！已经落下的——是露珠！

时间到了！到了！这时间，令查拉图斯特拉感到冰寒；这时候，它再三地追问："面对这些，什么人的勇气不会匮乏？

"什么人能够统治世界？什么人可以说：你们啊，你们这些河流，无论大小，都要流淌，这样流淌？"

你们啊，时间马上就要到了，你们这些等级更高的人啊，一定要留神！只有伶俐的双耳才能够听到这样的述说，只有你的双耳才能够听到这样的述说。午夜啊，幽邃的、深沉的午夜，它所言为何？

五

查拉图斯特拉被带走了，带向那个地方！翩跹的是灵魂，查拉图斯特拉的灵魂！终日劳碌！终日劳碌！什么人能够统治世界？

月光清寒幽冷，夜风沉静无声。哦！哦！你们啊，你们在飞翔；你们啊，你们飞临的高度是否足够；起舞的是你们，但是，腿和翅膀是不同的，一条腿也不等同于一个翅膀！

现在，所有的欢愉都已逝去，现在，所有的快乐都成往事，你们啊，你们这些跳舞的人，你们足够出色。但是，醇香的美酒已经成为渣滓，没有哪一个酒杯还能保持完整，阴暗的墓穴则不断偷偷说着什么。

你们啊，你们在飞翔，但是，你们飞临的高度还不够。墓穴偷偷地在说，"拯救那些已经逝去的人们吧！是什么原因让黑夜漫长如斯？令我们沉浸的是月光啊！令我们迷醉的是月光啊！”

你们啊，你们这些等级更高的人，让墓穴支离吧，打碎它，将那些已逝者重新唤醒！哦，是谁在挖掘？蛀虫！什么东西是它们要挖掘的呢？时间马上就要到了，时间马上就要到了。

发出嗡嗡嗡的响声的是钟表，发出咯咯咯响声的是灵魂，蛀虫深藏在木料中，啊，蛀虫，隐藏在灵魂之中的蛀虫，还在挖掘着，不断地挖掘着。哦！哦！这深刻的世界啊！哦！哦！这沉厚的世界啊！

六

竖琴甘美的音调是我所钟爱的，竖琴那甘美的、代表着不祥的音调是我钟爱的！那音调，悠长如斯，遥远如斯，自爱的潭水中不断地传来，传来，远远地，朝着我的方向！

哦，你啊，古老的时钟！哦，你啊，甘美的竖琴！你的心灵被所有的苦痛撕扯着，不断地开裂，那些苦痛，属于父亲，属于祖父，属于先人！而你，已经变得饱满，你的话语，同样变得饱满。

像金秋一般饱满，像金秋的午后一般饱满，像查拉图斯特拉那隐逸者的心灵一样饱满——如今，你开口了，你说：葡萄染上了棕褐的色彩，饱满了，这个世界本身也饱满了，饱满了，

如今，它想让自己的生命走向终结，因为快乐而走向终结。你们啊，你们这些等级更高的人啊，你们肯定闻到了那气息，那悄无声息地在暗中流溢的气息！

那是不朽的气息，是不朽的馨香！那是美酒的气息，那金黄色的美酒！那若古老的、欢愉的玫瑰花一般的美酒！

那是快乐的气息！是迷醉的午夜陨灭的快乐气息！它这样歌唱：这深刻的世界啊！这沉厚的世界啊！比白昼所思想的更深刻！比白昼所思想的更沉厚！

七

把宁静留给我吧！把宁静留给我吧！别触碰我！对你而言，我委实是过于纯真、过于明洁了！世界已经变得完满，就在刚刚，而且，那世界是属于我的。

把宁静留给我吧！你这白昼，你这傻瓜，你这沉闷的家伙！对你的手而言，我的皮肤委实是过于纯真、过于明洁了！并且，相比于白昼，午夜更加的光明敞亮，不是吗？

最纯真明洁的人应该成为世界的统治者。相比于白昼，那些午夜的灵魂，那些强大却不被人们知晓的午夜之灵魂，更加的深刻、更加的明亮、更加的沉厚！

啊，白昼呀，你是要将我摸索吗？啊，白昼呀，你是要将我的快乐抚摸吗？我在你的眼中是一座丰裕的宝库吗？我在你的眼中是一座孤独的、装满黄金的宝库吗？

啊，世界呀，我是你希望得到的吗？莫非，我在你眼中竟是庸俗的？莫非，我在你眼中竟是充满神性的？莫非，我在你眼中竟充满了精神性？但白昼啊，你太粗陋、太蠢笨了！但世界啊，你也太粗陋、太蠢笨了。

那一双手比你们更机敏，那一双手抓住的快乐更深刻沉厚，那一双手抓住的不幸更深刻沉厚，那一双手，抓住的是上帝，而不是查拉图斯特拉！

你呀，你这怪异的白昼，你这奇特的白昼，我的快乐是深刻沉厚的，我的不幸也是深刻沉厚的，但我却与上帝及它的地狱不同，哪怕上帝的苦痛也是深刻的、沉厚的！

八

你这怪异的世界啊，上帝的苦痛愈加深刻了！你这奇特的世界啊，上帝的苦痛愈加沉厚了！查拉图斯特拉竟不是你抓捕的对象，你抓住了那苦痛，上帝的苦痛！查拉图斯特拉是什么呢？一把竖琴！甘美的，令人沉浸与迷醉的，竖琴！

竖琴，午夜的竖琴！钟表，代表着不祥的钟表！所有的人都听不懂，可是，它一定得述说，对着听不见的人述说。你们啊，你们这些等级更高的人，你们根本就不明白，不明白查拉图斯特拉！

结束了！结束了！正午啊！风华啊！青春啊！下午啊！如今，傍晚已经来临，暗夜已经来临，午夜已经来临，不断吠叫着的是犬啊！莫非夜风本就是一只犬？悲伤地鸣叫着、疯狂地吠叫着、号叫着。哦！哦！这午夜啊，它该如何叹惋，如何欢笑，如何喘气，如何发出呼噜呼噜的声音？

吟游诗人啊！这令人沉浸与迷醉的女性啊！她是如何开口的？就在刚刚！她开口了！沉静理智地开了口！她一点都不迷糊！或许，她啜饮的迷醉太多了，那属于她的迷醉！或许，她委实是太过清醒、太过理智了！她在干什么？反刍吗？

反刍吗？她在反刍！对自己的苦痛进行反刍！这古老的午夜啊！这深刻沉厚的午夜啊！她在反刍，在梦中反刍，对自己的幸福进行反刍！虽然苦痛是深刻的，虽然苦痛是沉厚的，但相比于苦痛，幸福更加深刻，但相比于苦痛，幸福更加沉厚！

九

你啊，我有什么值得你颂扬的呢？你这被我剪断的葡萄树啊！你的鲜血在流淌，查拉图斯特拉是残忍的、暴力的，你还要颂扬我什么呢？你还沉浸在残忍与暴力中，颂扬它干什么呢？

你说："任何饱满成熟的事物都希冀结束生命！"所以，将祝福送上吧，为那葡萄栽培者，为他手中剪断了葡萄的剪刀！但是，真是令人苦闷啊！所有不饱满的事物都希冀生命永在！

苦痛说："滚！赶紧滚！你这苦痛！赶紧滚吧！"但是，为了让自身变得幸福、饱满、充满希冀，正在承受苦痛的人却希冀生命永存。

希冀更遥远、更高处、更明亮的事物。所有正在承受苦痛的人都会说："我不需要我，我需要一个孩子、一个后代。"

但幸福不需要孩子，也不需要后代，它只需要自己。它希冀不朽，希冀不断地转轮，希冀所有的一切永远都不会改变。

苦痛说："支离吧，流血吧，灵魂！飘荡吧，双腿！高飞吧，翅膀！向上吧，向前吧，苦痛！"好吧，好吧，我的心灵，我苍老的心灵啊：苦痛说："不见吧！"

十

你们啊，你们这些等级更高的人，你们的看法如何？查拉图斯特拉是什么？一个预言家？一个喝得烂醉的男子？一个阐述梦之谜团的人？一个充满梦想的人？还是，一座钟表，源自午夜的钟表？

一种不朽的馨香？一滴清晨的露水？听到了吗？嗅到了吗？你

们啊！就在刚刚，世界已经变得完满而美好，是的，世界，属于我的世界！午夜和正午，其实是一样的啊！

苦痛和快乐是一样的，诅咒与祝愿是一样的，暗夜与白昼是一样的，以此类推，或许，你们会知道：智者和傻瓜也是一样的。

我亲爱的伙伴们呢，在你们对一种快乐无数次进行肯定的时候，你们也在对所有的苦痛进行肯定。世间万物，本就是相互连结、相互挚爱的。

假如让某样东西不断再现是你们的愿望，假如“我钟爱快乐、一刹那、眨眼间”是你们的口头禅，那么，你们所愿望的，实际上是让时间倒流，是让每一种事物都回归！

一切都不朽，一切都重新开始，一切都相互连结、相互挚爱，这样，这个世界就是你们所钟爱的。

你们这些希冀不朽的人啊，这个世界永远都不会失去你们的钟爱。苦痛听到了你们的话，你们对它说：走吧，走吧，但一定要记得归来！因为，每一种快乐都希冀不朽！

十一

每一种快乐都希冀万事万物的不朽，都希冀酵母，希冀蜂蜜，希冀令人沉浸与迷醉的午夜，希冀坟茔，希冀金黄的晚霞，希冀慰藉，那来自坟茔之泪的慰藉。

没有什么是快乐不希冀的！也没有哪一种苦痛比快乐更真诚、更饥渴、更恐怖、更焦急、更私密、更渴望，它希冀自我，自我被快乐咬住了，它的身体成了战场，处于圆环之中的意志们争斗其中。

它希冀爱，它希冀恨，它太过丰裕了，所以，一直在赠予，一直在抛撒，一直在恳求人类将它接纳，一直在感谢那些收下了它赠予之物的人，一直都因为被憎恨而感到欢欣。

因为太过丰裕，快乐一直都希冀着苦痛、憎恨、地狱、羞耻、不完满和世界，只因，它被你们所认知啊，这个世界！

你们啊，你们这等级更高的人，你们正是它所希冀的，那不被拘束的、充满了幸福的快乐！你们这些不曾成功的人啊，你们的苦痛也是它所希冀的！每一种不朽的快乐都对不曾成功的人充满希冀！

因为每一种快乐都对自身充满了希冀，所以灵魂的苦痛也是它所希冀的！苦痛吧，快乐！支离吧，心灵！你们啊，你们这些等级更高的人，学着点儿吧，并且一定要学会：快乐希冀不朽，

快乐希冀所有事物的不朽，快乐希冀那深邃又深邃的不朽！

十二

迄今为止，我的歌曲你们都学会了吗？它所希冀的东西你有所猜测了吗？好吧，好吧，一起吧，你们啊，你们这些等级更高的人，唱唱我的歌吧，轮流的，唱唱我的歌吧。

对，你们来唱，你们亲自唱，唱这首名为“再来一次”的歌，它的名字寓意着不朽。你们啊，你们这些等级更高的人啊，唱唱我的歌吧，唱吧，唱吧，唱这首轮流唱的歌，为查拉图斯特拉！

人类呀，小心一点儿！留点神啊！

幽邃的午夜呀，我听到了你的低诉；深沉的午夜啊，你究竟说了些什么？

我已经沉沉地睡去，我已经沉沉地睡去。

我苏醒了，从梦乡中惊恐的醒来了，哦，我深沉的梦，我的

苏醒！

世界是深刻的，世界是沉厚的，

并且比我们白天所思想的更加深刻、更加沉厚。

它沉浸在苦痛中，它的苦痛是深刻的、是沉厚的。

相比于苦痛，快乐更加深刻，快乐更加沉厚，

苦痛说：不见吧！

但每一种快乐都对不朽充满了希冀，

都希冀那深邃又深邃的不朽！

80. 征兆

次日清晨，查拉图斯特拉自自己的床上跃起，把腰带系好，从洞穴中走了出来。他就仿佛是一轮旭日，自阴沉灰暗的群山之中冉冉升起，强大健壮、热情炽烈。

他用和过去一样的口气说："太阳啊，伟大如你，若没有被你所照耀的人类，你的生命中又怎会有幸福？你这幸福的双眸，你是那样的深刻，那样的沉厚！

"假如你已经苏醒，假如你已经走出家门去赠予、去发放，但是，他们，那些你想要赠予的人，却还在室内沉沉地安睡，你该是何等的愤怒，你的羞耻心，它是如此的高傲，它将狂怒到何种程度?！

"好吧，好吧，这些仍旧在沉沉安睡的人啊，这些等级更高的人啊，我已苏醒，但他们没有，所以，对我来说，他们就不是最合适的伙伴，我耐心地等待着，在山上等待着，我所等待的，也不是他们。

“我希冀继续劳作，我希冀属于我的白日，但是，他们却不明白；属于我的清晨在预示着一些东西，但是，他们不明白，对他们而言，我的脚步声也无法让他们从睡梦中苏醒。

“他们还在睡梦中，他们畅饮着那午夜陶醉的歌声，他们还在咀嚼那聆听我的话语的双耳，他们的身体上从来都没有那样的双耳，那驯顺服从的双耳！他们还在查拉图斯特拉的洞穴之中安睡。”

查拉图斯特拉如是说。他在与自己的心灵对话。彼时，太阳已经从地平线上冉冉升起，查拉图斯特拉的头顶响起一声雄鹰的唳叫，他仰望天空，目光中充满了疑惑，接着，他看到了自己的鹰。他大声喊：“太好了！我最钟爱的正是这些！因为我苏醒了，所以，我的动物们也苏醒了！我正希望如此！

“我的鹰与我一样向太阳致敬，崭新的阳光被它握在双爪中。我的动物们啊，我对你们充满了挚爱，对我来说，你们是最适合的动物，但是，我却还没有找到那——最合适的伙伴！”

查拉图斯特拉话音刚落，他的耳边就响起了群鸟振翅的声音，那呼呼的风响，那呼呼的翅膀拍动声，是如此的响亮。并且，这宏大而响亮的声音一齐向着他的头部蜂拥着，蜂拥着，于是，他垂下了眼帘。并且，事实的确如此，它们向他蜂拥而来，就仿佛一团浓重的乌云，一团由无数朝着敌人射去的箭矢所积聚的乌云，一团充满了挚爱的乌云。瞧啊，瞧瞧吧，乌云已经落下，它落下了，带着爱，落到了它的身上——那是我的新伙伴！

为此，查拉图斯特拉感到无比的诧异，他慢慢地走到位于洞口的巨大的岩石边，坐了下来，一边问自己：“我的身上发生了什么变故？”一边胡乱地朝着四处抓——他是想要将那些柔和温顺的飞鸟驱散，但是，天呐，瞧瞧吧，一件不可思议的事情发生了！他抓到了一团柔软的鬃毛，那温暖、浓密的毛发瞬间就把他的手包裹住了。与此同时，他听到了雄狮的吼叫，那声音是如此的悠长，如此的温柔。

那一刻，查拉图斯特拉的心灵得到了蜕变。他知道“未来的预兆已经开始彰显!”并且，真的，当他重新睁开眼睛，当他的双眸中重新溢满光明，他看到了那头巨兽，那头偎依在他脚边、将头趴在他膝盖上、有着金黄色毛发的巨兽！它对他充满了挚爱与眷恋，就像是一只重新回到了旧主人身边的犬。而且，比起雄狮的挚爱，鸽子们的爱也丝毫不逊色。雄狮感到很讶异，它忍不住一次次地微笑，当鸽子们从它的鼻尖掠过的时候。

“我的孩子们马上就要到了！我的孩子们马上就要到了!”面对这般情景，查拉图斯特拉如是说，之后，他再也没有发出过任何声音。他的灵魂获得了自由，有泪水从他的眼眸中滴落，滴落，落入他的掌中。他端坐于斯，一动也不动，再没有什么事物能够引起他的注意。不时地，有鸽子在他的肩膀上驻足，用柔和的温情抚弄他苍苍的白发，乐此不疲。强大健壮的雄狮不时低低的、有些畏怯地吼叫两声，并将他掌中的泪水舔舐，而查拉图斯特拉，并没有阻止他的动物们这样做。

这样的情景或许持续了很长时间，或许只是一瞬，因为，对于大地而言，时间其实并不存在。但是，在这期间，查拉图斯特拉的客人们都醒了。当他们发现洞穴的主人并不在他们身旁的时候，他们便一齐走向洞口，想要和查拉图斯特拉说声“早安”，但是，他们的脚步声却惊吓到了那金黄色的巨兽，于是，他开始咆哮，愤怒尖厉地咆哮！它从查拉图斯特拉的身边跑开，向洞穴中冲去。雄狮的怒吼则让那些等级更高的人忍不住齐声尖叫，并四散而逃，转眼之间，就不见了踪影。

对此，查拉图斯特拉表示很疑惑，他站起身来，环目四顾，独自一人陷入了沉思。“刚才我的身上发生了什么？似乎有什么声音在我耳边响起？”他缓缓地问自己。

没过多久，他就想起了所有的一切，同时，也明白了今日和昨日究竟发生了什么。他抚着自己的胡须，自言自语：“昨天清晨，我端坐于石上，对，就是这块巨大的岩石，我坐于其上，然后，我看到了预言家，之后，我听到了那个声音，我刚刚听到的那个声音，那正处于苦痛与磨难中的人发出的呼唤。

“啊，你们啊，你们这些等级更高的人啊，原来，昨日清晨，我听到的预言，那个老预言家的预言，说的就是这般的苦痛与磨难，是你们正在承受的苦痛与磨难。

“这个老预言家，他想诱惑我，想引导着我靠近你们的苦痛与磨难。他告诉我：‘查拉图斯特拉，我就是来引领你走向那为你贮藏的、充满罪恶的、在最后中隐藏的东西的！’”

“为我贮藏的、充满罪恶的、最后的东西？”查拉图斯特拉嘲谑地笑了，他很恼怒，他在嘲笑自己，他大声问：“那是什么？那到底是什么？”

于是，他重新端坐于斯，端坐于那巨大的岩石上，陷入了孤独的思索。蓦地，他一跃而起。

“怜悯！对，就是怜悯！是对这些等级更高的人的怜悯！”查拉图斯特拉铁青着脸，高声叫喊。之后，他说，“这事急不得，好吧，好吧，这事真的急不得。

“我的怜悯也好，我的苦痛也罢，全都无关紧要！莫非快乐是我追求的目标？不！我追求的目标是事业，是属于我的，属于查拉图斯特拉的事业啊！

“好吧，好吧，我已经见到了雄狮，我的孩子们也马上就要到了，我已经变得饱满，属于查拉图斯特拉的时间到了。

“这个清晨是属于我的，属于我的白日也已经开始：起来！赶紧起来！伟大的正午啊，赶紧起来吧！”

查拉图斯特拉如是说。说完这番话，他毅然远离了他的洞穴，就仿佛一轮旭日自阴沉灰暗的群山之中冉冉升起的旭日，强大健壮、热情炽烈。